2022年度北京市游戏理论研究中心
"元宇宙架构下游戏产业升级研究——
机制、模式与政策体系"研究成果

元宇宙
游戏产业升级
——下一个游戏世代的机遇

宋丕丞 著

首都经济贸易大学出版社
Capital University of Economics and Business Press
·北京·

图书在版编目（CIP）数据

元宇宙：游戏产业升级：下一个游戏世代的机遇 / 宋丕丞著 .-- 北京：首都经济贸易大学出版社，2023.11
ISBN 978-7-5638-3585-0

Ⅰ.①元… Ⅱ.①宋… Ⅲ.①信息经济—应用—网络游戏—产业发展—中国 Ⅳ.① F49 ② G898.3

中国国家版本馆 CIP 数据核字（2023）第 169417 号

元宇宙：游戏产业升级——下一个游戏世代的机遇
Yuanyuzhou：Youxi Chanye Shengji——Xiayige Youxi Shidai De Jiyu
宋丕丞 著

责任编辑	王　猛
封面设计	风得信·阿东 FondesyDesign
出版发行	首都经济贸易大学出版社
地　　址	北京市朝阳区红庙（邮编 100026）
电　　话	（010）65976483　65065761　65071505（传真）
网　　址	http：//www.sjmcb.com
E - mail	publish@cueb.edu.cn
经　　销	全国新华书店
照　　排	北京砚祥志远激光照排技术有限公司
印　　刷	人民日报印务有限责任公司
成品尺寸	170 毫米 ×240 毫米　1/16
字　　数	270 千字
印　　张	15.5
版　　次	2023 年 11 月第 1 版　2023 年 11 月第 1 次印刷
书　　号	ISBN 978-7-5638-3585-0
定　　价	62.00 元

图书印装若有质量问题，本社负责调换

版权所有　侵权必究

前　言

"在喧嚣的城市中，晚餐后的他独自坐在舒适的椅子上，戴上一个黑色的头盔，双手轻轻握住控制器，准备进入一个全新的世界。他的心情有一些激动，因为他知道在这个游戏中，可以超越现实的束缚，扮演不一样的自己。他可以成为勇敢的战士、好奇的探险家、拥有魔力的法师或者聪明的商人，但绝对不是平凡的打工人。随着轻柔的开机音符，他感觉自己的身体已经融入虚拟环境，视觉、听觉、触觉都被激活，准备迎接今天的挑战……"

　　这是一段由AI（Artificial Intelligence）生成的关于元宇宙游戏的描述。这种新的游戏形式预计将很快成为娱乐领域的独角兽，吸引大量的关注与投资。元宇宙游戏作为一种全新的娱乐形态和互动体验，在未来一段时间内，有可能深刻影响我们的休闲与生活，并有极强的潜力泛化这种影响。作为游戏产品，元宇宙游戏可以通过虚拟现实技术和新一代互联网技术，为玩家提供更具沉浸感和真实度的游戏体验。玩家可以身临其境地自由探索虚拟世界，与游戏中的角色与环境进行互动。这种娱乐体验能够让人们获得前所未有的乐趣和满足感，愿意花更长的时间置身游戏世界之中。在虚拟社交体验方面，元宇宙游戏将带玩家进入一个全新的层面。玩家可以通过游戏平台与全球玩家进行实时、可视化的互动与合作，在虚拟场景下建立起"扎实"的社交关系。这种虚拟社交经验能够丰富玩家的社交生活，并打破地域和时间的限制，让人们在虚拟世界中充分享受沟通带来的乐趣。

　　元宇宙游戏产业的兴起将创造更多的商业机会，推动数字经济的全面发展。元宇宙游戏内的虚拟经济、虚拟货币和数字资产市场等元素将促进数字化交易和商业模式的发展与成熟。虚拟经济在游戏中的应用将使得玩家及参与者可以使用各种代币，购买虚拟物品及相关服务，并建立起与实体经济的关联。在这一过程中，元宇宙游戏能够为游戏开发者、创作者和普通玩家提供创新和商业化的机会，他们通过创建虚拟商品、开发虚拟服务、提供虚拟体验或参与虚拟社群建设来获得收益，进一步扩大虚拟经济的就业吸纳能力。此外，元宇宙游戏的影响不会仅局限于娱乐领域，还将逐渐向其他领域扩散。元宇宙游戏中的成熟技术与商业模式可以应用于工业、教育、文化、旅游、医疗等诸多方面，促进它们的转型与升级。比如在教育领域，元宇宙游戏可以提供沉浸式和交互式的学习环境，让学生能够以更加投入且充满趣味的方式学习知识和技能。

总体而言，元宇宙游戏不仅会改变我们对传统游戏的认知和体验，还将以全新的方式融入我们的日常生活，元宇宙游戏产业化也是大势所趋。本研究立足元宇宙游戏产业视角，分别从游戏产业演进与升级的历程、元宇宙技术体系的特征、元宇宙技术采纳的路径、元宇宙游戏受众的分化、元宇宙游戏产品的升级几个方面进行细致的分析，最终汇聚在元宇宙游戏产业的升级趋势，并对产业发展方向进行适度的预测。

元宇宙游戏产业在发展过程中将会遇到诸多机遇和挑战，经济环境、产业生态、消费需求、政策导向等因素均会对其造成影响。在产业发展进程中，我们需要把握好产业的主线与方向，有效利用积极因素，避免消极因素，推动产业稳步前进。

目 录

1 游戏产业升级背景 1
   1.1 游戏产业发展与评价 1
   1.2 游戏产业发展的瓶颈 12
   1.3 游戏产业升级的意义 17

2 元宇宙技术体系 19
   2.1 元宇宙技术架构 19
   2.2 底层支撑——互联技术 23
   2.3 底层支撑——区块链技术 37
   2.4 游戏交互——VR 技术 50
   2.5 游戏交互扩展——AR、MR 技术 60
   2.6 游戏中枢——人工智能技术 68
   2.7 元宇宙技术的适配、整合与展望 72

3 元宇宙技术采纳 81
   3.1 元宇宙技术采纳模型 81
   3.2 模型样本特征与分析 96
   3.3 元宇宙技术采纳路径 102

4 元宇宙游戏受众 110
   4.1 当代游戏受众特点 110
   4.2 游戏受众分类画像 119
   4.3 受众对元宇宙游戏的接纳 129

5 元宇宙游戏产品 ··· 149
5.1 元宇宙游戏产品的特征 ··· 149
5.2 元宇宙游戏开发模式升级 ······································· 158
5.3 元宇宙游戏机制升级 ··· 167
5.4 元宇宙游戏引擎升级 ··· 180

6 元宇宙游戏产业升级趋势 ··· 187
6.1 元宇宙游戏产业生态环境 ······································· 187
6.2 元宇宙游戏产业演进的逻辑框架 ··························· 209
6.3 元宇宙游戏产业升级的路径分析 ··························· 226
6.4 元宇宙游戏产业发展的相关问题 ··························· 235

参考文献 ··· 239

后　　记 ··· 241

1 游戏产业升级背景

在元宇宙技术进入大众视野之后,游戏业内人士及许多玩家都给予了极大的关注,讨论其能否引起游戏产业的革新与升级。历次游戏产业的变革都离不开技术推动,元宇宙技术的显现及商业化发展,可能成为游戏产业新的增长契机,进一步拓展游戏产业链条,强化产业的经济关联及社会属性。从微观层面看,游戏厂商总是善于利用新的技术与模式,为玩家开发出有趣味的产品。在元宇宙时代,游戏厂商的技术支撑将更为立体化、系统化,理论上拥有更丰富的创新维度,带给玩家全新的游戏体验。

1.1 游戏产业发展与评价

近几十年,游戏产业发展迅速,已成为全球娱乐产业的重要组成部分,在一些国家或地区的产值甚至超过了影视行业。游戏产业不仅改变了人们的娱乐方式,还对科技、艺术、文化、经济和社会生活产生了深远的影响。

1.1.1 游戏产业演进脉络

游戏产业作为 IT 领域的重要组成部分,在近 50 余年里总体上一直处于上升发展态势,其间虽出现短暂的行业波动,但总的方向没有改变。各个国家或地区,无论是否为游戏产品的优势供给方,其消费层面都存在增长的动力。游戏产业的核心是游戏,本研究所涉及的游戏产品主要为电子游戏,即基于计算机或各种计算终端运行而实现、以软件形态存在的各类游戏。游戏产品之所以受到欢迎,主要原因是它能够帮助人们在日常生活中放松并获得乐趣,一些益智或竞技内容能够使玩家找到存在感与成就感,网络时代的游戏甚至还能在社交层面给予玩家额外的收益。随着类型与内容的不断丰富,当代游戏能够适应越来越多受众的需求,并逐渐发展成为重要的娱乐活动。

从游戏的发展历程来看,最早的游戏原型可追溯到 20 世纪 50 年代,是

元宇宙：游戏产业升级
——下一个游戏世代的机遇

一款基于阴极射线的井字棋娱乐装置（1952），由剑桥大学 A.S.Douglas 的团队开发，游戏具备基本的对抗算法。其后也出现了类似网球与弹珠类的游戏，游戏模式较为简单，总体上尚处于实验与研究阶段，未形成标准化产品，更谈不上产业化。70 年代可被看作游戏产业的萌芽阶段，麻省理工学院的学生编写了一款名为《电脑空间》（Computer Space）的对抗游戏，它在星空背景下进行战舰对战，玩家可以移动攻击并受到重力的影响，游戏的趣味性有了明显提升。同之前的游戏相比，这款游戏不是将现实中的游戏"搬"到计算机上，而是基于计算机的机能特点设计出新的游戏内容，这对于游戏产品及行业的发展具有里程碑意义。在此基础上，雅达利（Atari）公司的成立开启了游戏产业的序幕，正式以市场化的形式进行游戏产品的开发与经营活动。雅达利的业务在 70 年代最为成功，先后推出了多款经典产品，如 Pong（1972）与 Breakout（1976），并在自己的主机上成功移植了多个作品，如南梦宫（Namco）的 Pac-Man 及太东（TAITO）的 Space Invaders，在欧美市场广受欢迎。雅达利在技术层面也进行了诸多创新，如早期采用了摇杆与轨迹球进行模拟信号输入，分离式的 CPU 架构，以及垂直定向的显示模式。

同时期的日本厂商任天堂（Nintendo）带动了游戏产品的实质性升级。由于一直从事玩具产品的生产，任天堂对于娱乐的本质有着深刻理解，善于创作好的游戏内容。任天堂最早同三菱合作，自己则专注于软件方面的设计，推出的产品均有明显的特色。80 年代是任天堂发展的黄金时期，在硬件方面陆续发布了便携机 Game & Watch（1980）、著名的红白机 Famicom（1983）及 Game Boy（1989）。在软件方面更是树立了多个经典 IP（Intellectual Property），包括《森喜刚》（1981）、《马里奥》（1985）系列、《塞尔达》（1986）系列等。任天堂产品的优势是很好地把握住了轻娱乐的本质，让游戏（合作模式）成为家庭娱乐项目。在运营层面，实现系列化的产品开发，其经典游戏 IP 大多在 80 至 90 年代陆续推出新版本。在技术层面，任天堂很好地将有限的运算机能发挥出来，在较小的体积内（低容量）放置了足够多的游戏内容，在图像及声音方面相比前代游戏有了实质性的提升。

90 年代的主机游戏遇到了一定发展阻力，主要原因是各类电脑配件成本下降，促进了家用电脑的普及，玩家不再需要购买专用的游戏机，电脑能够很好地满足大部分游戏的运行需求，而且玩家还可以根据需求进行配置，游戏硬件领域的 DIY 逐渐兴起。从运营角度看，电脑作为游戏平台打破了主机游戏的垄断，使得游戏行业的供给能力快速提升。因此，90 年代涌现了一大批基于电脑平台开发游戏的厂商，原来依附于主机平台的游戏厂商也大量开发电脑游戏。在这一阶段，美国与日本游戏厂商占据了 80% 以上的市场份额，而欧洲的一些厂商也处于快速崛起之中，如法国、波兰等。许多评论家认为，90 年代是电脑游戏发展最为自由的时代，各类型的作品层出不穷，新技术催生出许多新的游戏模式，其中最为典型的就是 3D 运算。虽然早先也曾出现过一些仿 3D 的独立作品，但相关 3D 运算仅存在于游戏中的部分场景，或只提供有限的 3D 视野，都难以称为真正的 3D 游戏。90 年代初的两款游戏将 3D 运算的应用提升了一个层级，分别是 DOOM（1993）与《3D 德军总部》（1994）。基于 3D 场景的效果，形成了新的游戏分支——第一人称射击游戏（FPS），并极大地带动了显卡与内存等硬件的发展。这些游戏的成功引发了 3D 技术热潮，当时许多游戏公司热衷于将传统产品 3D 化，包括格斗游戏、动作游戏以及角色扮演（RPG）游戏，纷纷以 3D 形态呈现。虽然其中许多作品的 3D 建模质量不高，但贴上 3D 标签总能刺激产品的销售。从游戏的演化来看，后来形成的动作角色扮演（ARPG）等分支可看作 RPG 游戏 3D 化后的产物。3D 运算技术一直是游戏领域的重要技术，GPU 设备的升级与 3D 算法的优化，能够明显改善游戏内的物理体验与场景效果，强化游戏玩家的带入感。3D 效果也成为衡量一款游戏品质的关键指标，对于一些 3A 作品尤为重要。

进入 90 年代中后期，互联网游戏成为另一个发展热点。互联网游戏并不是一种游戏类型，而属于一种新的游戏参与模式，玩家通过网络进行连接与数据交换，共同参与一个游戏活动。严格来说，该阶段的互联网游戏已处于第三代，前两代由于受到网络通信速度的限制以及游戏机制的影响，在商业层面并未取得显著的成功。许多人将《子午线 59》（1996）视为第三代互联网游戏的开端，游戏原型由 Archetype Interactive 开发，其主要特点是摆脱了私人网络架构，建立在广域网基础上提供游戏服务，并拥有当时最多的 12 个服务器节点，可支持过万名玩家同时在线。同时，《子午线 59》还提供了角色定制、聊天、交易等功能，这些都成为之后网络游戏的标配。其后，由 EA 运营的《网络创世纪》（1997）在模式及场景方面实现了进一步的提升，并成了网络游戏中的经典。《网络创世纪》提供的环境模式更为开放，玩家可以通过训练、战斗、建造、经营、交易、探索等方式进行自由发展，并打造属于玩家自己的剧情。该游戏的主要特点是多系统并行，如战斗系统、交易系统、声誉系统等，有效支持了开放式的游戏模式。这种模式改变了传统游戏的单一目标，能够适应更广泛玩家的需求。《网络创世纪》引爆了互联网游戏，随后出现了诸多模式相似的作品，如《无尽的任务》《艾莎隆的召唤》等。

2000年以后，互联网游戏领域出现了一些分化。一方面是互联网游戏体量的快速增长，大型公司依靠资金与技术实力打造精品，典型代表如暴雪的《魔兽世界》（2004美服）。在魔兽系列IP的加持下，《魔兽世界》很快得到了全球玩家的认可，注册人数稳步上升，截至2014年，该游戏共覆盖全球244个国家和地区，注册人数超过1亿，并在大型多人在线角色扮演游戏（MMORPG，Massively Multiplayer Online Role-Playing Game）市场占据绝对优势。良好的游戏品质与持续的运营维护是魔兽世界成功的关键，2022年暴雪再次对魔兽怀旧服进行了更新。另一方面是互联网游戏的瘦身发展，此领域的典型特征是许多网页游戏的兴起。同之前的互联网游戏不同，网页游戏[①]大多基于Java技术，以B/S架构提供服务，玩家无需下载客户端，只要打开浏览器并登录即可游玩，一度成为网吧里面的主力游戏类别。页游对于客户端的运算性能要求不高，但也无法提供高质量的游戏场景，许多产品选择了2.5D的建模方式。在国内市场，许多页游都是由中小公司开发运营，品质参差不齐。游戏内容的缺失以及"氪金"等经营模式，使得许多页游产品的生命周期较短。

2010年以后，手机游戏获得了发展机遇。随着手机运算能力的显著提升，以及各类传感器的集成，手机与平板能够提供的娱乐形式不断增加，为各类游戏的运行提供了条件。从供给角度看，手机游戏的开发周期短、成本低，运营难度相对较小，并有丰富的分发渠道，厂商能够快速获得收益。在底层支持方面，平台的集中化程度越来越高，Linux、Symbian、Windows Mobile等平台在竞争中逐渐落伍，安卓与iOS成为绝大部分产品的开发基础，游戏厂商无需再进行大量的重编译与调试等工作，加之各类中间件的不断丰富，产品开发流程也极大地简化。手机游戏由于其便携性与轻度娱乐的特征，成为当前受众面最广的游戏，年龄跨度与性别覆盖远超其他平台上的游戏。近年来，我国手机游戏市场多年增速超过15%，2020年受到疫情居家的影响，增速更是一度达到了32.6%，成为游戏市场中最大的蛋糕。

2015年以后，随着显示技术的升级、区块链技术的完善，以及Web 3.0概念与技术体系的浮现，游戏领域迎来了新的发展契机。一是虚拟现实（VR，Virtual Reality）技术的商业化持续推进。VR技术虽很早便已出现但一直处于商业探索过程中，1996年南梦宫与Virtuality就联合开发了VR版的

---

① 简称为页游，也有的称为无端游戏。

《吃豆人》(Pac-Man)，如今全新的沉浸式玩法再度引爆了市场，这让许多怀旧玩家能够以新的视角体验游戏中的战斗与合作乐趣。受限于早期的VR技术，该版本的游戏体验及画面（场景）流畅性都存在不足，主要依靠情怀吸引玩家。20余年之后，南梦宫再度推出了《吃豆人VR》，操控层面与刷新率得到了明显提升，玩家能够获得更为"顺滑"的体验。虽然仍有部分玩家感到眩晕，但在VR应用方面比前代产品有了实质性的改进。二是出现了基于区块链技术的游戏产品。2017年《加密猫》(Crypto Kitties)成为首款系统应用NFT（Non-Fungible Token）进行机制设计的游戏，较好地体现出了区块链在游戏领域的应用价值。区块链的加密特性很好地维护了玩家的数字资产，并且可以通过平台进行自由交易，给游戏中的经济系统设计带来了实质性革新，可以由传统的中心化体系转化为去中心化体系，赋予玩家及相关参与者更高的自由度。这使得玩家的主权意识得到了强化，进而愿意在游戏中投入更多的时间乃至金钱。

纵观游戏行业的演进（见图1-1），技术推动通常能够带来实质性影响，促进游戏产品及行业的升级。当前正处于由Web 2.0向Web 3.0转化的阶段，各类硬件与通信能力快速提升，元宇宙相关技术体系不断完善。这是否会促进游戏机制的革新、激发新类型游戏产品的出现、引起游戏产业的新变革，确实值得游戏领域人士关注。

1.1.2　国内外游戏产业发展走势

我国游戏市场自20世纪90年代逐渐起步，2000年以后加快与世界市场接轨，各类游戏产品基本上实现了同步。在此阶段，我国除了不断引进国外优秀游戏作品外，国内也涌现出许多游戏厂商，并结合本土化的娱乐需求开发出了一些经典作品，如早期的武侠题材、历史题材，以及后来的神话与玄幻题材等。在市场总量方面，我国游戏市场多年来持续增长。根据中国音像与数字出版协会（以下简称"中国音数协"）发布的数据（见图1-2），相比2013年的831.7亿元，2014年国内游戏市场销售收入进入千亿元规模，2017年跨过2 000亿元大关，2021年接近3 000亿元。2008—2014年的年平均增长率为41.3%，近8年的平均值为17.7%，增长趋势大体同国际市场一致，而在指标上超过了大部分国家游戏市场。

我国游戏市场在近年间的发展中表现出以下几方面的特点：

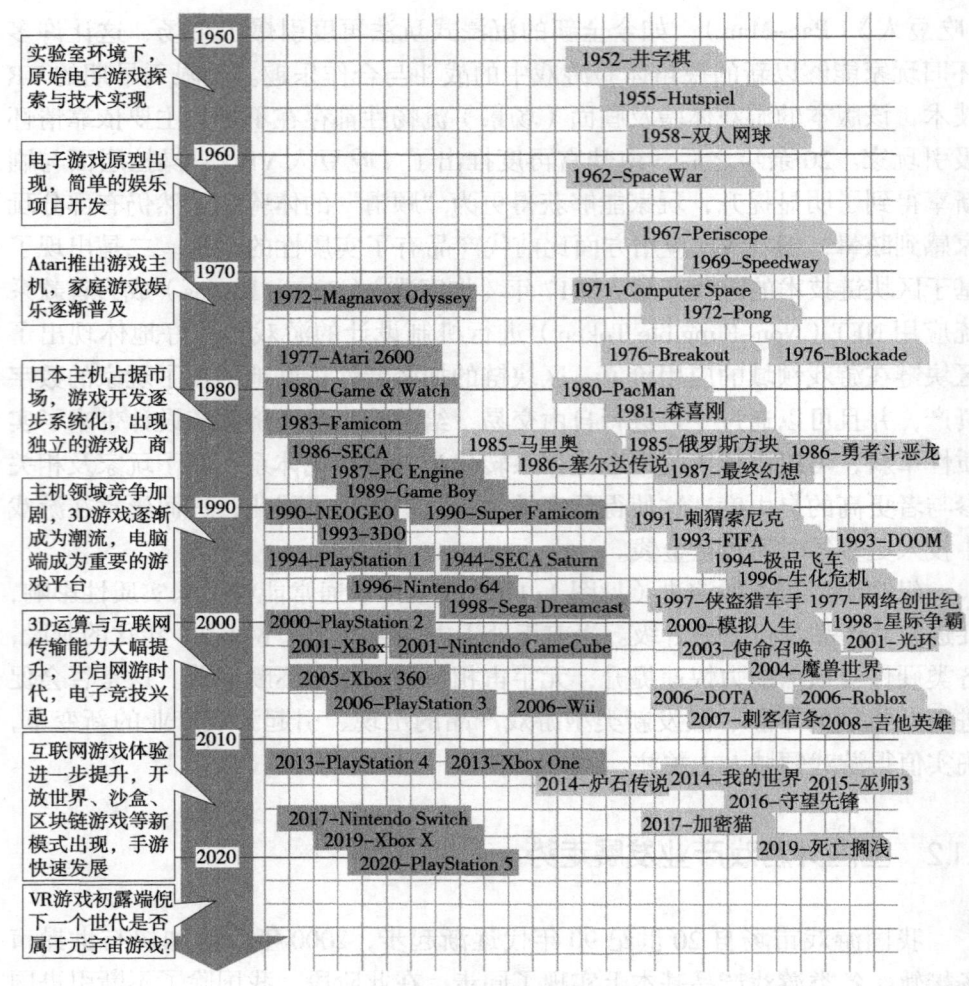

元宇宙：游戏产业升级
——下一个游戏世代的机遇

时间节点	阶段描述	代表事件
1950	实验室环境下，原始电子游戏探索与技术实现	1952–井字棋；1955–Hutspiel；1958–双人网球
1960	电子游戏原型出现，简单的娱乐项目开发	1962–SpaceWar；1967–Periscope；1969–Speedway
1970	Atari推出游戏主机，家庭游戏娱乐逐渐普及	1971–Computer Space；1972–Magnavox Odyssey；1972–Pong；1976–Breakout；1976–Blockade
1980	日本主机占据市场，游戏开发逐步系统化，出现独立的游戏厂商	1977–Atari 2600；1980–Game & Watch；1980–PacMan；1981–森喜刚；1983–Famicom；1985–马里奥；1985–俄罗斯方块；1986–SECA；1986–勇者斗恶龙；1986–塞尔达传说；1987–PC Engine；1987–最终幻想；1989–Game Boy
1990	主机领域竞争加剧，3D游戏逐渐成为潮流，电脑端成为重要的游戏平台	1990–NEOGEO；1990–Super Famicom；1991–刺猬索尼克；1993–3DO；1993–FIFA；1993–DOOM；1994–PlayStation 1；1944–SECA Saturn；1994–极品飞车；1996–Nintendo 64；1996–生化危机；1997–侠盗猎车手；1977–网络创世纪；1998–Sega Dreamcast；1998–星际争霸
2000	3D运算与互联网传输能力大幅提升，开启网游时代，电子竞技兴起	2000–PlayStation 2；2000–模拟人生；2001–XBox；2001–Nintendo CameCube；2001–光环；2003–使命召唤；2004–魔兽世界；2005–Xbox 360；2006–PlayStation 3；2006–Wii；2006–DOTA；2006–Roblox；2007–刺客信条；2008–吉他英雄
2010	互联网游戏体验进一步提升，开放世界、沙盒、区块链游戏等新模式出现，手游快速发展	2013–PlayStation 4；2013–Xbox One；2014–炉石传说；2014–我的世界；2015–巫师3；2016–守望先锋；2017–Nintendo Switch；2017–加密猫；2019–Xbox X；2019–死亡搁浅；2020–PlayStation 5
2020	VR游戏初露端倪 下一个世代是否属于元宇宙游戏？	

图 1–1　电子游戏演进阶段

第一，游戏产业的整体运营环境不断改善并规范化。此前由于盗版与走私（水货）等问题的存在，国内游戏市场的成长一直处于不正常状态，国外产品无法通过正规渠道获益，这也抑制了国内游戏公司的成长，导致创新机制缺失。随着相关知识产权体系的完善，国内玩家的正版游戏消费规模逐步增加，这也在一定程度上促进了游戏产品平均价格水平的下降。同时，正版化趋势有效保护了国内游戏企业的利益，许多企业不再追求"短平快"的页游项目，转而投入更多精力从事精品开发，许多优质游戏在国内及海外市场表现不俗。

1 游戏产业升级背景

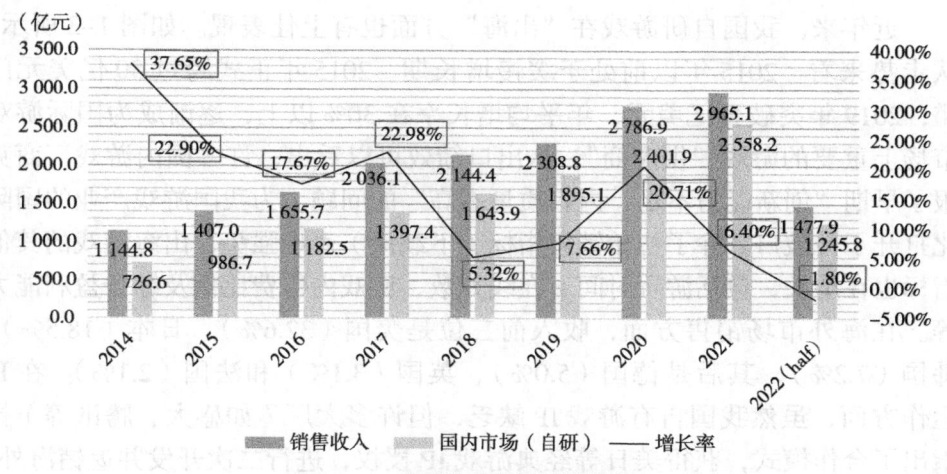

图1-2 中国游戏市场销售走势

资料来源：中国音数协。

第二，游戏玩家群体不断扩大。早期的游戏玩家主要集中在15~30岁的男性群体，主要身份为学生。当前游戏群体年龄段逐渐向上下延伸，社会上不乏低龄玩家与高龄玩家。同时，女性玩家的数量也持续快速增长，并从轻娱乐渗透至竞技游戏，女性电竞选手的综合实力稳步提升。

第三，游戏市场细分不断深化。随着玩家类型的多样化，游戏平台与游戏产品的适配也更加精准，市场细分成为许多厂商竞争的新取向。在平台方面，对于国内厂商来说，主机领域难度极高，电脑端的开发投入也相对较大，大多选择以页游与移动端作为切入点。在内容方面，国内厂商在放置类与卡牌类积累经验，并延展至策略类、角色扮演类、射击类等领域。同时，许多游戏产品除了类别差异外，还衍生出诸多分支，如女性取向、校园取向、职场取向等。

第四，自研游戏的创新与运营能力不断增强。市场细分为国内游戏厂商提供了机遇，许多产品很好地适应了细分领域的需求，得到了比较理想的市场回报，同时也有一些大众型产品受到普遍好评。例如，早期的《轩辕剑》与《仙剑奇侠传》系列，以及近几年的《原神》与《梦幻西游》等。在市场销售方面，自研游戏在国内市场的增长率总体上高于市场销售总额的增长率，在近年间，仅2017年略低于市场销售总额增长幅度。在销售占比方面，2015年达到了70.13%，2019年达到了82.08%，之后基本维持在85%上下，体现出了自研游戏在供给总量方面的优势。

7

近年来，我国自研游戏在"出海"方面也有上佳表现。如图 1-3 所示，从走势来看，2015 年以前处于缓慢增长期，2015 年正式跨过 50 亿美元门槛，2019 年突破百亿美元，年平均增长率在 30% 以上，逐渐成为国际游戏市场上重要的游戏"供应商"。从出口绩效可以看出，许多国内游戏厂商克服了早期"创新能力不足，内容质量不高"的问题，为我国游戏产业的国际化打开了突破口。除了初始销售指标（下载量）表现强势，出海游戏的其他指标也在增长，包括游玩时间、在线人数、游戏内付费比例及综合盈利能力等。在海外市场销售方面，收入前三位是美国（32.6%）、日本（18.5%）、韩国（7.2%），其后是德国（5.0%）、英国（3.1%）和法国（2.1%）。在 IP 运作方面，虽然我国自有游戏 IP 缺乏，但许多大厂（如盛大、腾讯等）探索出了合作模式，获得美日等经典游戏 IP 授权，进行二次开发并返销海外，取得较好的业绩。这些改编 IP 游戏的市场成功率较高，但主要集中在移动端的轻游，在产品级别方面还有很大的发展空间。在类别占比方面，策略类（41.4%）、角色扮演类（13.5%）与射击类（12.9%）占据前三。同时，自研游戏在小众领域也取得了一定的成绩，如解谜类、音乐舞蹈类、剧情互动等游戏。

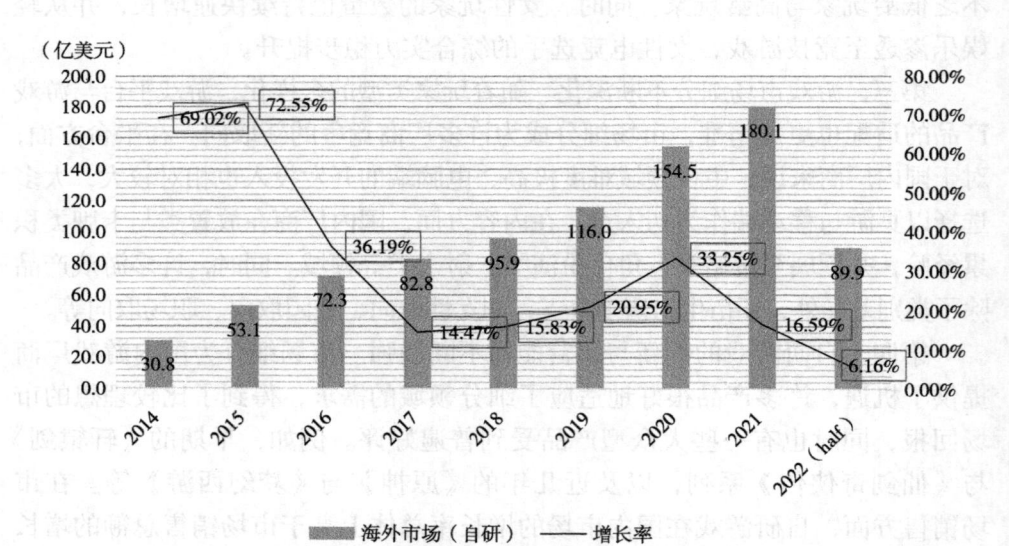

图 1-3 我国自研游戏海外市场销售走势

资料来源：中国音数协。

1 游戏产业升级背景

游戏出海反映了我国游戏产业升级取得的成绩，表明我国游戏（软件）产品在国际上的认可度越来越高，在诸多领域能够与国外厂商同台竞技。但是从游戏产业链层面看，还存在一些短板：①在游戏硬件层面，缺少具备竞争力的设备制造商及相应的优势产品。②游戏机制创新能力不足，许多产品主要依靠变换主题与情节。③许多游戏的生命周期偏短，游戏长线运营能力还有待提升。④游戏产业的关联优势未能很好发挥，IP 衍生品的运作能力不足或销售不理想。

国外市场的发展同国内不同，许多国家或地区的游戏市场已提前 3~5 年进入了平台期，消费者规模的增长潜力非常有限，增量市场竞争的性价比快速下降，游戏厂商的主要运营领域是存量市场。如图 1-4 所示，以美国市场为例，游戏产业销售额增长稳健，但 2016—2020 年游戏软件销售增长率均值为 6.7%，明显低于游戏产业销售额的增长幅度。游戏软件销售在产业中的贡献度逐渐下降，从 2014 年、2015 年的 50% 左右，下降至 2020 年的 37.2%。其主要原因是游戏软件销售与用户规模成比例，当用户数量维持稳定时，游戏（软件）产品的销售很难实质性增加，因为用户游戏时间有限，年平均购入的游戏总量基本无变化。而游戏产业销售额的增长受到诸多因

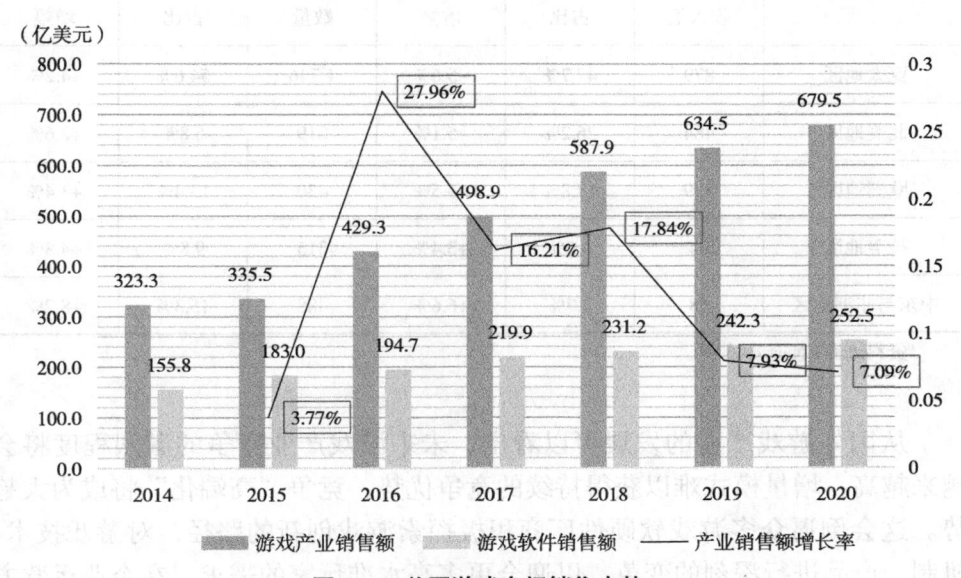

图 1-4　美国游戏市场销售走势

资料来源：IBIS World。

素的影响，如游戏装备升级、游戏直播产品、未计入软件销售的支付以及游戏周边等内容的销售。美国游戏市场的走势表明，游戏用户群的内在价值被不断挖掘，单一用户的贡献度不断增长，越来越多的游戏玩家转为了核心用户群。

另据 Newzoo 对全球游戏市场的研判（见表 1–1），全球游戏玩家规模在 2022 年突破 32 亿人，同比增长 4.6%。新兴游戏市场增幅较高，如中东与非洲地区为 8.2%，拉美地区为 4.8%，亚太地区为 4.2%，而传统高价值市场北美地区仅为 2.6%。但是在游戏经营收入方面，玩家数量的增长并不一定带来效益的增长，许多地区甚至还出现了业绩下降，传统的亚太、北美、欧洲游戏市场均出现了这种情况。因此，一些游戏评论家认为全球游戏产业的发展已进入"由量转质"的时代，单纯地扩大受众群难以保证行业的增长，游戏经营者需要不断向"内"深挖游戏价值及衍生品价值，并培育起核心游戏玩家。

表 1–1　2022 年全球游戏市场情况

地区	游戏收入（亿美元）			游戏用户（百万人）		
	收入值	占比	增幅	数量	占比	增幅
亚太地区	879	47.7%	−5.6%	1 746	54.6%	+4.2%
北美地区	484	26.2%	−5.1%	219	6.8%	+2.6%
欧洲地区	329	17.8%	−3.5%	430	13.4%	+3.4%
拉美地区	84	4.6%	+3.4%	315	9.8%	+4.8%
中东与非洲地区	68	3.7%	+6.6%	488	15.3%	+8.2%

资料来源：Newzoo 数据。

从国外游戏产业的发展可以看出，未来游戏产业竞争的激烈程度将会越来越高，增量模式难以获得持续的竞争优势，竞争"高端化"将成为大趋势。这会倒逼众多游戏软硬件厂商积极探索游戏创新的路径，对游戏技术、机制、产品进行深刻的变革，以迎合更多高水准玩家的需求。在企业运营方面，游戏内容要具备多层次的消费模式，增强游戏产品的黏性，更多关注核心用户的延伸价值。

1.1.3 元宇宙游戏市场的前景

对于元宇宙市场未来的发展，目前不同机构给出了不同的预测结果。咨询公司 Analysis Group 在白皮书中判断，2031 年元宇宙将在全球带来超过 3 万亿美元的产出，预测元宇宙市场的最终规模可能达到 30 万亿美元，而在理想的情况下有可能达到 80 万亿美元。根据普华永道等研究机构相对保守的估算，2024 年元宇宙产值将会达到 8 000 万美元，到 2031 年有可能接近 1.5 万亿美元（如图 1-5 所示）。从产业增长走势来看，元宇宙市场总体上呈现先加速、后减速的特征。从 2023 年开始至 2028 年，处于加速增长阶段，技术将会推动产业快速融入各类虚拟及实体应用环境，各大元宇宙技术厂商将会进入研发爆发期，软硬件领域都将快速推陈出新。而随着元宇宙应用场景的具体化，需求端的潜力也会快速释放出来，普通消费者、企业与各类社会机构都会积极参与到元宇宙的生活与工作环境中。2028 年以后，元宇宙市场的增速将会逐渐放缓，主要技术创新基本完成，增量创新逐渐下降，行业进入相对稳定的平台期。

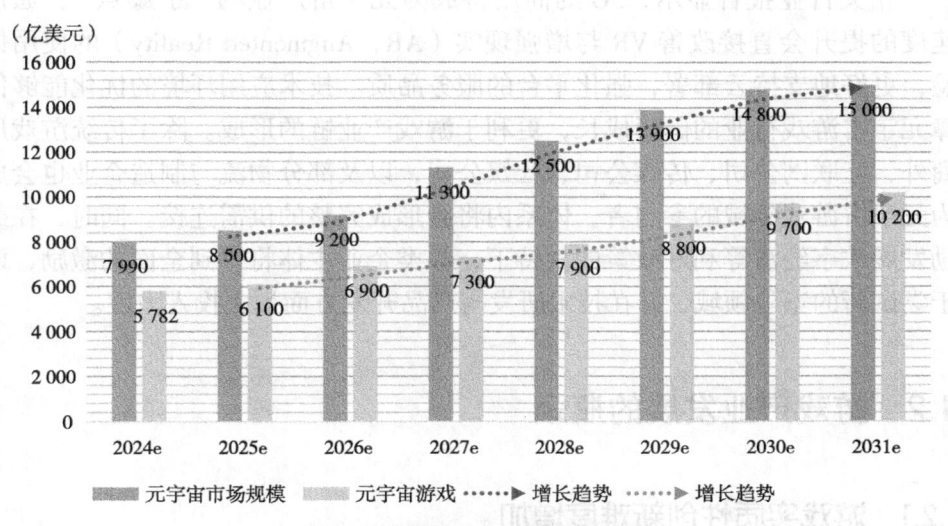

图 1-5　国际元宇宙市场走势预测

元宇宙游戏板块是元宇宙市场的重要组成部分，其增长趋势基本上与产业总体发展趋势一致，但增速自 2027 年开始将逐渐落后，这主要基于对元宇宙游戏市场增量的保守估计。其中考虑到了部分玩家可能在身体上无法适应沉浸式游戏环境，以及一些玩家不喜欢元宇宙类型的游戏。另外，元宇宙游戏在全行业中的占比也将逐年下降，元宇宙游戏有可能成为撬动该行业发展的关键。但游戏不是终点站，相关的工业应用与社会化应用将在未来崭露头角。据一些机构估计，游戏应用最终在元宇宙产值中的占比有可能为 30%~45%，也有一些乐观派认为至少会保持 50%~60% 的份额。

根据中国互联网络信息中心与中商产业研究院的预测，我国 2023 年元宇宙产业规模将超过 600 亿元，直至 2026 年处于加速增长阶段，产值超过 1 200 亿元，年复合增长率超过 30%。2027 年以后进入平台期，增速有所放缓，总体走势同国际市场基本一致。在市场构成方面，元宇宙将会带动一系列板块的增长，包括区块链、人工智能、虚拟现实、云计算及网络游戏。从就业与收入方面看，近几年元宇宙领域的中高端人才年薪水平快速提升，2019 年为 21.8 万元，2020 年为 22.5 万元，2021 年为 23.9 万元，2022 年为 26.0 万元，预计在 2023 年以后会超过 30 万元，行业中顶尖人才的年薪有可能达到 50 万元。

相关行业报告显示，5G 的商用将成为元宇宙产业的"引爆点"，通信速度的提升会直接改善 VR 与增强现实（AR，Augmented Reality）的使用体验，更好地支持云部署，强化平台的服务品质。技术应用环境的优化能够保障元宇宙游戏行业的健康成长，更利于游戏产业链的形成。除了传统游戏厂商外，互联网公司、传媒公司、社媒公司，以及部分物流与制造企业也会成为元宇宙游戏领域的参与者，体系内将会形成完整的供需连接。同时，在鼓励发展数字经济等利好政策的支持下，各类企业主体将得到全面的激励，敢于尝试新的竞争领域，并在技术研发与产品开发方面加大投入力度。

1.2 游戏产业发展的瓶颈

1.2.1 游戏实质性创新难度增加

游戏机制创新始终是游戏行业进步与提升的关键，近 20 余年的 IT 技术发展为游戏开发提供了足够的支撑，游戏创新似乎践行着准摩尔定律，游戏产品的类别与主题不断丰富，在很大程度上促进了游戏市场的扩容。许多非游戏群体由于找到了符合自身需求的游戏产品而转为玩家，甚至成为某些产品或品牌的忠实消费者。例如，《模拟人生》系列游戏成功招募了大量（非对抗）成长型游戏爱好者以及女性玩家，开辟了新的游戏模式领域，并带动了模拟类游戏的蓬勃发展。许多游戏在电脑端取得成功后又进一步衍生出了主机版与移动版。但是，近几年游戏机制层面的创新速度明显下降，市场上很难看到令人耳目一新的产品。比如，由金牌制作人小岛秀夫主创的《死亡搁浅》(2019)尝试在互联网环境下定义新的游戏模式，以"社交链"给玩家带来全新体验，产品发布前的呼声也很高，但这款游戏的市场反应却并不理想，处于相对小众化的阶段。同时，虽然消费者拥有了越来越多的终端设备，但对于游戏娱乐效果的收获却似乎在减少。许多游戏厂商均面临极大的创新压力，一些国外游戏创作者谈到，"实质性的游戏创新非常困难，一方面是要有足够的想象力与设计能力，有时候初衷想法很好，但做出的 Demo 却感觉平平；另一方面是市场的不确定性，也许花费了大力气但产品不被认可，一个项目失败就很难拿到下一个项目，对于团队经理来说有极大的事业风险"。可以看出，国内外厂商都面临这种创新的困局。

　　从游戏关注度来看，国内外在大类别方面基本一致，市场上最为热门的板块是策略类、角色扮演与动作类（见图1-6）。这些领域通常有大量的厂商，其中不乏国际知名厂商。在竞争激烈的产品领域，同期经常会存在2~3个模式类似的大作，非头部厂商一般很难挤入竞争行列，国内中小厂商参与的难度非常高。竞争的聚焦化进一步使得游戏市场创新难度增加，处于外围的厂商只能通过进军关注度较低的游戏领域才能获得较为理想的投入产出比。但受限于市场规模，综合回报偏低，不利于企业资金与技术的积累，在创新方面会受到一定的阻滞。

　　从国内市场来看，目前许多企业都将资源投入到游戏产品线的末端，游戏发行环节的总体热度最高。特别是一些头部企业，都希望通过便捷的方式尽快占据市场，或至少占领相应的渠道资源，为自身构建起保护屏障。而在游戏研发环节，总体投资热度处于中等水平，企业进行原创的动力不足。这主要受到游戏产品生命周期偏短的影响，游戏企业与投资方对于资金的使用都非常谨慎。此外，在游戏的基础设施投资方面，国内企业明显存在短板。例如，在游戏引擎开发、游戏机理与机制设计、游戏智能化等领域，很少有企业愿意进行长线的布局，大部分都采用国外成型的软件包。因此，在游戏的总体开发取向上，只能跟随国外企业的脚步，很难实现跨越式的进展。

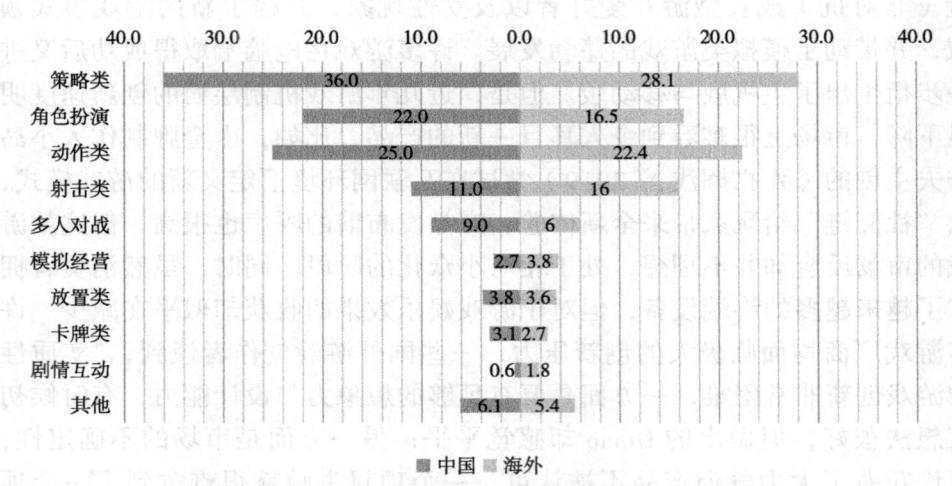

类别	中国	海外
策略类	36.0	28.1
角色扮演	22.0	16.5
动作类	25.0	22.4
射击类	11.0	16
多人对战	9.0	6
模拟经营	2.7	3.8
放置类	3.8	3.6
卡牌类	3.1	2.7
剧情互动	0.6	1.8
其他	6.1	5.4

图 1-6　不同游戏类别的关注度对比

1.2.2　存量市场竞争"内卷"

现有游戏产业的发展主要依靠存量市场，明显不同于 5~10 年前的市场行情。市场流量红利明显消退，游戏领域"流量为王"的时代已进入尾声，粗放型的运营模式很难取得持续的效果。

许多游戏企业还是习惯性地秉持传统互联网思维，认为借助网络营销与传播能够不断扩大受众面，并将其作为运营的主要方向。但最近几年，企业逐渐发现攫取流量红利的难度快速增加，游戏玩家基数增长缓慢，带来的收益甚至不足以弥补营销的支出。该问题在成熟游戏市场（地区）均有体现，北美、亚太较为典型。针对这一情况，许多厂商加入了订阅模式的行列，如传统的游戏厂商任天堂、育碧和 EA，主机平台 Xbox，以及 Apple Arcade、Google Play Pass 等。同时，亚马逊（Luna）与网飞（Netflix）也通过类似的订阅模式跨界加入竞争行列，进一步加剧了游戏圈内的渠道竞争。

游戏行业"内卷"化的另一个特征是近几年出现的"游戏+"模式，主要是将游戏形式同其他领域结合起来，利用游戏的技术与交互能力服务于其他的行业需求，如低龄群体教育、在线教育、专业培训、文化旅游以及医疗康复的部分环节等。虽然这样做体现出了游戏的社会化价值，能够全面地服务大众，但也从侧面反映了游戏领域的激烈竞争及市场利润的匮乏。许多具备游戏开发能力的企业不足以在主业领域生存，只能被动地转战其他市场，或者用外部的收入补贴游戏产品的开发。

从国内市场用户规模来看，在2014年以前出现过一波快速增长，特别是2009—2011年的增长率在70%上下，之后的增长率降至10%以内，而2021年更是下降至0.15%，大规模的增量优势已不明显（见表1-2）。目前，我国游戏群体规模已达6.6亿人以上，存量资源的优势仍然存在，企业的竞争取向需要更加精准。这也导致了"内卷"竞争的加剧，厂商需要不断从其他企业的阵地切分蛋糕，加之我国许多游戏产品的持续盈利能力不强，这种市场争夺的频率也将快速提升。

表1-2 国内游戏市场用户规模

年份	2008	2009	2010	2011	2012	2013	2014
用户规模（亿人）	0.67	1.15	1.96	3.30	4.10	4.95	5.17
增长率	—	71.64%	70.43%	68.37%	24.24%	20.73%	4.44%
年份	2015	2016	2017	2018	2019	2020	2021
用户规模（亿人）	5.34	5.66	5.83	6.26	6.41	6.65	6.66
增长率	3.29%	5.99%	3.00%	7.38%	2.40%	3.74%	0.15%

资料来源：用户规模数据来自中国音数协，增长率由本书核算。

1.2.3 游戏企业运营阻力增加

第一，企业投融资难度增加、热度降低。由于游戏产品格局已相对稳定，产品总体供给（种类）数量相对过剩，玩家在各个领域主要关注头部的少数几款产品，非知名厂商的产品运营越发困难，许多项目难以获得融资支持。加之近几年版号控制等政策性影响，传统以项目数量支撑企业发展的模式也不再适用，缺乏具有竞争力游戏产品的企业举步维艰。IT桔子调查显示，2012年至今的游戏市场投融资呈现倒V形走势，2015年以后进入下行通道，交易笔数及平均交易金额均呈现下降趋势。除头部企业外，许多中小企业均受到了不同程度的影响。例如，在2021年国内有超过800家游戏企业注销或进行了业务转型。在此环境下，资金更倾向于头部领军企业。从国内市场格局看，腾讯占据了55%以上的市场份额，网易占比接近20%，第三位的三七互娱仅略高于5%，而其余20%左右市场中包含了数百家游戏企业。可以预见，尾部企业未来融资的难度将会显著提高，业绩不佳的企业很容易被淘汰出局。

第二，游戏产业劳工问题逐渐显现。Kelly Bergstrom（2022）等人指出，游戏项目开发作为IT领域的一个分支，许多员工的真实工作情况并非外界所想象的那样，娱乐产品的制作过程并无娱乐性可言。北美劳工调查显示，游戏企业内的一线开发人员对于持续延长工作时间，相对工作强度来说较低的待遇，指令性的工作氛围与团队文化僵化，以及公司的一些额外要求（如每周玩本公司产品的时长）表示了不满与抱怨。这导致员工代码编写工作质量下降以及离职率上升等问题。此类问题自2020年以来快速增多，主要集中在一些中小游戏厂商以及游戏软件外包企业中。为此，一些劳工组织开始向游戏企业施加更大的压力，迫使其作出改变。

基于当前游戏产业发展所面临的瓶颈与困难，业内人士普遍认为需要以技术作为突破口，找到再次提振产业发展的新引擎。元宇宙技术体系或将成为游戏产业变革的动力源。其原因有三个：第一，在游戏产品创新方面，元宇宙环境下丰富的显示、交互及传感反馈技术能够增加游戏的开发选项，形成更多不同类型的游戏模式组合，给玩家以崭新的游戏体验。同时，元宇宙底层技术会对游戏机制带来实质性的冲击，使网络游戏进入新的发展轨道。第二，在市场竞争层面，元宇宙游戏体系会呈现出更为开放的特征，传统的竞争模式将不再是最优选项。众多游戏企业需要学会协调与合作，在产业的横向与纵向层面获得更多的支持，进而使单纯的竞争转变为竞合的状态。第三，在游戏与平台运营方面，元宇宙游戏能够吸纳众多的参与方，除传统的游戏厂商及关联企业外，玩家将成为重要的内容产出群体。众多玩家用户加入元宇宙游戏的建设与运营管理中，将会明显延长游戏及平台的生命周期，并提供多样化的游戏主题与内容，改变游戏产业的供需状态。

1.3 游戏产业升级的意义

以元宇宙游戏兴起为机遇，促进游戏产业升级，能够在下一个游戏世代进一步提升我国游戏产业及关联产业的竞争力，充分发挥各类 IT 技术的联动效能，进而带动其他产业及相关技术的发展。

1.3.1 提高游戏产业竞争力

把握住元宇宙游戏产业变革的机遇期，能够助力我国游戏产业乃至文化产业的全面发展。不同于以往的历次游戏行业变革，当前我国在基础设施、技术应用、市场需求、政策配套等多方面均具备较佳的资源或优势，能够在产品升级及行业革新的过程中占据有利位置，并有效提升我国游戏产业在全球市场中的竞争力与话语权。游戏产业竞争力的提升会进一步带动我国游戏产品及相关内容要素的出口，通过开发具有独特文化特色的游戏，积极传递中国文化、历史和价值观。这可以提高我国游戏产业的国际认可度和文化影响力，强化在全球市场上的运营能力，在游戏领域的竞争中体现出中国特色与优势。例如，近些年流行的赛博朋克风大量渗透至游戏及影视作品中，我们可以从中看到很多中文的信息，中式的餐饮与娱乐，或者以香港、上海为背景的场景构建，甚至中国特色（体现在名称与外形方面）的游戏角色等。这体现出在全球化趋势下我国文化符号同世界文化体系的融合。

1.3.2 获得产业关联收益

元宇宙游戏产业变革的预期产业关联效应明显，从技术结构方面来看，元宇宙技术体系同诸多主流 IT 技术有极高的关联度。在 Web 3.0 发展与普及的趋势下，元宇宙游戏所应用的技术丰富度将不断提升，核心游戏产业的上下游将出现明显的扩展，会带动更多提供技术供给与技术转化角色的加入。同时，元宇宙游戏在横向层面也会拓展关联能力，强化同多种文化娱乐领域的关联，并共享关联收益。比如在泛娱乐领域，元宇宙游戏的开发能够带动与其他娱乐行业的跨界合作。可以利用游戏产业积极整合优质 IP 资源，与电影、动漫、音乐、演出等商业活动进行合作，打造跨界的 IP 生态系统，从而明显提升游戏的品牌价值和市场竞争力，并形成共赢的局面。根据国外娱乐行业研判，以游戏为核心塑造的 IP 转化体系能够获得更加持久的盈利转化，而电影、动漫等形式的持续周期仅为游戏的 1/6 至 1/5。许多游戏 IP 可以通过推出新版本，拓展剧情（DLC）或开发出不同类型的作品，如基于 FPS 游戏 IP 开发出策略类手游产品，从而不断延续产品的生命周期，为企业带来稳定的收益。

1.3.3 强化技术升级与场景扩展

元宇宙相关技术派生于 IT 及互联网技术，可以通过元宇宙这个技术支点撬动各方面技术的进步。我国在互联网应用领域已占据了比较有利的位置，但是在基础技术层面还存在诸多短板。借助元宇宙游戏的发展契机，可以刺激各类企业的研发投入，在碎片式的技术积累中稳步提升基础能力。元宇宙技术体系有广泛的覆盖面，涉及 3D 运算、全息显示、移动网络、人工智能、区块链、云计算、边缘计算及各类传感技术，这些技术可在游戏产业带动下实现快速的商业化转型。同时，元宇宙游戏技术的相关探索具有前沿性，在游戏中的应用可以不受约束，在不断试错中摸索出可行的解决方案。这些技术可进一步在外溢效应下传导至其他领域，如基于工业元宇宙的数字孪生控制管理、医疗领域的各类治疗等，都具有明显的社会性价值。比如，通过元宇宙技术，患者可以进行辅助康复训练、疼痛管理或心理治疗等，获得更具个性化和沉浸式的治疗体验，改善治疗的效果并降低医疗费用。元宇宙还可用于医学教育和手术模拟等方面，提供拟真的培训和学习环境。成熟的元宇宙技术应用模式还可以借助游戏作为试验场，不断拓展相关的应用场景，服务于更广泛领域的生产与生活。

2 元宇宙技术体系

元宇宙技术体系的发展与完善是元宇宙游戏产业升级的前提与基础，未来游戏产品的开发与运营都将建立在新的技术架构之上，这不仅会影响到游戏机制与游戏模式的创新，也会形成新的游戏内容供给与参与形式，使游戏产业呈现出全新的发展局面。

2.1 元宇宙技术架构

2.1.1 元宇宙技术框架与体系

元宇宙技术框架（见图 2-1）共包括六个模块：①网络传输与计算技术。更高等级的网络传输能力是元宇宙发展的基础，通常也被称为元宇宙的基建项目。实时接入、低延迟和较强的带宽能力才能实现"宇宙"的互联效果，超越地区与国界的限制，真正实现网络信息的共用与共享，元宇宙游戏的规模化才能够实现。在计算技术方面，元宇宙要强化"端点"的运算能力，从而改善用户的使用体验。②物联网技术。物联网技术是构建万物互联的基础，能够将人与设备资源整合起来，最终实现同现有互联网的并网。完整的元宇宙并不是纯虚拟的环境生态，也需要同实物建立关联。各类实体之间需要进行通信与计算，能够自动完成例行事务，并逐渐向智能化演进。③区块链技术。区块链技术能够支撑元宇宙的运行规则，提供互联网公认的权益保障，具有典型的"法则"特征。用户的虚拟身份与虚拟资产，以及发生在元宇宙中的各种交易活动，都需要借助区块链技术加以保护。同时，基于区块链技术所建立的机制也可以帮助虚拟世界同现实世界建立关联，实现经济系统的充分对接。④综合交互技术。综合交互技术为元宇宙的运转，特别是虚拟情境的实现提供感知层面的支持。元宇宙的接入端需要为用户提供多维交互体验，以高品质沉浸感强化元宇宙生态的吸引力。同时，综合交互技术还可以丰富用户的操作模式，帮助其实现在真实环境下无法或不易完成的操作。⑤人工智能技术。人工智能（AI）是 IT 领域的技术支撑，同元宇宙体系有极高的融合度，相关理论与应用模式对于多类元宇宙技术的升级均有重要影响。目前，AI 已广泛应用于虚拟环境构建、人机对抗设计、内容自动生成与优化、交互体验提升等方面。随着 AI 基础理论的更新，还会出现于更多的应用场景。⑥电子游戏技术。电子游戏技术的外延较宽，同前述多项技术存在交叉，可看作 IT 技术的汇聚与整合。在元宇宙游戏时代，这种技术整合特性将会更加明显。从现有的一些初露端倪的元宇宙游戏来看，虚拟交互、区块链、人工智能等较为前沿的技术已得到了充分利用。游戏领域是诸多新技术的试验场，同时也会向技术创新提供丰富的反馈信息，两方面相互促进共同发展。

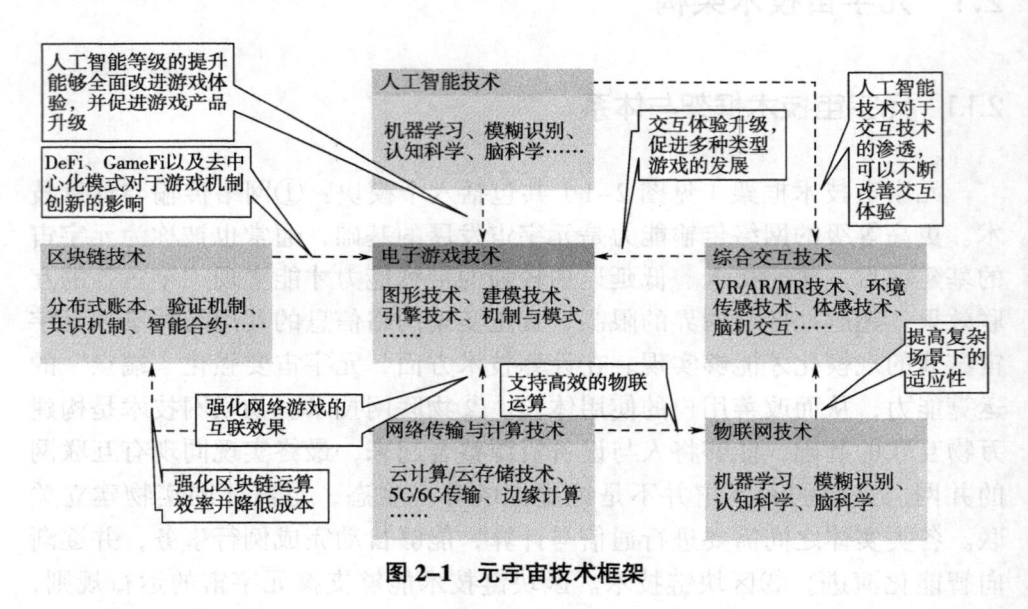

图 2-1 元宇宙技术框架

2.1.2 元宇宙技术体系关联

元宇宙各项技术之间存在密切关联，基于行业增长指数的评价测量如表 2-1 所示。可以看出，元宇宙游戏技术在体系内具有明显的枢纽作用，同其他各类技术均存在不同程度的关联。其中，综合交互技术、区块链技术、人工智能技术三项都达到了 1% 的显著性水平，前两项的影响系数绝对值较高。同时，游戏技术的发展同网络传输与计算技术及物联网技术也有较为明显的关联性，都达到了 5% 的显著性水平。而其他技术类别之间的关联显著性偏低，或不存在明显的关联。从现有的元宇宙应用趋势看，确实存在游戏化的倾向。许多领域的技术进步都是由游戏需求带动的，比如交互技术中的显示设备、图形运算、体感游戏外设，以及人工智能技术中的模糊识别与机器学习等。在最新的游戏产品中均能够看到相关技术成果的影子。至于元宇宙技术与游戏行业之间的关系，可以说是相互促进的。一方面，新技术的出现及体系化为游戏开发提供了更多的途径，可以实现之前难以达到的效果，游戏企业可以对产品进行持续的升级或革新。另一方面，游戏需求变化及游戏市场的成长为技术应用提供了资金来源，民用消费的转化速度相对较快，能够进一步刺激相关的技术研发。

表 2-1　元宇宙典型技术板块相关性

关联度	电子游戏技术	综合交互技术	人工智能技术	区块链技术	物联网技术	网络传输与计算技术
电子游戏技术	1.000	—	—	—	—	—
综合交互技术	0.885***	1.000	—	—	—	—
人工智能技术	0.353***	−0.321	1.000	—	—	—
区块链技术	0.796***	0.275**	0.603**	1.000	—	—
物联网技术	0.523**	0.321***	−0.373	0.728*	1.000	—
网络传输与计算技术	0.795**	0.672**	0.206*	0.862**	0.731**	1.000

注：***、**、* 分别表示在 1%、5% 和 10% 的水平下显著。

2.1.3　元宇宙应用体系的层次

元宇宙建设一般分为七个层次，也称为七层价值链体系（见表 2-2）。不同层次具备自身的技术特点与主要服务功能，各层级以递进的形式支持元宇宙最终形态的运转。

表 2-2 元宇宙技术与应用层次的关联

编号	层次	电子游戏技术	综合交互技术	人工智能技术	区块链技术	物联网技术	网络传输与计算技术
1	基础设施	★☆☆	★☆☆	★★☆	★☆☆	★★★	★★★
2	人机交互	★★★	★★★	★★★	☆☆☆	★★☆	★★☆
3	去中心化	☆☆☆	☆☆☆	★★☆	★★★	☆☆☆	★★★
4	空间计算	★★☆	★★☆	★★☆	☆☆☆	★★☆	★☆☆
5	创作者经济	★★☆	★★☆	★☆☆	★★☆	☆☆☆	★☆☆
6	发布途径/效率	☆☆☆	☆☆☆	★★☆	★★☆	☆☆☆	★★★
7	应用体验感	★★★	★★★	★★★	★☆☆	★☆☆	★★☆

（1）基础设施建设主要与硬件设备及底层网络传输相关，是元宇宙运转的物理载体。基础设施建设主要涉及硬件研发及相关的基础软件开发，需要得到网络传输技术、边缘计算技术、物联网技术方面的支持，在智能化发展方面，还需要依托人工智能技术。

（2）人机交互是输入输出能力提升，是人与虚实环境互动的前提。在元宇宙建设中，交互能力除了需要得到足够的硬件与系统支持外，AI 能力的提升尤为关键。许多模拟形式的输入信号需要进行模糊识别，AI 辅助能够实现精准判定，并降低用户输入的复杂度。

（3）去中心化是元宇宙互联的发展方向，有可能重塑网络中不同主体的角色与定位，甚至改变网络经济的运行规则。实现去中心化的基础是区块链技术，当去中心化的需求量增加时，对于节点计算及网络综合算力提出更高的要求，需要有较强的基础设施支持。

（4）空间计算涉及虚拟环境的构建以及现实环境的扫描，直接影响用户的沉浸感与交互效果。空间计算需要处理大量 3D 信息，需要 GPU[①] 方面的不断提升。对于在元宇宙条件下的应用，还需要考虑远程空间计算的解决途径，保障空间信息的实时传递，实现高品质的串流效果，并支持大规模用户的在线协同。

（5）创作者经济为所有元宇宙参与者提供了机会，激励大家参与元宇宙

---

① GPU（Graphics Processing Unit）是一种专门设计用来处理计算机图形的芯片。它的性能不同于普通的 CPU，可以处理大量的图形计算，提供流畅的图形显示。

应用与素材的开发，这也是 Web 3.0 所提倡的互联网参与形式。在去中心化模式下，元宇宙资本市场与创作流程都将发生变革，参与者的工作自由度显著提升。

（6）去中心化带来的另一变化是互联网渠道的调整，将会直接影响商户对普通用户的信息发布途径与效率。底层传输与区块链技术的强化能够改善智能分发与虚拟产权交易的生态环境，增加各类用户的发布渠道选项，并降低交易成本与交易风险。

（7）元宇宙应用的最终目标是为用户提供良好的综合应用体验感，实现 Web 2.0 所不能达到的效果。在游戏应用方面，产品的架构、游戏机制、经济系统、运营模式等都将出现颠覆性创新，为用户带来全新的游戏体验。此外，游戏内体验还将会向游戏外扩展，延伸至与游戏相关的各类周边消费，如虚拟购物、数字藏品、数字装备、在线观影、虚拟社交与互动等。

2.2 底层支撑——互联技术

元宇宙首先要实现广泛互联，保障各类型信息的充分交互，其中互联技术是重要的底层支撑。互联技术需求包括两个部分，一个是实现"人-人"互联，另一个是实现"物-物"互联，进而促进"人-物"的全面互联。元宇宙互联需要在信号识别的基础上，进一步强化综合交互能力以及节点的智能化水平。

2.2.1 互联网技术升级

移动互联网技术的发展是计算机互联网技术的延伸，它将移动通信与传统互联网对接，在技术层面、应用层面、商业层面、平台层面进行整合。移动互联网对于元宇宙内多领域的发展均有重要影响，属于最为底层的技术。移动互联网总体上已发展到成熟阶段，基于移动通信技术在各个行业形成了典型的应用模式，极大地改变了人们的工作与生活形态，并将越来越多的元素纳入互联网体系。

移动互联网应用的特点主要有四个：①轻便化。相比传统的计算机上网模式，用户可以使用便携设备登录移动互联网，完成信息搜寻与交互等功能。虽然早期的移动互联网在使用中存在稳定性差、传输速度慢等问题，但随着 4G/5G 技术的普及，这些短板的影响逐渐弱化。②强交互。以手机为代表的终端设备具有丰富的感知与输入形式，用户可以通过语音、图像、视频等多种形式交互，并且可以随时随地收发信息。③实时服务。许多便携终端由于加装了不同的传感器，还可以采集更多类型的数据，随时为用户提供便利服务。例如，定位功能可以为用户提供基于地理信息的各种服务，体征监测功能可以为用户提供健康管理服务。这些数据可实时传递至平台并得到相应的反馈。④一致性。在移动互联网模式下，后台不仅能够锁定设备，还可以锁定真实的用户。用户可以基于一致性身份认证获得较高的安全等级，统一管理个人的身份、密码、账户等隐私信息。一致性的优势在于，后台能够对用户进行精准画像，据此向用户提供匹配度更高的服务。

移动互联网应用虽然便利，但也存在一些问题。例如，移动传输的带宽会限制应用程序能力的发挥，许多应用在移动端的表现明显落后于桌面端，在运算性能与稳定性方面表现不佳；又如，移动互联网有丰富的接入形式，用户设备的风险系数较高，非法用户可以通过攻击、干扰、监控、窃取等形式影响用户的正常使用，或造成信息与经济方面的损失。

依据传输技术，可以将移动互联网的发展分为四个阶段：① 2G/2.5G 阶段。基于 WAP（Wireless Application Protocol）协议的第二代手机通信技术规格，仅支持特定格式的网络信息，使用中需要将 HTML 格式信息转换成 WML 格式信息，数据传输速率在数十 Kbps 级别。该阶段的移动数据应用需要 WAP 代理服务器的支持，无须调整移动通信网络协议，GSM、CDMA、TDMA 等网络均可以使用。2.5G 可看作 2G 通信的升级版，可使用 GPRS 封包交换模式，并保持长时间在线状态，通信服务计量更为准确，传输速度可达到 100Kbps 以上。② 3G 阶段。3G 技术使用了较高的通信频段，工作信号稳定，传输速率更高。同时，该阶段无线通信和国际互联网等通信技术实现了全面结合，形成一种全新的移动通信系统，该系统可以处理图像、音乐等媒体形式，数据信息载量明显提升。该阶段智能手机（终端）进入消费领域，用户通过移动互联可以实现更好的交流效果，并形成轻度的生产力（如处理工作邮件）。③ 4G 阶段。4G 通信采用了映射技术、抗干扰技术、智能天线技术，使传输速率及动态传输稳定性进一步提升。在有效控制误码率的情况下，可获得静态 1Gbps、运动状态 100Mbps 的传输效果。4G 在 3G 基础上整合了 WLAN 技术，提高了图形文件的传输速度，使移动网络中的图像与视频应用逐渐普及，能够很好地满足视频通信、网页浏览、内容下载、网络游戏等需求。同时，随着通信资费的下降，移动网络应用的商业价值快速提升。④5G阶段。5G通信可以适应广泛互联下的多种应用场景，根据国际电信联盟的说明，在5G支撑下，增强移动宽带、高可靠低延时通信、海量机器类通信将会实现爆发式增长。其中，增强移动宽带可以更好满足用户的上网需求，而高可靠低延时通信与海量机器类通信可以实现更好的物联效果。5G通信的典型特征是高速度与低延时，用户体验速率可达1Gbps，且稳定性与有线网络相差无几。此外，5G还具备较高的连接密度与可靠性，这对于满足大量的物联需求与远程控制极为重要。

高通与HIS market等机构预测，大部分国家与地区将在2020—2025年完成5G的基础设施建设，应用层面的快速发展将持续至2035年左右，届时全球与5G关联的产值可达到13.2万亿美元，5G产业链年均投资额在2 300亿美元以上，其就业贡献将超过2 200万个，我国在全球市场中的份额接近1/3。从现阶段发展来看，我国从2019年开始推进5G的商用并发放牌照。根据2021年的统计数据，5G已覆盖所有地市级城市，95%以上的县城城区，以及35%的乡镇地区。目前5G基站等基础建设总体上已基本完成。随着网络接入比例快速增长，以及运营商相关资费逐渐降低，5G在消费端的应用面明显扩展。5G终端产品类型丰富，包括智能手机、高速路由器、VR/AR设备、车载设备、无人设备、楼宇设备等，在接入5G网络后，使用体验均已明显超越前代产品。在具体应用感知方面，网络调查显示，用户对5G的应用期待主要集中在数据高速传输领域（见图2-2），比例位于前三的分别是AR应用（86.3%）、在线游戏（80.1%）与VR应用（77.5%），与元宇宙游戏的发展高度契合。

在强化5G应用快速渗透的同时，我国在6G领域已提前展开布局。2019年科技部会同发展改革委、教育部、工业和信息化部、中国科学院、自然科学基金委召开6G技术研发工作启动会，成立了国家6G技术研发推进工作组，并支持高校等科研机构开展6G的基础研发工作。2021年工信部发布《"十四五"信息通信行业发展规划》，将开展6G基础理论及关键技术研发列为移动通信核心技术演进和产业推进工程，提出构建6G愿景、典型应用场景和关键能力指标体系，鼓励企业深入开展6G潜在技术研究。2022年，我国在滤波器设计及太赫兹实时无线传输通信实验中取得显著进展。同期，国外研发机构也在加速6G技术与应用的研发。2019年三星和LG公司均设立了 6G 研究中心；2020 年三星公司发布了《下一代超连接体验》白皮书；2020 年日本总务省发布了发展 6G 技术的战略目标，并预计在 2030 年实现 6G 商用化；2021 年韩国 LG 公司成功进行了 6G 太赫兹频段的无线信号传输测试；2022 年日本名古屋大学的研究团队利用铁路进行了 6G 通信的模拟测试。

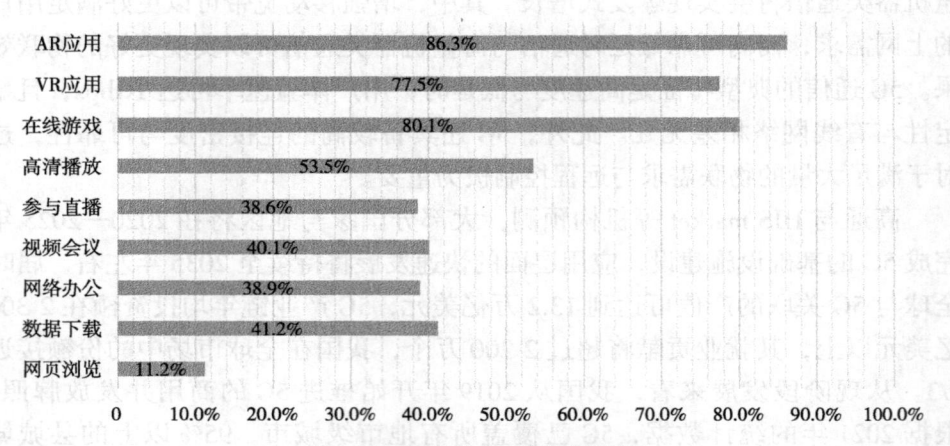

应用类型	百分比
AR应用	86.3%
VR应用	77.5%
在线游戏	80.1%
高清播放	53.5%
参与直播	38.6%
视频会议	40.1%
网络办公	38.9%
数据下载	41.2%
网页浏览	11.2%

图 2-2　用户对 5G 的应用预期

6G 通信的主要技术特点是，采用太赫兹（THz）频段通信，网络容量大幅提升；峰值传输速度可达到 100Gbps~1Tbps；通信延时为 0.1 毫秒，仅为 5G 的 1/10；中断概率小于 0.000 1%，拥有超高可靠性；拥有超高的连接密度，连接容量可达到每立方米百个以上；室内定位精度达到 10 厘米，室外为 1 米。6G 的技术指标能够适用于更多应用场景与模式，包括云 + 扩展现实、全息通信、沉浸交互、智能交互、数字孪生等，这些都是支撑元宇宙建设的重要组成部分。在具体实现方面，6G 通信能够达到弹性组网标准，支持 AI、区块链运算、边缘计算等技术与服务的一体化，以"强场景、弱网络"状态呈现给用户。在通感方面，能够拓宽传统通信能力维度，将通信能力与感知能力高度融合，通过分布式算力将感知信号实时加工处理，强化网络对物理环境的反馈（见图 2-3）。

2.2.2　物联网技术应用

物联网（Internet of Things，IoT）是指通过各种传感设备实时采集各类实体信息，并与实体产生交互关系的互联形式。物联网采集的实体信息包括属性、位置、轨迹、相关技术指标，以及可获取的物理、生物与化学参数等。物联网目前所用的传感形式有射频识别技术（RFID）、全球定位系统（GPS）、红外感应器、激光扫描器等各种装置与技术，一些新的传感与传输技术也逐渐加入物联网应用中。狭义的物联网是指"物－物"相连的网络，而广义上的物联网是"人－机－物"的广泛连接。

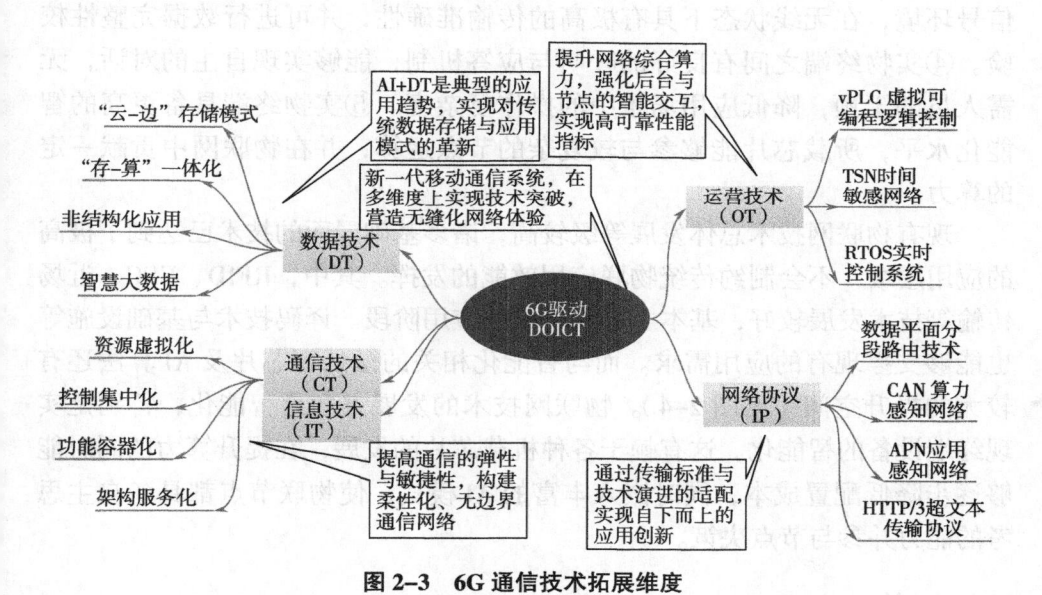

图 2-3　6G 通信技术拓展维度

物联网的概念原型出现在 20 世纪 90 年代后期。1998—1999 年，美国的大学与科研机构陆续提出了利用物品编码与电子产品代码（Electronic Product Code，EPC）建立物品自动识别的构想，后逐渐发展为多主体物联的模式，并提出了构建传感网络的设想。2005 年，国际电信联盟（ITU）在年度互联网报告中进一步明确了物联网的概念，并对物联网时代的特征进行了描述。其后，由于传感技术的进步及移动网络的兴起，物联网快速发展，并在零售、物流、仓储、工业制造、交通、医疗等多个领域得到了广泛应用。我国 2002 年成立了全国信息技术标准化委员会，开启了同 ISO、IEC、JTC1 等国际标准的对接工作。之后，对各类条码、射频识别等技术开展了一致性测试，并逐步推进了在移动领域的应用。2010 年，我国在物联网领域成立了专项工作组，协同工业过程测量和控制标准化技术委员会以及多家产学研机构，共同推进传感网络的标准建设及具体的技术对接、应用推广工作。

当代物联网具有以下技术特点：①实物终端借助电子标签及相关的运算芯片，通过射频识别等传感设备，实时、全面地进行信息传递。②实物终端信息的交互具有较高的刷新频率，能够形成动态的信息网络，有效满足各类工业控制与日常设备管理的需求。③数据信息交互能够适应高密度信号环境，在无线状态下具有极高的传输准确性，并可进行数据完整性校验。④实物终端之间有良好的呼叫与应答机制，能够实现自主的对话，无需人员的干预，降低应用场景中的操作复杂度。⑤实物终端具备更高的智能化水平，所载芯片能够参与较复杂的节点运算，并在物联网中贡献一定的算力。

现有物联网技术总体发展等级较高，诸多基础层面的技术已达到了极高的应用层级，不会制约传统物联应用效能的发挥。其中，RFID、EPC、近场传输等技术发展较好，基本上进入了成熟应用阶段。译码技术与基础设施等也能够支撑现有的应用需求。而与智能化相关的微处理芯片及AI算法还有较大的提升空间（见图2-4）。物联网技术的发展方向是智能化，特别是实现终端设备的智能化。这有赖于各种机载芯片的发展，在提升算力的同时能够逐步降低配置成本，同时嵌入丰富的AI模式，使物联节点都具备自主思考的能力并参与节点决策。

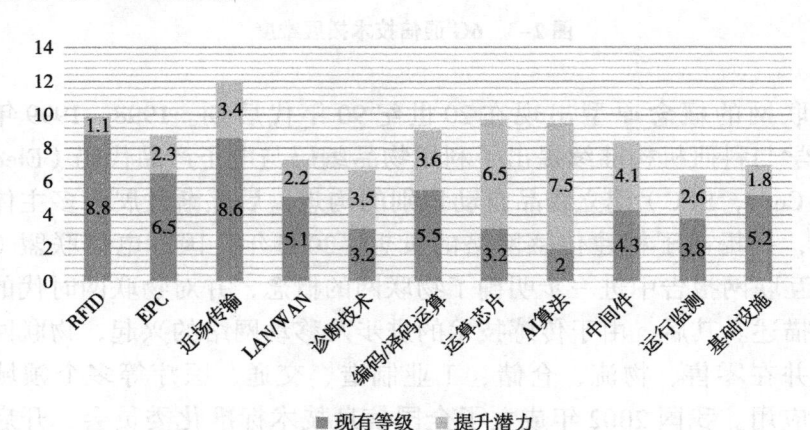

图2-4 物联网技术应用情况（10分制评分）

物联网的重要组成部分是M2M（Machine to Machine）系统。M2M是指终端与终端的对话与交互,在这一过程中无须人员直接参与。M2M 应用系统一般包括终端接入模块、通信接入模块、终端管理模块、应用接入模块、数据库模块、业务处理模块和 Web 模块(见表 2-3)。M2M 是实现智能化物联网的基础,在具体的应用过程中,能够采取自适应粒度的方式,根据问题或需求的层级特点,选择合适的最小粒度,提高运算的效率及反馈的速度。在模式识别与图像处理中,最优粒度选择通常能够显著降低应用成本。在不同的应用场景下,M2M 在设备与设备的交互中,形成物联控制链或物联控制网,不同的节点可以完成数据生成、数据运算、数据传输、数据分发、数据解析、指令执行等功能。M2M 能够适应无人领域的工业与商业应用,是智能化自动控制系统的重要部分。

表 2-3　M2M 系统模块划分

模块类型	主要内容
终端接入模块	完成终端消息的接收、发送、解析与处理等功能
通信接入模块	能够实现不同移动通信网络(系统)间的信号接入与收发,并高效地处理多种类型的模拟信号
终端管理模块	管理软件,用于维护和管理通信及应用功能,保证应用层的可靠性与安全性
应用接入模块	在业务终端与 M2M 业务平台间构建通道,完成数据交换、管理与分析等功能
数据库模块	储存用户数据、标识数据、配置数据以及各类业务数据,实现关系型数据管理功能
业务处理模块	配置业务处理引擎,在 M2M 平台上实现综合的管理功能
Web 模块	以 Web 为平台进行功能配置,完成复杂的运维功能,具有较高的开放性

一些评论文章谈到,仅由人组成的元宇宙并不完整,只有包含物联网的元宇宙才是真正意义上的元宇宙,才能实现"万事万物"的互联。元宇宙的本质是将各类生产生活元素与用户连接起来,"物"的加入才能解决用户的实质需求,才能为元宇宙创造出更多价值。例如,在商业应用场景中,基于 AR 眼镜的辅助购物需要识别各类商品,这需要商品提供相应的信息标签,并能够与 AR 终端进行互动。在工业应用场景中,用户终端同样需要提前识别作业区域内的设备与物件,才能进行自动化操作或提供参

考信息。

如图2-5所示，当代物联网应用包括三个层次：①物联感知层。传统感知层的内容主要是标识并识别不同的主体，使设备能够辨认出物理主体，从而进行基础信息的采集，这也被称为原始状态的物联。感知的实现需要借助标识体系、感知组件与设备，以及近场传输技术。随着物联网应用的升级，单向信息传输已不能满足需求，现代物联要求各类主体能够接受外部信息并加以处理和反馈，需要得到智能运算方面的支持。②物联网络层。物联网络传输可借助任何类型的网络，可以是通用型网络，也可以是专用型网络。早期的物联模式大多是建设在局域的专用型网络，仅能实现部分预设格式信息的传递，网络的封闭程度较高，同外部网络物理隔绝。随着互联网覆盖率的提升，特别是移动互联网的兴起，物联网接入后可获得更低的成本与更为广泛的功能，因此物联网并入通用型网络成为趋势。接入后，物联应用可以广泛使用各类云技术，并得到多种辅助计算的支持，在数据传输带宽方面也有实质性的提升，相关物联应用更为机动灵活。③物联应用层。应用层包含各类可接入的物联应用场景。现有物联应用的垂直渗透率较高，下一步是促进跨模块、跨行业、跨系统的横向协同，实现广泛的智能物联控制。在应用整合方面，元宇宙有可能成为不同物联网之间的交互平台。特别是随着元宇宙向实物领域的扩展，这种整合带来的收益将会逐渐显现。

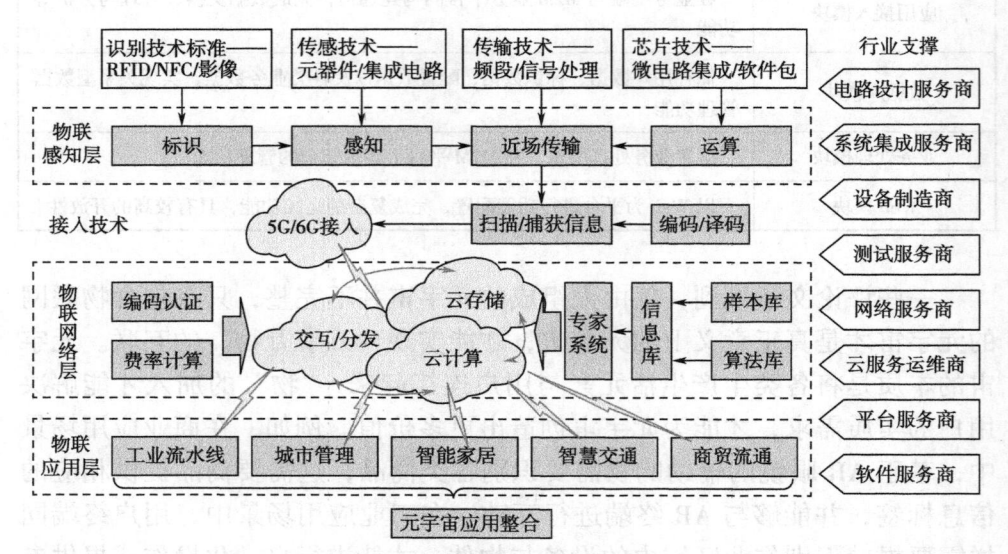

图2-5 物联网应用层次

网络物理系统（Cyber Physical System，CPS，也译为信息物理系统）是物联网的发展方向。这种系统建立在互联与物联的基础上，综合利用计算、传输、控制等技术，在闭环模式下实现现实环境与虚拟环境的交互控制。CPS的发展目标是赋予物理系统足够的智能化，能够根据需求及环境变化自动完成通信、计算、自动控制、多设备（主体）协作以及较强的系统内自治任务，使系统保持良性、稳定运转。CPS通常建立在物联网技术的基础上，结合互联网的覆盖与传输优势，为越来越多的电子设备与智能设备提供接入条件，并提供交互传输的标准，形成某种形态的"泛网"。根据欧洲智能系统集成技术平台（EPoSS）的发展规划，CPS体系内的物品应具有完全的智能响应能力，并进行跨系统的信息译码与沟通，形成包含人、设备、物品及服务项目的综合型网络（见图2-6）。CPS在带来应用便利的同时，也存在一定的潜在风险（见表2-4），这些风险有可能成为系统的漏洞。一些恶意用户可能会通过CPS进入后台或数据库，对信息进行窃取或修改，从而影响系统的正常运行。因此需要采取相应的应对策略，如加强安全认证和身份认证，改进路由机制，优化防火墙服务等。

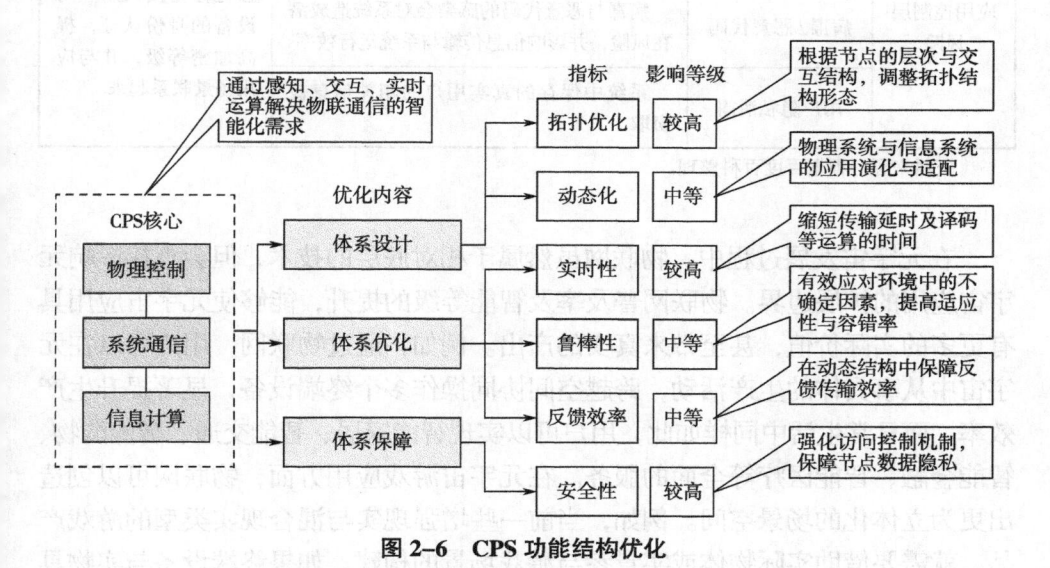

图2-6　CPS功能结构优化

表 2-4 CPS 存在的安全风险与对策

风险分类	安全问题	问题描述	应对策略
感知层风险	数据窃听	数据近场传输中被监测或截获，设备信息泄露	在非人工介入条件下，加强物理节点间的安全认证，优化设备交互的容错机制
	数据损坏	非法用户或设备对感知层获取的数据进行篡改、增删或破坏	
	节点捕获	设备节点被非法侵入并控制，干扰设备的物理操作	
传输层风险	拒绝服务攻击	大量非法访问信息充斥接入端，造成合法用户无法连接设备	改进路由机制，以加密形式保护原始数据包，保障点对点通信的安全
	方向误导攻击	恶意节点在接收到数据包后，对其源地址和目标地址进行修改，造成数据丢失或网络混乱	
	选择性转发	恶意节点在截获数据包后，仅转发部分数据包，破坏数据的完整性	
应用控制层风险	非授权访问	在非授权情况下访问系统后台，并获得超级权限，进而进行各种系统操作	优化防火墙服务，强化任何接入用户与设备的身份认证，提高加密等级，并与应用场景联系起来
	病毒/恶意代码	病毒与恶意代码的感染会对系统造成潜在风险，并影响信息传输与系统运行效率	
	用户隐私泄露	系统中保存的真实用户的相关信息被窃取	

资料来源：根据百度百科整理。

在元宇宙发展过程中，物联网虽然属于相对底层的技术，但会直接影响元宇宙应用的扩展边界。物联网普及率及智能等级的提升，能够使元宇宙应用具有更多的实际价值，甚至带来真实的产出。例如，通过物联网，用户可以在元宇宙中从事具体的生产活动，跨越空间协同操作多个终端设备，显著提升生产效率。而日常生活中同样如此，用户可以实现智能家居、智能交通、智能购物、智能金融、智能医疗等全面的服务。在元宇宙游戏应用方面，物联网可以创造出更为立体化的场景空间。例如，当前一些增强现实与混合现实类型的游戏产品，就需要借助实际物体或实景参与游戏场景的构建。如果终端设备与实物具备物联能力，并提供互动参数，则有可能改变游戏的互动效果，使游戏具备更好的物理与环境体验感。尽管如此，现阶段元宇宙物联网应用在标准、技术、普及性、成本和安全等方面尚存在一些问题（见表2-5）。

表 2-5　元宇宙物联网应用存在的问题

类别	问题描述	应对方式
标准问题	预计纳入元宇宙的实体类别与种类数量庞大，但不同系统之间难以衔接，编码标准不一	通过国际化的协商与标准制定，统一设备制式与数据格式
技术问题	在元宇宙泛化趋势下，不同类型设备（主体）之间存在对话障碍，如何识别、发送、接受、应答信号有待研究解决	在统一标准的基础上，设备商之间实现横向的沟通与合作
普及性问题	在元宇宙构建中如何激励更多的实体单元加入物联识别体系，并参与元宇宙的相关节点运算	完善元宇宙体系建设的激励机制设计，让参与主体能够共享信息或数字化收益
成本问题	增加相应的物联网识别功能，涉及额外的设计成本与配件成本，部分产品还会涉及调试与系统冲突问题	控制原材料成本，推动相关物联组件供给的规模化，强化包含物联功能的集成设计能力
安全问题	元宇宙互联开放性更高，涉及设备实体及设备所有者的隐私信息泄露，容易遇到非法跟踪、攻击、篡改等风险	完善安全技术体系，强化物联网领域的安全立法与规则建设

2.2.3　边缘计算技术应用

边缘计算是指在靠近应用端，以就近原则综合利用数据、算力、网络、设备等提供服务的形式。边缘计算能够实时响应终端设备，在智能化与安全性方面有较高的保障。边缘计算理论上处于设备实体与核心网络之间，与云计算协议对接，能够参与动态的网络算力分配，在处理短周期数据方面有更高的效率与执行力。因此，边缘计算更适应物联网的应用环境，能够自适应终端设备的交互，实现数据上下行的分流，减轻网络的总体流量压力。

现代边缘计算具有以下特点：①计算去中心化。边缘计算的应用趋势是让终端及低级别节点在网络中承担更多的计算职能，分担中心节点的压力。随着各种设备的智能化，终端具备更强的运算能力，能够同后台协调完成业务功能。去中心化计算不是孤立运算，需要借助网络上的资源，实现与后台的交互。因此，通用数据的分发算法与效率对于去中心化的实现非常重要。②服务非寡头化。传统网络服务的层级结构明显，处于"高位"的服务商有较强的垄断权力,可随意安排服务的等级与价格。在去中心化的背景下,各类服务商均可以通过接口进入服务网络,根据自己的优势向边缘计算提供支持。单一平台难以实现对数据、业务、位置、管理、安全、维护等各个方面的垄断,厂商间的协同与合作将成为主流。③实时响应。实时响应是许多网络终端,特别是物联终端的首要需求。由于互联网规模的几何级数增长,端点与网络中的中心节点交互路程越来越长,难以实现低延迟响应。边缘计算可以有效绕开网络中的密集通道,保证对终端服务的及时性。④高可靠性。虽然数据丢包与数据损坏属于低概率事件,但是在多次路由过程中仍然存在该风险。边缘计算可以在较短路由环节中传输关键数据,保证所有终端业务的完成率。⑤高安全性。对于涉及隐私的用户信息,以及涉及业务机密的商业信息,在长距传输中存在被抓包与破解的风险。边缘模式在大部分运算场景下无需重复与中心节点交换数据,可有效降低相应的风险等级。

  边缘计算在物联接入方面存在多种标准与协议,基本上覆盖了绝大部分商用终端设备,以及广泛的应用场景。常见的传输标准包括蓝牙(Bluetooth)、Wi-Fi、ZigBee、Z-Wave、SigFox、LoRa、NB-IoT等(见表2-6)。虽然有些技术标准的传输效率较低,但是考虑到终端的规模化需求,这些技术在大容量与低成本方面仍有一定优势,在早期的M2M系统中应用较多。例如,很多数字化仪表与传感设备并无传输带宽需求,只需实现稳定接入即可。这些接入技术目前广泛用于工业生产线、自动仓储管理、楼宇设备、停车管理、远程读表等领域,在多网络组网与复杂网络部署场景下的生态兼容性较高。在接入标准方面,一些行业内专家认为,随着应用需求的扩展、双向数据传输需求的增加,以及终端智能化的实现,存在促进标准整合与统一的趋势,这需要同今后物联网的发展方向相配套。

表2-6 无线传输模式参数

传输模式	频段	传输速率	发射功率	适用距离	应用领域
Bluetooth	2.4GHz	1~24Mbps	1~100mW	1~100m	桌面周边设备;可穿戴设备
Wi-Fi	2.4GHz/5GHz	b-11Mbps/g-54Mbps/n-600Mbps/ac-1Gbps	36mW/AP-320mW	50~100m	室内场所;低密度需求
ZigBee	868MHz/915MHz/2.4GHz	20Kbps/40Kbps/250Kbps	1~100mW	2.4G:10~100m	楼宇自动化;中距离控制

续表

传输模式	频段	传输速率	发射功率	适用距离	应用领域
Z-Wave	868.42MHz（Eu）/ 908.42MHz（US）	9.6Kbps/40Kbps	1mW	30~100m	智能家居；监控监测
SigFox	SubG 免授权频段	100kbps	<100mW	1~50km	移动控制；远程控制
LoRa	SubG 免授权频段	0.3–50kbps	<100mW	1~20km	智慧楼宇；智慧物流
NB-IoT	SubG 免授权频段	<100kbps	<100mW	1~20km	微型终端追踪；监测与控制

资料来源：根据 MBA 智库百科整理。

边缘计算的应用主要存在于边缘云与区域云，其主要部署范围限于百公里半径以内，理想的响应时效应在 10 毫秒及以内。在边缘云领域，计算服务更靠近应用前端，主要应用内容大多可基于本地数据实现，数据传输方向以上传为主。例如，许多生活与娱乐类的设备，在物联使用中可自己采集 85% 以上的数据并承担 80%~90% 的算力，只需接收关键的动态数据，并同区域云或核心云交互。对于高层级云来说，一部分业务是预先将边缘云可能用到的数据或算法进行提前部署并分发至应用端，支持边缘云的各项服务。从发展趋势看，边缘云与区域云的业务承载能力将逐步提升，并形成功能全面的类局域网模式。而核心云则会逐渐"瘦身"，承载更多的后台整合与调度功能，并通过高算力与智能化服务边缘云的各项业务（见表 2–7）。这也会影响未来物联网的结构调整，由多中心向去中心化转变。

表 2–7 云应用的层级

类型	覆盖范围	响应时间	主要功能	应用场景
边缘云	30km 以内	5ms 以下	靠近应用端，提供低计算等级的高速响应；采用高频、细粒度的控制方式	生活类物联；车联网；VR/AR 游戏等
区域云	30~100km	5~10ms	基于融合感知提供数据与算力的支持；具备数据转发/分发能力；协调边缘云决策与控制	工业物联；云游戏后台服务；高清音视频；智慧医疗等
核心云	100km 以上	10ms 以上	承担运维数据的整合、管理与分析工作；广域数据交互与高等级分享	智慧城市；CDN；电子商务；各类商业应用的后台服务等

云边端在应用中需要保证高度的协调性，避免出现由层级划分造成的分隔感。①在数据协同层面，由于使用分布式存储结构，云边端相互间的转发与更新须保持协同。边缘云的数据采集与刷新率较高，中心云在使用数据时须处理好历史数据与时效数据之间的关系。②在业务调度层面，需要保持多层次的架构，外围能够快速处理业务，避免过长的延时，内层则需要承担综合调度的职能。调度总体依据就近原则，一是空间距离的接近，二是转发（路由）节点的最小化。③在资源协同方面，力求实现局部最优化，在动态调度管理（涉及设备与边缘网络算力）中完成服务响应。协同的另一目标是中心云权力的分散化，实现边缘区域的自治管理，并使用最小的能耗。④在运维方面，边缘领域需承担相应的运维功能，提倡运维本地化模式。在软件包的升级方面，要保证后台维护与边缘维护的一致，但又不能频繁中断边缘的业务活动。⑤在安全协同方面，边缘云需要自建足够等级的安全机制，以保障边缘设备与数据的安全。边缘化的安全认证机制应综合利用敏感代码生成技术，合理控制容器权限，实现动态身份与安全认证模式（见图2-7）。

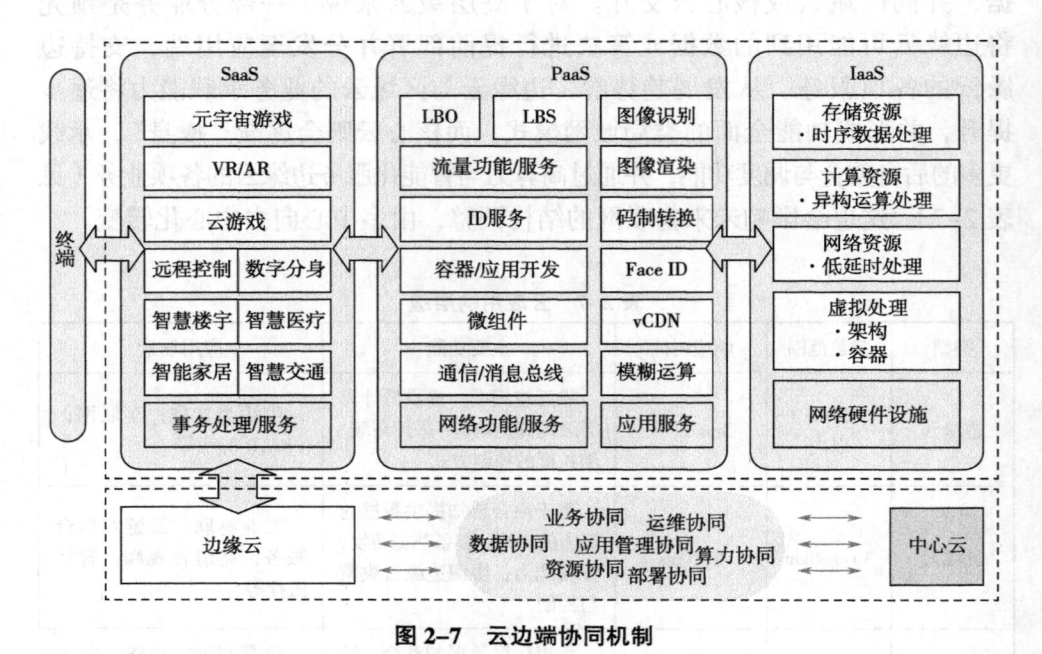

图2-7 云边端协同机制

2.3 底层支撑——区块链技术

区块链技术是 Web 3.0 的重要基础。区块链的技术特点与功能具备改变互联网游戏规则的能力，比特币等虚拟货币的快速发展已经证明了这一点。在元宇宙发展过程中，区块链对于底层机制的影响将会逐渐向上层传导，影响互联网上的资源生产与分配，最终作用于元宇宙的经济与社会系统。

2.3.1 区块链技术

区块链（Block Chain）是由数据区块组成的数据链条，数据区块记录了网络应用中的关键信息，并按照生成的时间序列不断增加。在理论上，区块链数据应被保存在限定范围内所有的节点（服务器）上，如果某一方要修改链上数据，则需要得到区域中半数以上节点的同意，个体修改数据的难度极高，因此区块链具备较高的数据安全性与可靠性，可以在技术层面为网络交易等业务提供信任担保。

区块链的典型技术特征包括：①防篡改。区块链节点数据修改的难度极高，需要达到多数认同标准，因此理论上私人无法修改，特别是在公有链与规模较大的联盟链环境下。该特性使区块链能够可靠存储各种记录，这些信息在链上使用无须额外验证。②去中心化。同传统网络模式不同，区块链的结构本身即平台，没有拥有特别权限的中心节点。区块链上的信息交互是在"平等"环境下实现的，任何节点都可以发起或参与运算，自由度极高，无须第三方的管理或仲裁。③开放性。除私有加密信息本身，区块链数据属于公开信息，任何节点都可以通过公开接口查询或验证数据。区块链总体上有较高的透明度，这也是形成区块链信任机制的基础。④匿名验证。区块链节点信息的添加只需得到链上技术层面的认可，一般无须用户的实名参与，信息的相互传递与验证也可在匿名条件下进行。用户只需要在入口端或相关法律的要求下进行登入的认证。

区块链的类型分为三种：①公有链（Public Chains）。公有链是建立在公开网络环境下，无用户授权机制的区块链。任何用户均可通过正常的接入流程发起交易或参与验证。公有链的进入门槛较低，链上竞争平等，能够实现最佳的去中心化模式。公有链的应用范围最广，有广泛交易需求的应用可基于公有链开发，如现有的大部分数字代币（比特币、以太币等）应用。在规模扩大后，公有链也存在激励不足、计算费用上升、最终确定性下降等问题。②联盟链（Consortium Chains）。联盟链是只服务于特定群体及有限第三方的区块链模式，由内部确定记账节点并记录交易数据。联盟链采用准入机制，对参与者有一定的标准要求，多应用于相对专业的领域或小众业务领域。联盟链由于规模有限，区块数据处理效率更高，共识机制设计也有更多的弹性。但是该模式的去中心化程度较低，理论上其信任度要低于公有链。③私有链（Private Chains）。私有链是完全封闭的区块链模式，多用于某个组织或机构内部重要信息的存储，理论上并不具备区块链的所有可信特征。许多企业将其用于内部各种账务化信息的管理，或作为参与联盟链之前的技术验证。

区块链技术主要分为六个层次，分别是数据层、网络层、共识层、激励层、合约层、应用层（见表2-8）。数据层提供了链式数据存储结构，通过时间戳及加密技术保证数据的可靠性，并在开放环境下不断扩充区块数据的规模。网络层以分布模式为框架构建，以非平台化形式提供信息的分发、传播等服务，并为P2P连接提供接入机制与执行机制。共识层以各类共识算法为基础，为分散的匿名节点提供区块链环境下的参与保障，包括如何认定节点的运算工作量以及相关的权益。激励层的相关机制设计能够更好地发挥区块链的技术优势，只有更多的节点愿意参与区块链行为，才能持续提升链上数据的可靠性与安全性。合约层对各类执行代码进行封装，用户可自定义交易的参数与技术细节，并通过智能合约在区块链上执行。应用层将区块链技术置于丰富的应用场景，可根据需求开发出各类代币、资产凭证、金融模式，甚至某种形态的网络社会环境。

表2-8 区块链技术层次结构

层级	功能描述	关键词
数据层 （Data Layer）	区块链的基础载体，底层数据结构；以链式结构存储区块数据，包含时间戳与公私钥等加密信息	Hash函数，非对称加密，签名技术，区块数据，Merkle树
网络层 （Network Layer）	区块链节点间的沟通形式，基于P2P机制、传播机制与验证机制，保持节点联系及区块账本维护	P2P网络，区块广播，交易验证

续表

层级	功能描述	关键词
共识层 （Consensus Layer）	基于共识机制形成共识算法，在众多分散节点间形成一致性的治理模式，是区块链运转的核心机制。现有共识算法十余种，涉及工作量证明、权益证明、授权证明等	共识算法，PoW，PoS，DpoS，Paxos，Vrr，PBFT，Raft
激励层 （Actuator Layer）	保持区块链运转并扩大规模的经济机制，奖励参与运算与交易验证等行为，约束节点参与账本管理，并负向激励不合规的节点行为	发行机制，分配机制，投票机制
合约层 （Contract Layer）	将脚本代码植入智能合约，自定义约束条件，无须背书或审查，并可自动执行，是区块链去中心化的基础	脚本代码，算法机制，智能合约
应用层 （Application Layer）	基于不同场景的各种应用设计，可基于浏览器，也可基于终端App，并部署在所需的区块链上，可进一步向应用领域延伸	可编程货币，可编程金融，可编程社会

2008年中本聪提出了区块链的概念与基本数据结构，奠定了初代区块链的应用基础。其后，比特币等数字代币快速发展，充分利用了区块链的分布式、点对点交易、自主管理等特征，成为互联网上超越国界的互联通证。至2014年左右，区块链进入了2.0阶段，智能合约与各类插件接口的完善使区块链提升了一个层级。区块链2.0整体上跨越了中介与平台，用户可以在去中心环境下参与互联网的价值创造、收益分配及自由交换，且无须第三方的保证或监督。区块链2.0的应用架构更为完整，在基础的数据引擎与网络支撑下，共识机制不断完善，虚拟机与相应的容器构建保证了相关合约运行的可靠性与效率，智能合约的体系进一步优化，尤其在算法机制与合约库管理方面。同时，周边功能对于核心区块链业务运行的支持更加全面，如子链管理、链外横向交易、交互管理以及运维管理等（见图2-8）。

区块链2.0作为底层支持，对于元宇宙游戏发展的影响表现在三个方面：其一，可支撑元宇宙游戏的经济系统。利用区块链代币技术构建体系内的交易货币，在去中心化架构下具有更高的可信度。其二，可长期支持元宇宙游戏环境建设。利用区块链标注虚拟资产，使大量创作者及用户愿意参与游戏元素的开发，并获得合理回报，形成良好的虚拟生态。其三，可影响元宇宙游戏机制的变革。在去中心化与通证化背景下，信息存储与交换已不同于传统互联网，区块模式本身即代表了新的游戏规则，也可作为开发其他上层游戏的底层逻辑。

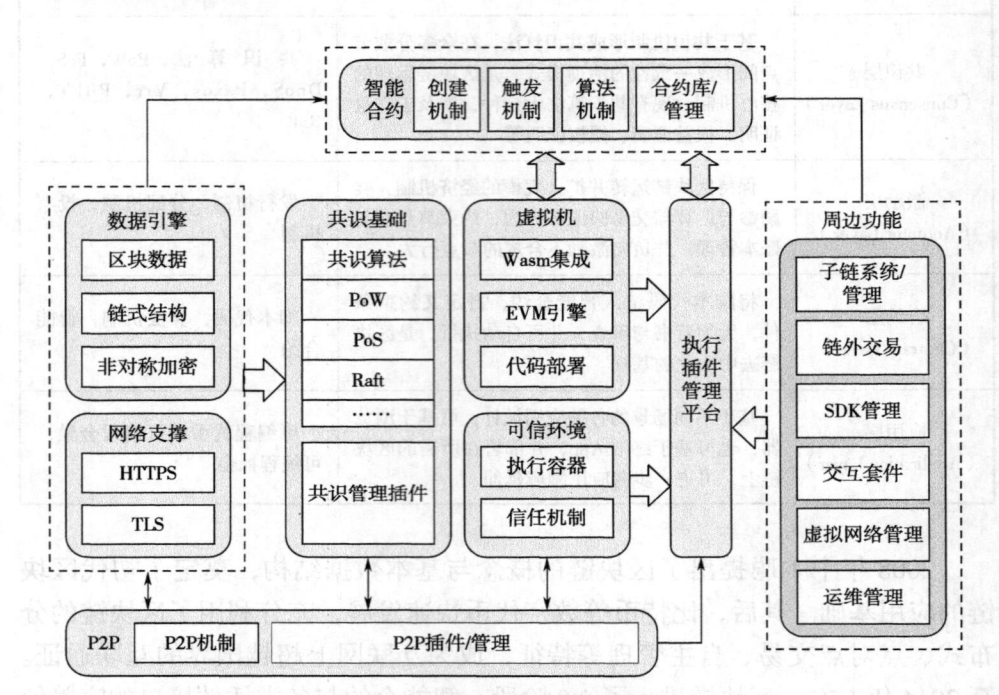

图 2-8 区块链机制与运行架构

2.3.2 NFT 的应用

NFT 为非同质化代币，是构建在区块链技术上的加密数字权益证书。NFT 可用于证明虚拟数字资产，如头像、音乐、视频、皮肤等；也可通过关联用于证明实体资产，如实体收藏品、票据、合同、地产等。NFT 不同于FT（同质化代币，Fungible Token）。同质化代币即常见的各种区块链货币，在流通中可以等值互换，交易单位可分割，币值在虚拟系统内相对稳定，可作为交易标价符号。而非同质化属性使每一个 NFT 单位都具有特殊性，即网络中唯一的存在，每个 NFT 都具有不同的价值，不可复制且不可分割，是虚拟领域优质的权益证明。

同传统信息加密技术相比，基于区块链技术的 NFT 模式主要对数字资产的所有权关系进行处理，而不仅仅是保护资产本身的外在形态。①NFT为数字产品提供了一种证明模式，而不是传统意义上的加密。NFT能够凭借区块链账本向所有用户展示某件作品的原始作者、交易序列，以及该作品当前的合法拥有者等信息。这种"档案"模式为数字资产的管理提供了新的思路。②NFT的关系指向与作品相分离，也就是关系存储于区块链上，而被保护的作品可以存储在其他位置，只要两者关联关系存在，就可以达到应有的保护效果。NFT的交易过程无需原件参与，而是通过所有权证明文件的传递实现。③基于NFT的赋权主要由作者完成，无需委托代理这一繁琐的过程，完全依靠技术条件，在流程上比传统的数字产品发布更为便捷。低成本的赋权模式也让更多的UGC（User Generated Content）能够参与到数字产品市场中，"开源"效果明显。④NFT赋权后的产品可以公开展示，不用担心被复制或转发。原件的所有权关系非常明确，如果所有者需要诉诸法律，也能够提供可靠的技术证明。

　　虽然NFT的底层技术依靠了区块链及相关的加密认证算法，但是NFT表现出的更多是一种赋权治理模式，从机制层面很好地处理了数字产品原创与所有权的关系，可以在更为开放的系统中应用，无须像传统模式那样采取"隐藏"的方法。

　　最早的NFT概念出现在2012年，当时的Colored Coin虽然具备了差异化特点，但是同现有的NFT还有一定区别，带有明显的实验性特征。2015年以前，关于应用NFT的模式有很多设想，诸如配合比特币等加密货币参与网络流通，用于智能化的资产管理，进行虚拟债券发行等。2015年以后陆续出现了一些将NFT概念用于艺术品销售的尝试，有一些网络游戏也尝试将NFT引入经济系统，让玩家感受真实交易的乐趣。2017年，Larva Labs在以太坊发布的加密朋克系列头像将NFT推向了新高度，该系列头像以最简单的形式展示了NFT的应用价值，从其随后的价格飙升可见一斑，这也带动了炒作NFT的潮流。2020—2021年是NFT的爆发增长阶段，其间市场交易规模增长了三倍以上，并出现了无聊猿系列、《每一天：前5 000天》（*Everydays: The First 5 000 Days*）等经典的NFT作品。虽然进入2022年后全球NFT市场热度有所下降，一些NFT数字藏品出现了价格下跌，但NFT的应用趋势却逐渐明晰：①NFT的应用趋于理性，NFT作品的价值回归正常区间，不再仅仅是现象级的热炒对象（价格动辄过万美元），普通用户也可参与NFT交易。②NFT的应用领域逐渐扩大，除了经典的头像与藏品外，

NFT同游戏、金融、合同管理、资产管理深度结合。③NFT领域的发展呈现产业链化，不同板块企业的专业化与规范化程度提升，包括了基础的技术供应商、内容制作群体、铸造发行商、平台交易商等。

根据Nonfungible等机构的信息，全球NFT应用市场已形成几大典型领域，收藏品、艺术品、运动、卡牌类属于发展时间较长、交易较为活跃的领域。这些板块每年新增的NFT数量规模庞大，上游NFT产业链非常完善，许多NFT作品在全球范围流通。2021年以来，音乐、DeFi（分散式金融，Decentralized Finance）与域名领域也在快速发展，但其传播与受关注程度总体上低于前述领域，主要原因在于普及程度相对较低。进入2022年，虚拟世界领域的NFT快速发展，这与元宇宙发展有极高的契合度。目前，虚拟世界NFT的热点是元宇宙地块，许多公司或个人率先介入元宇宙地产炒作，期待升值获利。该领域的热度持续扩散，除虚拟地皮外，虚拟世界中的不动产、家具、交通工具、皮肤、标识等资源的关注度也在上升。从行业发展来看，此领域在未来1~3年的增长预期最高，将成为NFT发展的重点（见图2-9）。可以预见，随着元宇宙游戏世界的建设，NFT的普及化程度会进一步提升，元宇宙参与者需要借此保护自己的虚拟资产及相关的私有资源，并在同一开放环境下进行交易，实现虚拟领域的经济循环。

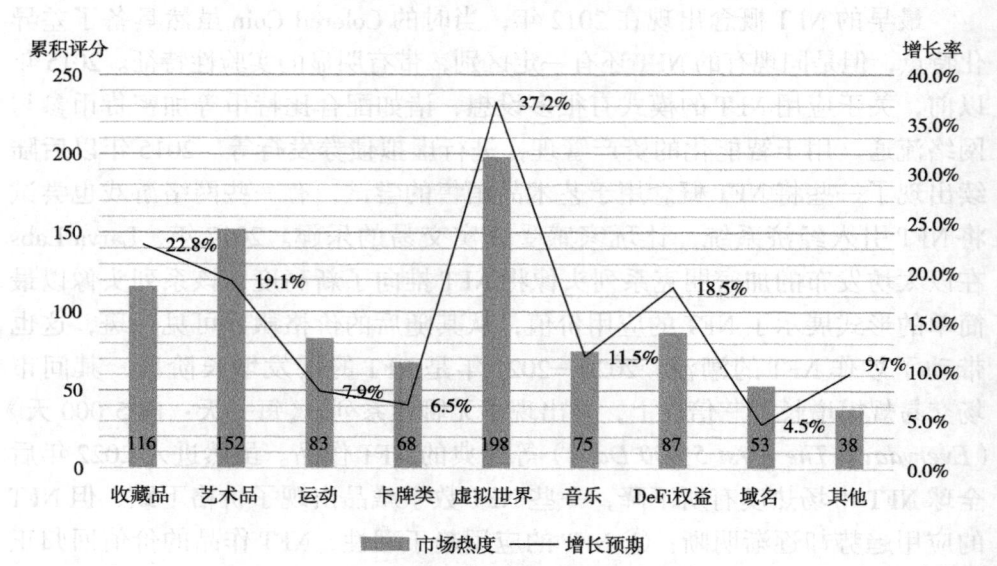

领域	累积评分	增长预期
收藏品	116	22.8%
艺术品	152	19.1%
运动	83	7.9%
卡牌类	68	6.5%
虚拟世界	198	37.2%
音乐	75	11.5%
DeFi权益	87	18.5%
域名	53	4.5%
其他	38	9.7%

图2-9 NFT应用领域概况

NFT的铸造与交易需要依托相应的技术协议，不同类型的协议定义了差异化的代币标准以及相应的交易函数，在交易效率、优势领域、场景适应方面各不相同。在推出NFT并开发相关的应用时，应结合NFT的应用特点选择适宜的技术协议。常见的ERC协议主要包括ERC20、ERC721、ERC1151和ERC998。

ERC20是经典的以太坊协议标准，在行业中奠定了扎实的基础，也成为其后许多区块链标准设计的模板。ERC20标准是2015年由Vitalik Buterin提出的，其在EIP20提案的基础上经过多轮社区讨论、修改并完善。ERC20为开发者提供了一些基本的智能合约代币设定接口，包括命名权、设定总量规模、最小交易单位（小数点位数）、规范化的自动交易审批流程、基础数据访问权限及开发所需的标准函数，任何人都可以根据这些规则在以太坊上开发自己的代币。同时，ERC20标准预留了足够的开放空间，允许在一定的安全条件下接入第三方的钱包，以及同兼容的智能合约进行横向的交易。ERC20协议中使用频率最高的功能分别是查询余额、转账操作及授权操作。ERC20为入门级开发者提供了简单的代币开发环境，将流程标准化并降低了发行成本，仅需支付相应的"燃料"（Gas）费。这使得许多中小型区块链创业公司或创业者能够快速参与到实质发行过程，并在2017—2018年引发了以太坊上的发币（ICO）热潮。以ERC20为基础，其后又衍生出了ERC223、ERC621等协议，对不足之处进行了修改与升级。ERC20虽然针对FT发行而设计，不适用于NFT发行，但相关标准的设计原则为NFT协议制定提供了参考。

ERC721是应用于NFT发行的非同质化协议标准，于2017年推出并应用于加密猫游戏。同ERC20类似，ERC721具有总量查询、余额查询、持有者查询、交易转账、第三方授权等功能。ERC721在标识资产方面主要有四个基本要素，即全局性ID（Global ID）、资产名称（Name）、表示符号（Symbol）和资源标识符号（URI），这些信息保证了数字资产的唯一性，并能够很好地支持交易记录跟踪服务。ERC721的特性能够很好地适应差异化资产交易与处置，除了虚拟资产外，理论上也适用于各种实体资产与金融资产，如房屋、车辆、工具及具有签名的各类票据等。使用ERC721标准进行资产铸造时，一份合约只能生成一个NFT，进一步强化了其"唯一"的属性。但这也成为该协议应用的短板，当涉及批量资产的铸造时，其交易的复杂性及算力消耗则快速上升，便利性与性价比较低。

ERC1151 协议于 2018 年提出，是用于多种代币组合管理的合约接口，在一份合约中可以包含同质化代币、非同质化代币以及两者不同数量的组合，可将其视为一种打包模式的协议标准，能够以低成本适应批量交易业务。ERC1151 在 NFT 领域的应用优势表现在四个方面：①ERC1151 支持多种类型及不同代币的混合，以及半同质化这种新的代币形式，能够更好地适应复杂的应用环境，同时处理多种类型的代币交易。②ERC721 属于单一订单处理协议，而 ERC1151 可以平行打包多个 NFT 作品，在一个区块中处理一个交易集合，节点间的传输效率极高，显著节省互联网算力。从测试人员发布的结果来看，在以太坊环境下平均传输等量代币，ERC1151 能够节约 90%~95% 的计算资源。ERC1151 协议可以打包的 NFT 标识数量理论上没有上限，如果使用得当，效率还有提升的空间。③ERC1151 在元信息存储上更为简洁，仅保留了全局 ID，其余信息则通过地址关联指向具体的资源位置，如节点或 Web 地址信息。该模式很好地压缩了单元的信息存储量，使数据包可以在"瘦身"的形态下快速转移，从而节约大量网络资源。④在去中心化环境下，ERC1151 在区块链上的触发机制更为简单快捷，无需繁琐的多次交互步骤，因此得到很多新开发的去中心化应用程序（Decentralized Application，DApp）的支持。ERC1151 协议的特性使其能够有效服务于批量、低成本的 NFT 交易业务，这对于目前的链游以及预期中的元宇宙有着极大的吸引力。对于游戏中的 NFT 业务，其总量及交易频率一般比零散的数字藏品要高出多个量级，比如有些网络游戏中的武器装备基数能够达到几万项，加上不同的识别符号或特殊标记（如设备使用磨损记号），总量可以超过百万，如果再考虑玩家在其他道具（如皮肤、附加装备等）方面的交易需求，仅依靠 ERC721 协议根本无法实现。这不仅会白白消耗网络算力，造成交易成本的上升，业务并发时还会造成网络堵塞，给用户带来极为糟糕的体验。因此，业内普遍更加看好 ERC1151 协议在元宇宙游戏中的应用前景。

ERC998 协议同样创建于 2018 年，在使用中需要得到 ERC721 与 ERC165 的支持。ERC998 提出的新思路是，构建可拆解化的层级式 NFT 形式，也被称为 CNFT（Composable NFT），在使用中可以包含其他的 NFT 或 FT。与简单的 NFT 打包交易不同，ERC998 协议可以建立起具有明确层级结构与关联特征的 NFT 包，实现数字资产交易的有机整合。例如，用户可以将自己的虚拟地块、地产，以及地产中的各类设施、配件整合在一起进行交易。在这些标的物中，有些属于专用的配件，仅适用于特定的资源，如与地产配套的定制家具，因此采用打包交易更为高效。同时，这些标的存在明确的从属关系，比如家具要从属于地产，这个上下级结构关系是固定的，在打包交易中主要考察的是父节点的资产属性，而其他子节点资产在交易中所占权重很低。ERC998协议的这个特点使其不仅能够适应元宇宙的虚拟情境，还可以对真实环境中的资产进行标记与交易。

表2-9对上述四种ERC协议的支持代币类型、技术特点、交易特征和应用场景进行了对比。

表2-9 典型ERC协议的比较

协议类型	支持代币类型	技术特点	交易特征	应用场景
ERC20	同质化	高度标准化，可以批量生成同种代币	支持无损互换交易，可等量拆分，支持小数位	加密货币挖矿，如ETH、LTC、ADA等
ERC721	非同质化	单次生成一件代币，多道批准环节	不支持互换与拆分	单件NFT铸造，如加密头像、数字艺术品等
ERC1151	混合兼容	允许打包生成或批量组合	支持基于组合情况的有限拆分，多笔NFT交易一次性完成，节省资源占用	区块链游戏内的轻资产交易
ERC998	混合兼容	具有层级关系的批量差异化组合	支持基于组合情况的有限拆分，NFT打包交易，降低合约复杂性	高关联度数字资产的组合

资料来源：根据百度百科及相关网络搜索整理。

大部分NFT平台都制作了简化的用户界面（UI），创作者只需关注基本的NFT发布规则，无须过多掌握NFT的铸造技术细节，这对于非IT领域的用户非常友好。常见的NFT平台发布流程包括：①开通账户并关联一个可用的代币钱包，部分平台需要预存一定的代币用于支付铸造费用。②选择发布NFT的数量与类型，后台自动帮助选择ERC721协议或ERC1151协议，并完成初始合约的模板。③用户上传自己的数字作品或资产，由平台代为安排存储位置，用户也可以提供原件的地址链接。④平台提取并存储Metadata数据信息，进行加密运算并写入合约，在区块链上自动完成关联铸造。⑤铸造信息发送至用户账户，用户可在平台上展示或交易 NFT 作品。表 2-10 列出了 NFT 铸造的相关信息。

表 2-10 NFT 铸造的相关信息

标识	内容	信息添加说明
Category	类别选择	选择发布领域：艺术品（Art）、藏品（Collectible）、照片（Photography）、体育（Sports）、卡牌（Trading Card）、应用程序或组件（Utility）
Image	相关图像上传	包括 Logo、Banner、Featured 等不同用途的动图或图片
Description	备注信息	包括作品主题（Artwork Title）、创作者（Original Creator）、创作时间（Year Created）、作品标签（Tag）
NFT Feature	NFT 特征	相关特征说明，如属性（Properties）、NFT 统计情况（Stats）、可解锁内容（Unlockable Content）、外部内容（Explicit Content）等
Links	关联链接	可以关联到 Website、Discord、Instagram、Medium、Telegram 等
Payment Tokens	交易代币	选择在交易链上可接受的代币类型
Royalties Percentage	版税设定	设定交易版税，不同的平台都会有上限约束，大多划定在 10%
Price	价格设定	可以设定固定价格（Fixed Price）或竞价模式（Open for Bids）
Minting Fee	铸造付费	可以选择由作者支付或买家支付

NFT 交易通常需要一个平台作为入口，且大部分交易都只支持在同一区块链上进行，全面的跨链交易还存在技术层面及金融层面的障碍。现有 NFT 平台的功能整合程度越来越高，基本上均能提供铸造、初次发行、二级交易等全面的服务。许多平台还为新手用户提供了完整的 NFT 铸造教程及相关的帮助服务，这对于许多非 IT 创作者非常友好。NFT 交易的主要媒介是发行于公链的加密货币，以以太币为主，便于全球化无界流通。NFT 交易平台还需要同真实金融体系建立通道，用于支付或交易后的折现。目前，大部分主流交易平台（见表 2-11）都支持 PayPal 及 Visa、MasterCard 信用卡支付，一些平台在限定的区域内还支持储蓄卡结算。从 NFT 的应用趋势看，在其与元宇宙深度融合并成为体系基础后，NFT 的交易范围将会进一步扩大，交易自由度也会进一步提升。理想的情况是，NFT 可作为元宇宙的基本元素实

现跨平台、跨领域的自由交易，交易后的虚拟资产能够在互联网任何位置得到认可。元宇宙参与者也可通过 NFT 铸造对自己的创作成果加以保护，在去中心环境下自由竞价并获得合理回报，使创作者经济成为元宇宙的主流。

表 2-11 典型 NFT 交易平台

平台	区块链基础	主要服务	支付方式	相关说明
OpenSea	Ethereum, Polygon, Klayth	铸造、销售、二次交易	加密货币、Apple Pay、信用卡、储蓄卡、银行转账	支持艺术品、音乐、体育、域名、卡牌、DeFi 及元宇宙概念资产的交易，支持主流 Web 3.0 钱包，如 Trust Wallet、Coinbase Wallet、Portis 等，核心用户规模达到百万级
BIANCE	Ethereum	铸造、销售、二次交易	加密货币、信用卡、储蓄卡、银行转账	支持艺术品、音乐、域名、DeFi 及元宇宙概念资产的交易，几乎支持全部 Web 3.0 的钱包，本地代币为 BNB，能够为用户提供在线支援服务
ENJIN	Enjin	铸造、销售、二次交易	加密货币	主要支持游戏、VR 与元宇宙概念资产的交易，可使用 Enjin Smart Wallet、Coinomi、Eidoo、Jaxx 等钱包，核心用户规模达到千万级
mintNFTs	Ethereum, Polygon	铸造、销售、二次交易	加密货币、PayPal、信用卡、储蓄卡	支持艺术品、音乐、游戏、DeFi 及元宇宙概念资产的交易，支持主流 Web 3.0 钱包，核心用户规模较小
Unstoppable Domains	Ethereum	铸造、销售、二次交易	加密货币、PayPal、信用卡	主要支持域名类 NFT 交易，使用 MetaMask 钱包，主要以邮件方式提供技术支持，核心用户规模超过百万
Upland	EOS	铸造、销售、二次交易	加密货币、PayPal、信用卡	支持游戏、体育、音乐及元宇宙代币交易，使用 Wombat 与 Tilia Pay 钱包，交易可使用 UPX 本地代币，也可用主流区块链代币，核心用户规模在 15 万~20 万

续表

平台	区块链基础	主要服务	支付方式	相关说明
Splinterlands	Hive	销售、购买、下注	加密货币、PayPal	主要支持游戏类藏品与各类卡牌交易，使用 MetaMask 钱包，提供多种用户支持模式，核心用户规模在 30 万~40 万

资料来源：根据百度百科及相关网络搜索整理。

NFT 的技术特性可为元宇宙游戏环境提供更多的底层保障，能够使玩家的资产与信息得到更好的保护，这是玩家愿意长期驻留并参与游戏的重要前提。在传统中心化网游上，一些玩家积累了数年甚至十数年的经验、等级与装备，一旦运营商退出或改变游戏规则，将会给许多资深玩家造成损失，甚至是金钱方面的损失。同中心化平台游戏相比，去中心化游戏在机制层面可以抑制这些问题的出现。随着 NFT 在游戏内应用的渗透（见图 2-10），可以为更多的游戏元素提供某种形式的"担保"。玩家所积攒的各类权益可以同平台相分离，并在广泛的网络空间得到认可，甚至可以自由交易、变现。因此，NFT 必将同元宇宙游戏的发展紧密结合起来，应用潜力也会得到进一步挖掘。当然，游戏中应用的 NFT 还会有一定的边界，这需要同原始游戏框架设计联系起来，无法做到 100% 去中心化，但却能给玩家提供更为充分的保障。

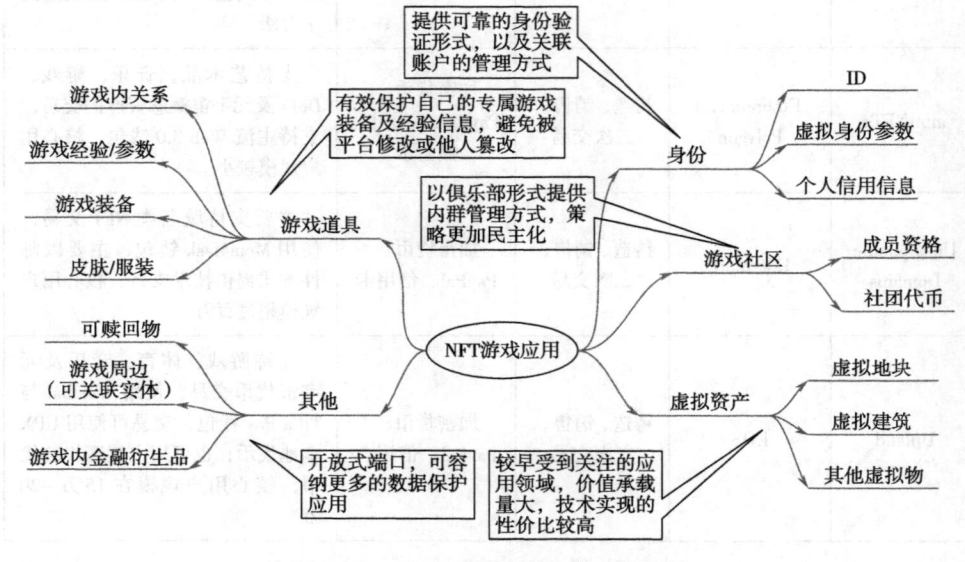

图 2-10　NFT 在元宇宙游戏中的渗透

2.3.3 区块链游戏的发展

区块链技术的发展为游戏机制创新提供了新的条件，虽然其位于架构的底层，但是这种规则层面的变化有可能带来深远的影响。随着区块链技术应用范围的扩展，许多游戏工作室也在尝试将区块链与游戏结合起来，为玩家提供新鲜的体验。

加密猫（Crypto Kitties）开创了一种简单却经典的链游模式。这是一款2017年上线的区块链游戏，初始状态是5万只初代数字猫，以NFT铸造并包含专属的基因。加密猫可以配对繁殖，并根据自己的基因随机生成一定的组合或变异，"新"猫同样具有NFT属性，只要有玩家不断参与，猫的数量就会不断增长。加密猫的特殊性与稀有性决定了其交易价格，因此玩家需要不断生成新的猫才能得到更多机会，这也被许多人称为"云养猫"游戏。从游戏模式角度看，玩家可以有多种参与方式，比如自己买猫、养猫、繁殖、出售，或者占有稀有猫并出租赚钱，也可以单纯地投资稀有猫并坐等升值。可以看到，加密猫游戏很好地整合了区块链与NFT的特点，游戏的趣味性要强于单纯的任务型"矿游"，加入了足够的随机性，且玩家有一定的自由空间，可选择适宜自己的游玩模式。同时，游戏内的资产管理方式已经NFT化，玩家可以像操作普通NFT藏品一样交易加密猫，也会面临价格波动的风险。加密猫是"链游"的一个好的开端，随后市场上推出的各种链游基本上都借鉴了这种模式，在游戏内容方面进行了一定扩展，并将NFT作为游戏中的重要元素，很好地提升了游戏道具的价值感以及游戏参与者的卷入程度。

Axie Infinity是由越南游戏开发商Sky Mavis在以太坊制作发行的一款数字宠物游戏，该游戏提供收集、训练、养育、战斗等玩法，并具有社交功能。该游戏玩法与环境设定模仿了《精灵宝可梦》，对于许多玩家来说，比较熟悉且容易上手，在推出后便受到欢迎。该游戏在基础概念层面借鉴了加密猫游戏，允许玩家通过交易、繁育等方式获得更多独有的宠物角色，并附带不同的角色属性。在游戏中，玩家可选择冒险模式（PVE）或对抗模式（PVP），在完成任务或获胜后获得相应的积分（SLP）。Axie Infinity的主要特点是，玩家可以体验"边玩边赚"（Play-to-Earn）的模式，将游戏成果与经济效益联系起来，而且具有极强的变现能力。在2020年以后的新冠疫情背景下，这为许多东南亚游戏玩家（特别是一些失业及低收入群体）提供了赚钱的渠道，因此其社会功能在一定程度上超过了单纯的游戏功能。从公司层面看，Sky Mavis 在现有业绩基础上进一步拓展业务，如构建去中心化交易市场，开发侧链资源用于存放数字藏品与代币等，力求在游戏基础上搭建规模更大、功能更全的区块链服务体系。Axie Infinity 的成功为元宇宙游戏发展提供了新的思路，未来游戏的功能将会更加丰富，影响范围也会进一步扩大。

另一款区块链游戏 StepN 开创了 M2E（Move-to-Earn）模式。StepN 于 2021 年底完成公测，2022 年正式发布，游戏群体覆盖了全球 180 多个国家（地区），上线 3 个月内的用户隔日留存率超过了 70%。该游戏将运动与链游结合起来，玩家可通过跑步赚取游戏代币 GST，购买、修复或升级跑鞋，由此建立了"NFT+运动鞋"娱乐模式。StepN 以先入为主的优势，快速取得了市场成功，在发布后半年内基础用户数量不断攀升，月度营业收入很快达到亿美元级别。StepN 游戏机制虽然简单，但吸引了许多非久坐型玩家的参与。该游戏采用了双代币经济模式，代币供给几乎无上限，体系的开放性更强，且具备投资品属性，进一步扩充了用户群。StepN 在 GameFi 基础上向 SocialFi 延伸，超越了单一娱乐化边界，拓宽了区块链游戏的开发思路，可为未来元宇宙游戏发展提供借鉴。

2.4 游戏交互——VR 技术

VR（Virtual Reality）是虚拟现实技术，也称为虚拟实境技术，是 IT 技术领域的重要分支，最近十余年发展迅速并向应用领域扩展。VR 技术以计算机图形学及三维显示技术为核心，向用户提供拟真的视觉实景环境。当代 VR 技术还融合了多媒体、触感、定位、伺服等技术要素，能够全面营造"身临其境"的感觉。

2.4.1 VR 技术演进过程

VR 技术应用与产品化的演进过程可分为五个阶段。

（1）VR 技术的原始形态出现于 20 世纪 60 年代，当时的显示技术同现代的 VR 概念不同，更多的是探索技术手段实现三维的图景显示，使用户能够在视野范围内获得立体感与空间感。严格来说，此阶段的三维效果更多体现的是差异化的物体立面，用户基本不存在置身感。而在三维图景素材方面，也主要依靠图像拼接，或者简单的结构运算，呈现技术相对简单。

（2）进入70年代，由于军工及工业领域需求的产生，对于三维成像研究的投入快速增长，但主要还是集中于实验室环境。该阶段在技术选择上出现了两个分支，一是利用多屏模式以不同角度呈现广视角的三维景象，二是以头盔及双眼视差营造三维置身感，后者逐渐成为VR终端的首选模式。头盔模式可视为VR的技术原型，其优点是能够有效隔离现实与虚拟场景，在当时显示及运算能力有限的背景下，这还是能够给用户带来一定沉浸感的，使之逐渐感受到三维环境的氛围。加上音频条件的改善，可以进一步强化用户的沉浸感。

（3）80年代出现了分光立体眼镜，使得三维图像呈现成本大幅下降，也让许多普通消费者首次体验到了3D视觉效果，这为三维技术向娱乐领域扩展创造了机遇。这一阶段，一些传感器方面的升级为实现全面的虚拟现实提供了帮助。例如，交互手套的出现使用户不仅能够感知环境，还可以与环境进行交互，以复合的输入方式进行操作。跟踪技术在80年代也得到了快速发展，这主要是得到了运算设备与优化技术的支持，但相关的硬件成本尚未达到消费级，主要应用于工业领域。

（4）得益于计算机技术的进步及硬件成本的大幅下降，VR技术在90年代逐渐向娱乐领域扩散。在此阶段，许多厂商推出了新的头显设备，在提升三维显示效果的同时，明显改善了设备的便携性与舒适性。这使得一些游戏公司开始尝试基于头显开发游戏产品，并在其中添加新的游戏互动内容。任天堂推出的Virtual Boy是该阶段最有代表性的消费级产品，其产品架构设计及成本控制相对较好，在游戏模式上也有划时代的创新。但是这款产品由于机能所限，无法提供与当时其他竞品（包括PS与世嘉土星）近似的图像效果，造成了游戏感的缺失，因此未形成核心用户群，销售业绩不佳，并导致项目取消，这也成为任天堂历史上少有的失败项目。

（5）此前任天堂Virtual Boy项目试水的不成功让许多游戏厂商都放缓了步入VR领域的脚步，2000年以后VR娱乐（游戏）领域的发展一度陷入停滞。虽然21世纪最初几年VR底层技术的发展并未放缓，但在商业领域的应用却出现了"倒挂"现象。在技术方面，GPU能力的倍增明显改善了模型生成、贴图与渲染的效率，加上同步算法的优化，理论上能够提供更为真实的虚拟景象。其间，一些公司（如索尼与Sensics）尝试开发了显示效果更佳的头盔产品，但由于未获得游戏软件层面的支持，无法进行持续的商业化开发。2010年以后，VR娱乐再次慢慢复苏。一是出现类似传统街机的运营模式，一些相对大型的VR设备被放置在商业场所中运营，作为公共的娱乐设施。许多软件公司为这些设备定制开发VR作品，并以买断或分成的方式获益，使得这个领域逐渐步入正轨。二是一批IT设备厂商专门针对游戏娱乐项目开发VR头显，其中既有传统的大企业（如三星），也不乏许多新兴的设备制造商。定向开发的头盔在游戏效果上能够提供更好的体验，消费级产品的性价比也使越来越多的用户开始接受VR。同时，游戏内容供应商也能够持续提供新的作品或更新，使得拥有一个游戏VR头显对用户来说更具吸引力。

表2-12对虚拟现实技术的演进进行了总结。

表2-12 虚拟现实技术的演进

阶段	年份	技术名称	主要特点
20世纪五六十年代：探索原型产品及显示层面的虚拟环境构建	1956	虚拟现实机器	立体电影播放装备，提供彩色3D图像，以及多感官的综合体验
	1960	头戴式（面具）显示器	整合了立体图像与立体声感受，不具备跟踪功能
	1961	跟踪头戴式显示器	具备头部跟踪功能的轻便型显示装置，主要用于远程监控等操作
	1965	头盔虚拟世界概念原型	在理论上构建了虚拟现实的架构，提出依靠计算机运算生成实时的全景图像
	1966	飞行模拟器	由军方开发的用于飞行训练的教学装备
	1968	虚拟现实HMD	具备跟踪特性的虚拟空间设备，由计算机提供实时计算，仅能够生成三维线条框架
	1969	人工虚拟现实体验	由计算机与视频系统协同实现的场景生成设备，能够提供短时间的虚拟空间体验
70年代：强化图形计算能力及多传感器的整合，在工业与军工领域的应用探索	1972	飞行模拟器	应用了CGI系统的飞行训练装备，由多屏组成，可以提供180度的视野范围
	1975	交互式虚拟平台	VIDEOPLACE综合利用了计算机图形学、投影仪、摄像机、视频显示器和位置感应等技术，系统可以捕捉用户动作并提供一定的交互操作

续表

阶段	年份	技术名称	主要特点
70年代：强化图形计算能力及多传感器的整合，在工业与军工领域的应用探索	1977	第一人称虚拟互动地图	非计算生成的非HMD互动模式，提供了城市漫游的场景
	1979	军用虚拟显示头盔	由麦道公司开发，具备眼动追踪功能，能将虚拟信号与实景结合的头显装备
80年代：终端设备强化了互动功能，在工业与军工领域的应用深化	1980	3D眼镜	3D立体图形公司开发了立体视觉眼镜
	1985	虚拟现实眼镜与手套	VPL公司开发了一系列虚拟现实设备，如DataGlove、EyePhone HMD 和 Audio Sphere，并在市场上销售
	1986	3D飞行模拟器	由计算机生成的3D图像，具备头部跟踪功能，并整合了丰富的传感器
	1989	NASA训练模拟器	NASA应用虚拟现实及手套传感器进行操作训练
90年代：设备成本降低及轻量化发展，促进了VR应用领域的扩展	1991	VR娱乐系统	具备HMD的游戏系统，可以进行联机娱乐，能提供初代的沉浸式游戏体验
	1994	CyberMaxx VR 头显	整合的头戴式视频与游戏平台，便携性方面有明显提升
	1995	Virtual Boy 游戏机	任天堂推出的3D单色视频游戏装备，由于缺少彩色显示，且相关游戏软件较少，于一年后停产
	1997	VR应用于医疗	研究人员使用虚拟现实技术模拟越战场景，治疗创伤后的应激障碍
	1998	VR开发包工具	Sense8公司开发的WTK工具包能够显著促进虚拟环境的开发进度
2000年以后：VR设备功能化与娱乐化特征进一步显现	2001	立方体房间	SAS Cube提供了场景型虚拟漫游体验
	2006	VR管理系统	虚拟城市危机决策系统帮助管理者提高公共管理能力
	2010	3D街景	Google推出了基于影像拼接的广域3D街景漫游
	2012	VR电子游戏设备	Oculus Rift推出了原型版本并顺利获得众筹

续表

阶段	年份	技术名称	主要特点
2000年以后：VR设备功能化与娱乐化特征进一步显现	2016	Gear VR	三星发布初代Gear VR，注重对娱乐整合进行技术层面的测试
	2020	Quest 2	由Facebook发布的VR一体机，进一步提高了单眼分辨率与刷新率

资料来源：根据腾讯网资料及相关网络搜索整理。

2.4.2 VR技术体系

在现有技术条件下，VR用于游戏娱乐系统需要完善以下几个部分。

（1）拟真的视觉沉浸感。营造视觉沉浸感是VR的第一步，但这不能代表VR技术的全部。从VR技术的发展脉络来看，在相当长的时间内，技术人员一直在努力优化设备的视觉效果。沉浸感体验的提升，很大程度上依赖图形建模质量与运算效果。当前的主要矛盾是，许多VR内容的建模质量很高，但受限于终端机能，无法实现100%的还原效果，因此许多产品在发布时不得不进行"优化"。其实从电脑与主机GPU运算能力看，总体上能够提供满足需求的算力，但设备体积仍然过大，并存在散热等问题，难以直接移植到头显设备上。此外，一些玩家对于VR存在适应性障碍，主要表现为眩晕感。在技术层面看，头显至少需要达到单眼2K的分辨率，且平均刷新率要保持在50~60帧以上，才能够有效克服这种问题。同时，视觉拟真程度还需要有较好的底层显示与模型支持，使用户感受到环境的物理质感。游戏的沉浸感比VR的沉浸感外延更宽，除了显示效果外，还涉及用户对自身在游戏中的拟化程度感知、对于环境的代入感，以及游戏情节与内容的吸引力等因素。

（2）综合感知系统优化。在获得视觉拟真后，还需要综合感知系统帮助提升沉浸效果。听感技术是目前发展较快的领域，其技术实现总体上门槛较低。例如，杜比全景声（Dolby Atmos）技术标准在2012年提出，极大超越了传统杜比5.1与7.1的音效，在声音的空间定位及动态变化上更为接近真实情境。全景声技术标准最早用于院线，2012年以后越来越多的影片采用了Atmos音轨技术。实现该标准的条件有两个：一是增加扬声器组，构建宽阔的声场空间；二是在音频采样时使用更多的通道，并在解码播放时进行智能定位与分配。对于 VR 系统，许多音频可以由系统运算生成，也可采用样本与运算相结合的方式。触感技术能够应用于头显及周边设备，是全面提升沉浸感的重要一环。现有的触感反馈相对简单，主要是震动及力度反馈形式。立体化的触感系统需要额外的装备，如手套、腿部附件等，这会带来成本上升问题，在现有条件下对于消费级产品并不适用。但从技术发展趋势看，还存在相应的市场机会，一些日本与韩国公司也在率先进行传感器方面的商业化尝试，相关成果都会为今后的业务发展打下基础。嗅觉技术与温感技术能够提供更为丰富的置身体验，但目前还没有明显的需求，其实现依赖复杂的外部设备，且性价比极低，因此在短期内不会有明显的跃升。

（3）底层构建拓展。这是 VR 系统的基石，也可将其看作 VR 环境的基础引擎。拥有好的开发引擎能够在"质"的层面提升 VR 沉浸感。底层构建的关键是不断改善模型与环境的物理表现，这种物理表现不仅是视觉上的感知，还涉及丰富的触感等体验，是位于视觉拟真更底层的模块与算法，或相应的软件包。这通常需要专门的公司进行开发，并授权使用。从体验差异来看，这类似许多 3D 游戏的表现效果。例如，使用优质的 3D 引擎与物理引擎开发的产品能够提供真实的静态与动态表现，并且让玩家不易产生眩晕感，典型代表是瑞典 DICE 工作室开发的寒霜引擎（Frostbite Engine）。当然，元宇宙时代的 VR 开发有可能需要基于多感知（系统）引擎，显示等级需要同物理效果及相关反馈结合起来，这有赖于底层软件与硬件厂商之间的协同合作。

（4）全面的交互体验。前述技术领域整合的方向是为玩家提供全面的交互体验，在置身感的基础上获得更多的输入与输出通道，能够最大限度地接近真实的物理环境。其中，定位技术是最关键也最为基础的领域，精准的主体与客体定位是实现真实交互的重要前提。在游戏场景下，位置的差异（如距离的远近）能够造成不同的衰减（如武器使用）效果，这些运算均要基于位置参数。同时，更高等级的定位还涉及玩家主体特征的复原效果，如在拳击游戏中，需要在 VR 环境下较好地还原玩家的身材（如高矮胖瘦状态），这些指标在游戏的攻击认定系统中将会用到。在现有技术条件下，除了 VR 头显外，还需要配合 VR 服装才能达到近似的效果。全面的体感技术是优质输入的保障，系统需要尽可能准确地捕获玩家的动作，并转化为系统指标或参数。高灵敏度的陀螺仪是实现这些效果的核心组件，进动性与定轴性能够获取动作的方向、速度及加速度等信号，实现有效的输入。陀螺仪的微型化与低成本是促进此领域发展的关键，未来VR设备（尤其是各类穿戴外设）需要大量配置这种传感装置。此外，一些元宇宙工业应用场景还在探索多感知输入的应用，如眼神控制与声音控制，以便极大简化用户的操作流程，实现高速的输入，并将相关应用模块迁移至元宇宙游戏领域。

图2-11展示了VR技术架构现状。

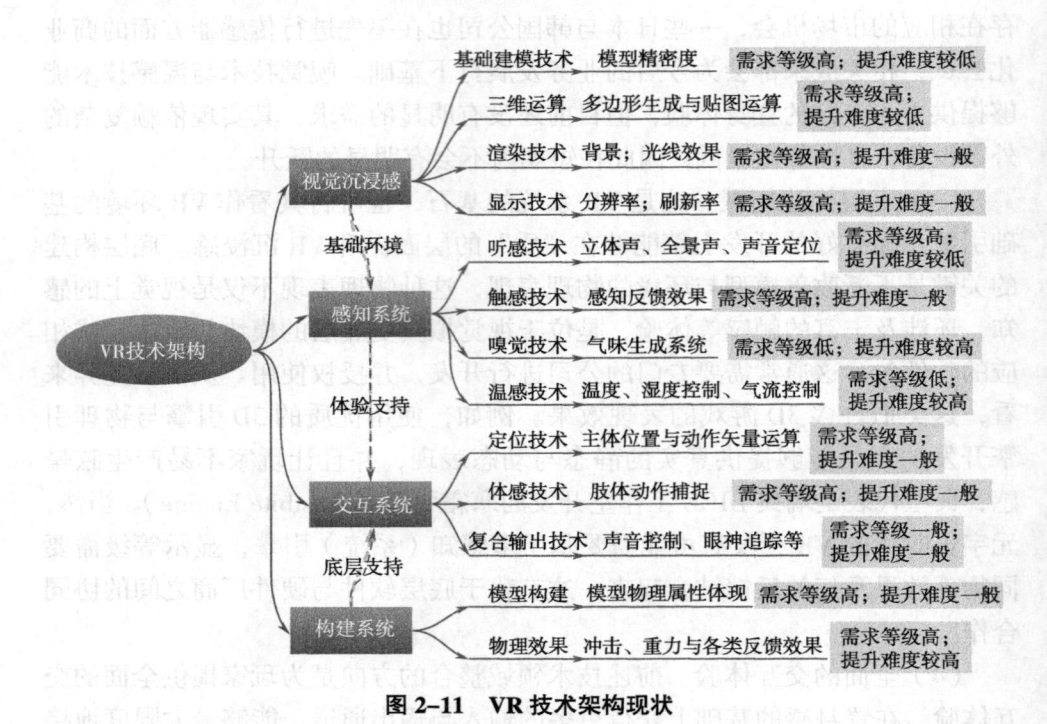

```
                           基础建模技术   模型精密度          需求等级高；提升难度较低
                           三维运算      多边形生成与贴图运算  需求等级高；提升难度较低
               视觉沉浸感   渲染技术      背景；光线效果       需求等级高；提升难度一般
                           显示技术      分辨率；刷新率       需求等级高；提升难度一般
               基础环境
                           听感技术      立体声、全景声、声音定位  需求等级高；提升难度较低
               感知系统    触感技术      感知反馈效果         需求等级高；提升难度一般
   VR技术架构               嗅觉技术      气味生成系统         需求等级低；提升难度较高
                           温感技术      温度、湿度控制、气流控制  需求等级低；提升难度较高
               体验支持
                           定位技术      主体位置与动作矢量运算  需求等级高；提升难度一般
               交互系统    体感技术      肢体动作捕捉         需求等级高；提升难度一般
                           复合输出技术  声音控制、眼神追踪等   需求等级一般；提升难度一般
               底层支持
                           模型构建      模型物理属性体现      需求等级高；提升难度一般
               构建系统
                           物理效果      冲击、重力与各类反馈效果  需求等级高；提升难度较高
```

图2-11　VR技术架构现状

2.4.3　现有VR设备情况

现有VR游戏设备可分为便携设备与大型设备两个发展方向。便携VR设备更侧重设备的成本控制与性价比，主要销售对象是个人与家庭。大型VR设备在运算能力与多感知系统方面具有优势，主要应用场景是公共娱乐项目及教育项目。

2.4.3.1　便携VR设备

大部分玩家对于便携VR设备较为熟悉，主要是头盔+手柄的组合，部分产品还会有额外的附件。代表性的便携 VR 设备包括：

（1）2015 年索尼发布的 PlayStation（PS）VR，分为基础版与精装版（含 PS Move 手柄），摄像装置配置较高，进入了当年智能穿戴榜单前列。PS VR 初代支持作品有《PlayStation VR 世界》、RIGS、《初音未来 VR 演唱会》、《直到黎明》等。

（2）Oculus Rift 在 2013 年推出了开发者版本，2014 年被 Facebook 收购，并进行了开发组件的升级。在底层软件方面，Oculus 得到了 Unity3D、Source、Unreal 等引擎开发商的支持。2016 年 Oculus Rift 消费版发售，提供了全视野效果及陀螺仪视角跟随，并支持多种用户姿态跟踪。Oculus 系列虽然为游戏开发，但其应用逐渐拓展至教育、工业、建筑、医疗、云旅游等领域。

（3）HTC Vive 于 2015 年正式发布并推出开发者版本，消费者版本在当年下半年推出。该系列较早配置了 OLED 的显示屏，并大幅提升了单眼分辨率，有效控制延迟时间至 22 毫秒以内，综合显示品质极高。HTC Vive 控制器定位系统 Lighthouse 采用的是 Valve 的专利，不需要借助摄像头，而是靠激光和光敏传感器来确定运动物体的位置，灵敏度显著提升。

在操作系统方面，Windows Mixed Reality 平台的前身是 Windows Holographic，于 2017 年正式更为现名。该平台支持各类 VR 软件开发、影音娱乐、游戏软件及各类工具软件的运行，提供了一个较为完整的虚拟现实生态环境，这对于一些缺乏软件研发能力的 VR 硬件设备厂商及 OEM 厂商非常友好，能够帮助它们快速实现软硬件系统的整合，并推出消费级产品。Windows Mixed Reality 对于开发软硬件要求较低，在系统方面，可适应 Win10（含家庭版、教育版、企业版、专业版）及以上版本。在硬件方面，处理器需要第 4 代 i5 标压版，或第 7 代 i5 移动版。显卡需要英伟达 960 系列及以上，或 AMD RX 460 及以上。在内存方面，需要达到 DDR3 8G 及以上。在应用方向上，Windows Mixed Reality 平台可以支持 VR、AR 及 MR 工程项目的开发，许多基础开发包有极强的通用性，因此得到了惠普、戴尔、宏碁、3Glasses、联想、华硕等设备商的支持。比如，3Glasses 基于该系统推出了 VR 设备 Blubur。由于微软在软件生态方面实力雄厚，Windows Mixed Reality 平台在游戏与娱乐领域的潜力被行业看好，除了众多游戏厂商外，百度 VR、爱奇艺 VR、微鲸 VR、橙子 VR、优酷 VR、虚拟美术馆等应用也陆续加入该平台。

现有便携 VR 设备的配置包括核心组别（3D 成像）、增益组别（传感与输入设备)、辅助组别(其他),其组件及技术描述见表2-13。在便携VR设备市场中,Oculus Quest 2、Oculus Rift S 和 Value index HMD 的占有率明显高于其他产品(见图2-12)。

表2-13 现有便携VR设备配置

类别	组件	技术描述	备注
核心组别 (3D成像)	镜片	极短的焦距,非球面镜片;可采用滑配式或分离式等形式	Oculus Rift、HTC Vive 等厂商处于引领地位
	显示屏	可采用单屏或双屏模式;2K QHD已成为主流,4K UHD 快速发展	OLED 具备提供更优画质的潜力
	处理器	独立处理单元或多单元处理器;集成 CPU 或 CPU+GPU 模式	高通 XR2 系列是目前许多终端的首选
增益组别 (传感与输入设备)	传感器(组)	集成于 VR 设备,用于捕获用户的各类动作与反应,以及环境的相关状态	包括FOV深度传感器、光线传感器、陀螺仪、加速计、磁力计和距离传感器等。索尼、Oculus、罗技等公司的产品具有较强的竞争力
	摄像头	提供环境映射与视频拍摄等功能	
	手柄	目前主要用于简单的动作追踪及游戏输入	
辅助组别 (其他)	存储	包括运行内存与存储内存,主流配置是 8G+128G/256G 组合	随着游戏 App 体量同步增长
	电池	一体设备电量消耗较大,采用分体串流模式相对省电	需要改善续航能力,以及电池不同阶段的输出表现
	无线连接	5G 与 6G 标准,Wi-Fi 传输标准,蓝牙标准等	获得多组件运算支持,有效连接多个输入设备

2.4.3.2 大型 VR 设备

常见大型游戏 VR 设备的类型有单人或双人(座椅)设备、多屏+体感设备、对战笼设备、行走(机)设备、单人或多人360度旋转设备、多人7D影院、球幕影院设备等。大型 VR 设备能够提供的游戏内容覆盖面较宽,如休闲级的场景漫游观光,轻度娱乐的水下探索,中度娱乐的互动射击,以及强体验感的过山车项目。这些设备可设置于购物中心、会展中心、体验馆等商业与娱乐场所。同时,国内一些 VR 供应商还可以提供大场景、大空间的集成解决方案。例如,对于多人 VR 对战游戏,所需面积一般在 50~90

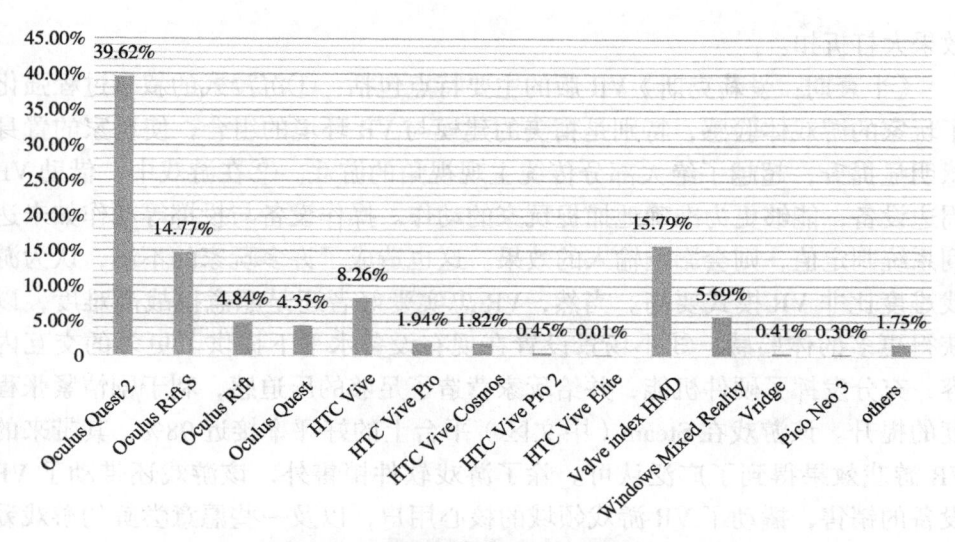

图 2-12 主要便携 VR 设备市场占有率

资料来源：Valve（2022）。

平方米，甚至超过 100 平方米。大空间 VR 可以采用一体串流方案或云部署模式，玩家可佩戴头显与手柄（电子枪），进行多人 PVP 或 PVE 游戏。此类 VR 游戏所提供的画面与感官效果明显优于便携 VR 设备，在联网效果上也有显著提升，局域网内的定制游戏项目几乎无卡顿现象。在软件适配方面，可以独立运行游戏，也可以兼容电脑端的 VR 游戏（需要有相关的 VR Ready 支持）。在扩展性方面，可以部署对战笼或行走机，也可增加传感装备与输入终端。在娱乐领域，这种大空间 VR 系统是最接近元宇宙概念与模式的。

2.4.4 VR 游戏代表作

《半衰期：爱莉克斯》（Half-Life: Alyx）是具有里程碑意义的 VR 游戏，属于 VR 游戏里的 3A 大作，于 2020 年 3 月发布。该游戏传承了《半条命》系列游戏的特点，是 VR 模式的 AVG+FPS 游戏，有完整的故事主线。玩家可以探索环境、完成任务，并以互动形式进行射击、收集、解谜等操作。如果配备 Valve Index VR Kit，玩家可以享受到全面的游戏互动效果，特别是手部的动作感知。但这套设备的海外发行价超过了 900 美元，使许多人望而却步。一些玩家不得不选择其他品牌的兼容 VR 设备，但相应的显示以及互动效果大打折扣。

《半衰期：爱莉克斯》VR 版的主要特点包括：①沉浸式的叙事过程强化了玩家的游戏体验感，特别是精美的建模与 VR 环境的组合，使玩家的置身感明显提升，超越了绝大部分传统主观视角的游戏。②在游戏中，借助 VR 周边设备，能够更为准确地捕捉玩家的动作。操作设备与投掷等动作如未达到系统判定值，则会影响输入的效果。这也造成了许多玩家的不满，认为游戏难度比非 VR 模式要高。当然，VR 忠实爱好者还是愿意挑战高难度，以获得更多的体验感。③小场景设置在现有设备水平下提供了更多的交互内容，充分发挥了硬件机能，并给玩家营造了足够的压迫感，利于剧情紧张程度的提升。该游戏在 Steam（中文区）平台上的好评率接近 98%，其带来的 VR 游戏效果得到了广泛认可。除了游戏软件销售外，该游戏还带动了 VR 设备的销售，撬动了 VR 游戏领域的核心用户，以及一些愿意尝鲜的游戏爱好者。综合评价，该游戏营造了一个大场景的 VR 环境，主题、剧情与交互模式实现了很好的匹配，许多细节设计为之后的 VR 游戏开发做出了榜样。

2.5 游戏交互扩展——AR、MR 技术

基于 AR 和 MR 技术的游戏交互扩展可以为玩家提供独特的沉浸和个性化游戏体验，且体验感不同于 VR 所带来的效果。它不仅可以丰富游戏的内容和交互方式，还可以打破虚拟与现实之间的界限，将游戏融入玩家的日常生活中，场景选择也更加丰富。一些评论家认为，AR 和 MR 有可能成为超越 VR 的元宇宙游戏技术发展路径。随着 AR 和 MR 技术的不断发展，玩家可以期待更多令人惊喜的游戏体验。

2.5.1 AR 技术与设备

增强现实技术（Augmented Reality，AR）是一种将数字虚拟信息同真实环境高度整合的技术，其效果是将虚拟世界同现实世界投射到同一个显示设备上，为用户营造一种超现实的感官体验。理论上的增强现实可以将视觉以外的多种感觉（如声音、嗅觉、触觉等）叠加起来，但现有的 AR 应用主要还是集中在视觉层面，声音也多由系统自动生成。

AR技术的主要特点包括：①同前述的VR技术不同，AR技术需具备虚实信息集成能力。VR技术的空间与环境全部由运算生成，设置的自由度较高，可以在独立的架构与系统内实现，无须过多考虑现实环境。但AR技术的核心在于"增强"体验，能够将虚拟物件或环境添加到现实环境中，并构造某种关联与互动效果。优质的AR技术在虚实整合方面可以实现无缝衔接的效果，虚拟数据能够完美贴合在实景映射中，这是衡量AR品质最直观的方式。现有一些较为粗糙的AR显示在诸多方面存在问题，如空间角度不匹配、贴合漂移、边缘锯齿化、渲染（光线）不一致等。②空间定位是影响AR技术实现的关键，完善的定位技术能够明显提升AR的显示效果。测距技术是空间定位的核心，目前AR系统主要使用激光测距技术，其优点是无接触、无形变、速度快，能够在短时间测量多个目标，且总体测量精度较高。激光测距方法主要分为反射时间法与空间几何法两大类（见图2-13）。反射时间法总体上设备成本较低，测量距离的覆盖跨度大，能够适用于多种测量场景。空间几何法又分为三角法和干涉法。其中，三角法系统构成简单，便携性较好，适合消费级应用；而干涉法的技术实现较为复杂，通常用于精度要求极高的场景，多在工业领域使用。Trueyard（美国）、NEWCON（加拿大）、OPTI-LOGIC（德国）等企业在激光测距方面具备技术优势。AR游戏对于测距的主要需求是以中短距离测距为主（15~30米以内居多），精度要求属于中等（厘米级或毫米级），能够实现轮廓测绘及空间定位，角度准确性要求较高。③用户能够通过适当的输入形式与反馈，同虚实融合场景进行交互。从图形交互边界来看，一般分为两个等级：其一，用户仅能够通过系统输入，操控或修改虚拟图形信息。即在用户的显示端，实景信息仅作为背景，能够与用户产生交互的仅限于虚拟图形。例如，现有的大部分手机端AR应用与游戏都属于这种模式。其二，用户的输入指令不仅能控制虚拟参数，还能作用于某些实体单位，从而实现较为全面的交互效果。在现有技术条件下，这种模式在应用中需要设置具备连接属性的实体物件或设备，虚实间的交互是有限度的，且交互内容需要预先设定，尚不能实现充分的虚实融合。

从AR技术的发展趋势看，主要应用于便携与穿戴领域，并成为移动化元宇宙的首选终端，因此许多技术大厂都看好这个领域的前景，并提前进行布局与产品研发。Google、苹果等公司均推出了自己的智能眼镜产品，并提供语音控制、手势识别、眼动跟踪等功能，便于满足用户在室外的瞬时操作需求。近几年，小米、Nreal Air、ROKID、雷鸟等国内设备厂商也在加速追赶，并发布了性价比较高的产品。从受众对AR眼镜的关注情况（见图2-14）看，主要集中在眼镜的可视角度、续航能力及分辨率三个部分，这是当前影响用户选择此类产品的关键，消费级产品的设计也主要围绕这些指标发力。同时，一些深度用户还会关注运算、定位、传感等方面的使用感，以及对于近视用户是否更加友好等。

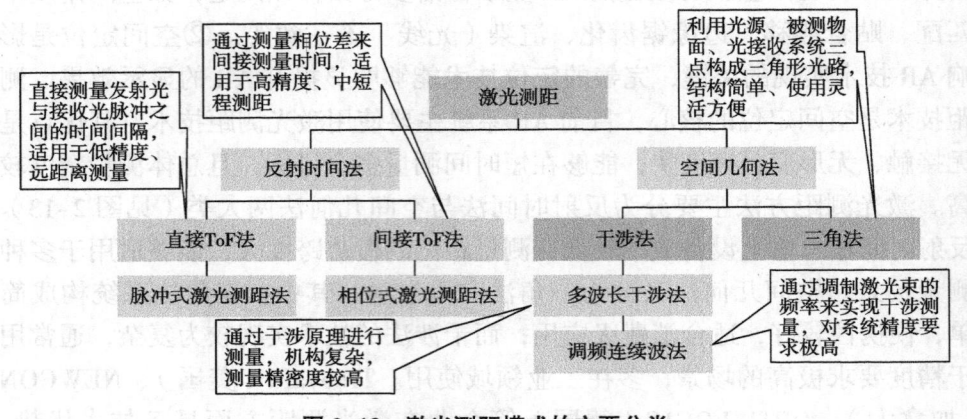

图2-13 激光测距模式的主要分类

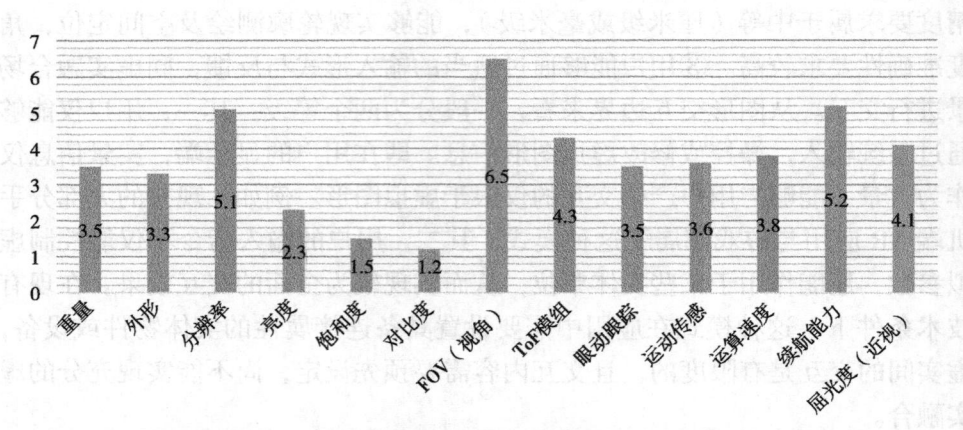

图2-14 用户对AR眼镜技术的关注度（10分制评分）

AR技术目前在数字化办公、工业生产线、矿业、教育等多个领域已有商业化应用，大多以提供辅助信息为主，对用户的操作接受能力要求相对较低。AR在游戏领域的应用程度不深，主要受限于虚拟场景的构建能力以及相关软件的支持。常见的AR游戏主要分布在手机端，游戏内容大多比较简单，仅提供单一场景或简单建模的融合，游戏体量一般偏小，缺乏足够的游戏内容，或画面体验感较差，因此很难得到深度玩家的青睐。AR游戏虽然乏善可陈，但其中也有一些较好的作品。例如，任天堂很早便尝试开发优质的AR游戏，同Niantic Labs合作，于2016年发布了《宝可梦GO》。该游戏延续了宝可梦的游戏机制，可让玩家体验到在现实世界中探索、捕捉宝可梦，并进行战斗以及交换的乐趣。

AR游戏应用实例一

《我的世界：地球》（Minecraft Earth）以《我的世界》IP为基础，以AR模式扩展了建造、探索、谜题等内容和玩法，主要用于安卓与iOS手机平台。这款游戏允许玩家在实景环境下进行建造，在参照下，用户能切身感知虚拟物的比例与大小，并能看到虚拟物与实体环境的变化，比单纯虚拟环境（如《我的世界》）有更好的交互感。《我的世界：地球》在AR应用方面给用户提供了更多的参与方式。例如有的玩家评论："ME看似简单，却有着极高的可玩性，它开放程度很高，模块化的设计风格可以自由发挥想象力，一上手就停不下来，当与好友合作时更是如此，我在这上面花了许多时间。我觉得这个游戏特别适合创作欲望强烈的玩家。"

AR游戏应用实例二

《马里奥赛车Live》是一款创意感十足的游戏，它使用任天堂Switch主机及赛车套装（包含一辆实体赛车、四块闸门以及两个路标）作为游戏的专属平台，继承了经典作品《马里奥赛车》中的元素，能够在AR环境下实现实体赛车与虚拟赛道的互动，并加入NPC角色同场竞技。该作品充分实现了虚拟场景与实景的高度结合，虚实之间不会有明显的隔离感。这款游戏在AR技术实现方面进行了多项尝试，例如通过赛车前端的摄像头采集并传递实景信息，依靠自身进行定位（有效解决了固定测距不准确的问题），虚拟出一些特殊动作（车辆漂移）等。该游戏支持玩家使用道具设计赛道，并进行沿途的装饰，属于开放程度较高的AR赛车游戏。虽然《马里奥赛车Live》在操控感、连接可靠性、地图规模等方面存在一定的局限性，但仍不可否认其对于AR游戏革新带来的影响。

2.5.2 MR 技术与设备

混合现实技术（Mixed Reality，MR）是对虚拟现实技术（VR）与增强现实技术（AR）的一种整合，能够兼具两者的优势。VR 技术是纯虚拟环境的呈现，而 AR 技术是在现实环境中叠加数字信号，各自的应用领域都存在局限。而 MR 技术理论上能够填补两者之间的空白，在一套系统内实现多种功能与效果。从应用模式来看，MR 技术与 AR 技术更为接近，其技术关键是将虚拟与现实有机整合起来，在有限的视野内向用户提供更多的信息（输出）及操作（输入）的可能。

MR 技术体系（见图 2-15）包括多个环境映射与交互部分：①用户在移动、处理实际事务、自主进行空间感知时，需要直接看到环境实景。头显或智能眼镜能够通过光学透镜反映实时且真实的外部环境，技术实现难度极低。主要优化方向在于镜片制作工艺、镀膜技术、防眩光与散射，以及屈光度调节等。②能够实时采集环境实景信息，并进行数字化转化。在部分应用场景下，实景环境的直视效果不佳，如遇到光照较暗、雨水、雾气等环境，需要进行一定程度的视觉"强化"。可通过摄像头模组采集三维实景数据，借助智能运算进行相关的过滤与显示优化，向用户提供更为清晰、准确的实时视频。此类模式在工业、军事模拟等领域已有较广泛的应用。主要优化方向在于摄像头工艺，以及图像差异识别与信号放大。③设备需要强化环境 3D 信息采集能力，能够将实景转化为具有空间坐标的信息，并为用户标注出来。3D 扫描的关键在于获取近景物体的位置信息，进而对其轮廓进行描绘，并以极高精细度支持后续的建模工作。主要优化方向在于传感器模组的升级，以及实时算法的优化。同时在应用模块的开发方向上，要与用户需求变化紧密结合。④内在虚拟环境的构建，可以作为 MR 应用的主导，也可以作为 MR 应用的辅助。虚拟环境通常需要预先建模并加载相应的程序包，同 VR 的应用模式基本一致。但是，作为 MR 的组成部分，虚拟环境需要同实景信息结合起来，其结合算法通常是影响使用体验的瓶颈。一般来说，将虚拟信息附加到实景信息上相对简单，而将虚拟信息与实景信息"连贯"衔接起来并实现自由切换相对较难。主要优化方向在于进一步强化各项 3D 指标与虚实环境的系统理解模式，通过算法优化避免各类物理矛盾问题的出现。⑤MR 可以集成现有的 VR 与 AR 输入技术，构建多渠道的输入与反馈体系。应用的关键在于如何将多组指令及信号与虚实环境有机融合起来，并实现相对精准的操作效果与反馈。例如，在单纯 VR 系统内，输入信号完全转化为虚拟信号，只需保证在系统内比例关系一致即可。但是在 MR 系统内，任何转化后的虚拟信号需要同实景信息保持一致，至少符合用户正常的生理理解，如距离、力度、方向等指标。主要优化方向在于完善输入信号的"采样－计算－修正－转化"流程。

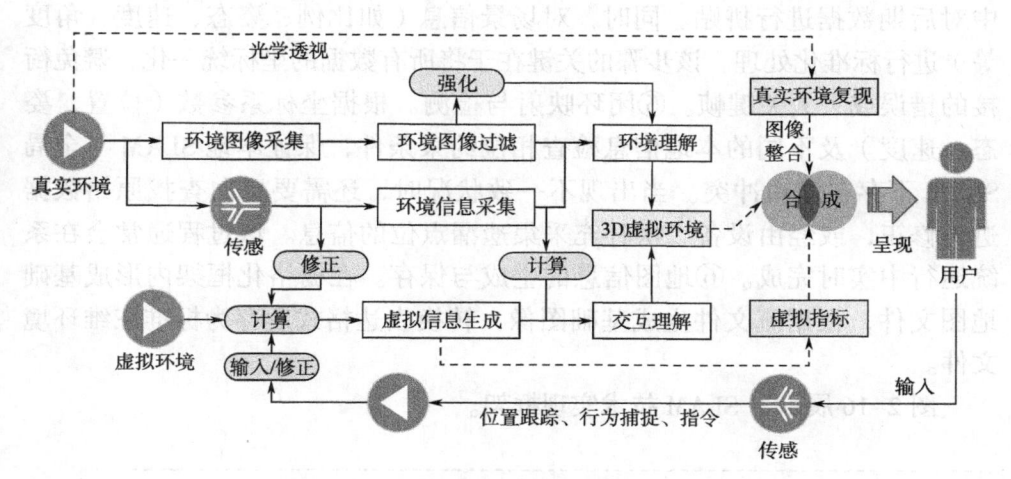

图 2-15　MR 技术体系

同步定位与地图构建（Simultaneous Localization and Mapping，SLAM）技术是 MR 技术的关键。SLAM 技术是一种利用机器人与智能化技术，构建主体目标周围环境虚拟地图或景象的应用程序。它需要利用丰富的传感器及 GPU 运算才能实现。早期的 SLAM 开发主要用于无人场景的操作，如一些危险环境作业，由具有环境感知系统的机器人完成。在元宇宙应用背景下，利用 SLAM 技术能够快速获得环境数据并建立 3D 数字模型，在大型场景与环境扫描中有极高的应用价值。例如，对一个城市进行等比例虚拟化需要达到极高的精准度，而人工建模形式消耗时间过长，难以应对海量数据的处理工作，SLAM 与人工智能的组合则能够很好地应对此类需求。

典型的 SLAM 应用包括：①环境扫描与数据预处理。通过多传感器获取环境 2D 或 3D 信息，高级应用以 3D 为主。对原始数据进行筛选与处理，特别是无效点、未识别点、遮挡点等数据信息，并对运动与角度影响带来的畸变信息进行处理。②前端定位运算与处理。基于传感器坐标信息及惯性测量设备（Inertial Measurement Unit，IMU）数据进行姿态与位置的判断，形成

65

扫描坐标系。其中，对于姿态调整以及相对坐标的变换较为重要。③本地SLAM数据处理。基于单点扫描生成图层组、网格以及轨迹趋势数据，并对后端数据进行精益化处理。其中，各类滤波处理较为关键，常用的算法包括贝叶斯滤波（Bayesian Filter）、粒子滤波（Particle Filter）、迭代卡尔曼滤波（Kalman Filter）等。④全局SLAM数据处理。在完整坐标系（地球坐标系）中对后期数据进行拼贴。同时，对场景信息（如比例、姿态、速度、角度等）进行标准化处理。该步骤的关键在于将所有数据的坐标统一化，避免衔接的错误或丢失关键帧。⑤闭环映射与检测。根据坐标系参数（位置、姿态、速度）及不同的本地信息检查相位约束条件，保证本地SLAM与全局SLAM不存在逻辑冲突。当出现不一致状况时，还需要反向查找原始数据进行修正，或经由设备二次补充采集遗漏点位的信息。该过程通常会在系统运行中实时完成。⑥地图信息的生成与保存。在栅格化框架内形成基础地图文件，根据流文件生成基础图像，转换表达格式后存为标准三维环境文件。

图2-16展示了SLAM技术实现框架。

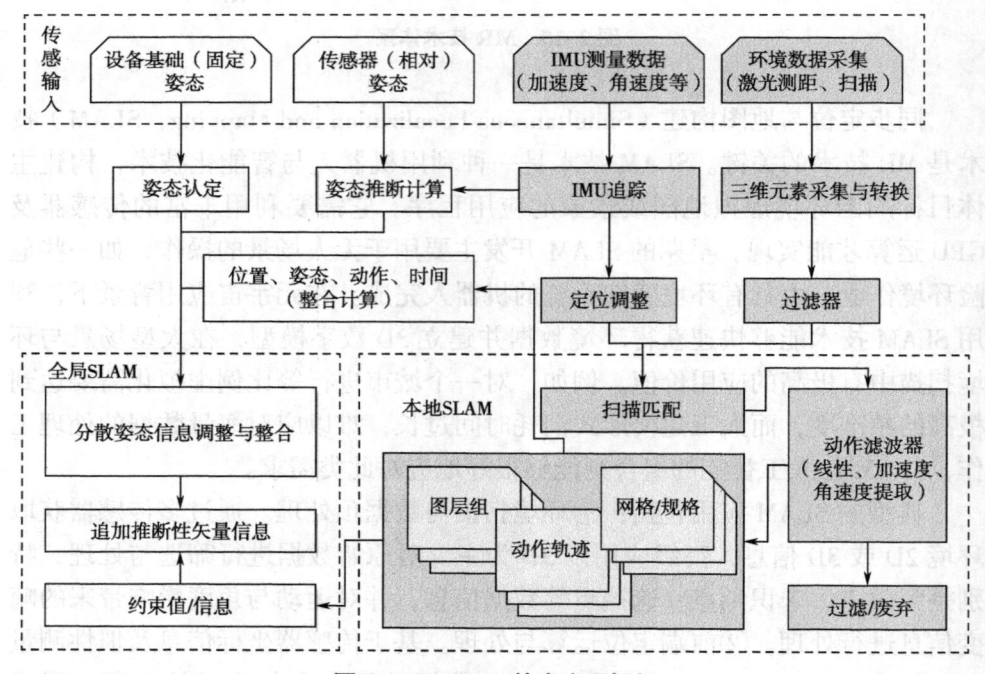

图2-16 SLAM技术实现框架

2 元宇宙技术体系

当前，MR技术装备化同VR与AR设备基本一致（见表2-14），主要载体以头显与智能眼镜为主，可根据应用场景的需求进行选择。如果期望获得更佳的虚拟环境实现效果，则头显更为合适；如果需要轻量化并获取更多真实环境信息，则智能眼镜更为合适。而VR与AR所用到的周边设备，均可以作为MR装备的选项。从现有技术演进路径来看，AR技术的发展趋势更为接近理论上的MR技术，两者之间的边界已非常模糊。在进一步提升AR的虚拟环境构建能力与运算性能后，AR有望助力MR系统的实现。在游戏应用方面，VR技术的应用环境更为封闭，适用于传统的游戏模式。而AR与MR技术的信息交互更为开放，利于游戏模式的创新，以及虚实结合开放世界的构建，在促进游戏产业升级方面更具影响力。因此，AR和MR能够促进游戏模式与游戏机制的实质性革新，在元宇宙游戏发展中比VR的价值潜力更高。

表 2-14 VR/AR/MR 配置组合

组件	技术含量	配置成本	实现效果 VR	实现效果 AR	实现效果 MR
头显	★★★	★★★	√	—	√
智能眼镜	★★★	★★☆	—	√	√
手柄	★☆☆	★☆☆	(√)	—	(√)
手套	★★☆	★☆☆	(√)	(√)	(√)
附身穿戴	★☆☆	★☆☆	(√)	(√)	(√)
外部运算设备（主机）	★★☆	★★☆	(√)	(√)	(√)
模拟外设（如行走机）	★☆☆	★★★	(√)	(√)	(√)

注：括号内为可选项。

MR系统在应用中需要关注用户主体的信息过载问题。信息过载主要指用户借助VR/AR技术在视野范围内呈现出大量的信息，既有实景信息，也有形式丰富的虚拟数字信息；而用户本身的信息接收与处理能力无法同计算机系统一样无限地提升，总会遇到瓶颈。信息过载会导致用户难以应付大量的信息，或很难优先关注到重点信息（瞬时对信息排序的困难），从而影响相关的操作，甚至带来一定的使用风险。例如，在工业AR应用场景中，一些设计人员就意识到此类问题，信息量过大可能会使用户忽略作业现场的一些风险，进而导致事故发生。因此，在进行系统开发时，需要帮助用户识别风险并进行预警，或至少进行环境风险的安全提示，并设定强制在系统启动时预先加载相应的风险管理模块。

2.6 游戏中枢——人工智能技术

人工智能是泛指研究、开发及模拟人的思维方式的系统理论科学，包含了基础理论、实践方法以及工程实现技术等多个层次，是现代IT领域的重要分支。人工智能技术领域涉及广泛，常见的有语言识别、自然语言（语义）处理、图像识别、模糊识别、专家系统、机器人工程等。相关领域的发展，一方面得益于算法的进化，另一方面得益于支持系统的强化，主要体现为存储容量与算力的升级。人工智能的发展方向是构建智慧化容器，容纳更多的拟人思维模式，并逐渐包含人类心智等功能，但理想化人工智能的实现还有很长的路要走。因此，当代人工智能的前沿研究还广泛结合了生物学、心理学、美学、哲学等领域的知识。

2.6.1 人工智能应用

人工智能的模拟方式分为两种。①功能模拟。功能模拟是将人脑看作黑盒模式，抛开内部的生物结构，主要关注人的思维模式与逻辑，在功能层面实现较高的仿真度。功能模拟主要以信号与信息处理为主，处理内容的边界较为清晰，理论推进较快。从目前应用发展来看，信息处理模拟可以忽略部分信息，仅关注部分问题或问题重点。当数据存储能力与算力能够给予支持时，工程实现较为容易。因此，现有的人工智能应用主要以功能模拟为主。②结构模拟。结构模拟是依据较为传统的工程模式，尝试从生物学角度剖析大脑结构，并据此设计出类似的物理装置，自下而上地构建起仿人脑的设备。在此基础上，进一步完善各部分细节的设计，使其功能运转不断接近人脑。该模式由于实现难度极高，仅停留在理论论证阶段，部分研究机构尝试在实验室环境下实现部分功能的模拟，距离现实应用还很遥远。

人工智能在应用程度方面包括了强与弱两种模式。强人工智能（Strong AI）是指具备完整的推理与问题解决能力的智能系统，其学习与响应的边界是开放的，同人完全类似而不仅是拟人的模式。也就是，"让机器的行为方式看起来和人的智能行为一样"。强人工智能的发展方向是使机器具备自我意识，能够对外界环境作出自主的评价，并给出复杂的行为选项。强人工智能的实现存在诸多技术障碍，也有许多伦理方面的争论。与之相对，弱人工智能（Weak AI）是不具有完备性的智能系统，只能在某些领域模仿人的思维与处理方式，在应用中大多处于辅助的层面。比如，许多人工智能系统在预设与维护阶段，还需要人工设定参数或编辑相应的条件。早期的弱人工智能在技术实现上主要依靠复杂的编程搭配数据库，对于问题的处理效率极高，但缺乏灵活性与足够的应变能力，属于偏"硬性"的智能。之后，随着遗传算法与神经网络等模式的大量应用，人工智能表现出了一定的继承与进化特性，在拟人智慧层面迈进了一步。这种模式的人工智能可以在不断的应用中积累经验，并在面对新的问题或环境时调用已有的经验，实现逻辑层面的提升，目前在语言识别与图像识别方面应用广泛。

表 2-15 列出了人工智能典型应用。

表 2-15 人工智能典型应用分类

类别	细分	技术特点	应用领域
决策类	非拟人模式	针对具体应用领域设计的智能处理模式，追求响应速度与判断的准确性	多用于工业控制系统，以及一些底层设备的自动处理领域，如智慧物联网
	拟人模式	以追求人的思维路径为目标，尝试得到更为复杂问题的解决方案	具备较强的思维与交互能力，用于专家系统、仿真人等领域
语言类	语音理解	能够捕捉复杂的声音信号，并分离出核心信息，具备较强的模糊识别能力	用于听觉系统的模拟，以及信息采集或辅助人工的场景
	语义交互	能够根据转换后的文本信息，理解其表达的内容与情感，并作出合理的语义表达反应	智能交互系统的基础，可用于文本分析、智能客服、娱乐系统等领域

续表

类别	细分	技术特点	应用领域
视觉类	功能视觉	基于符号化系统识别各类动静物体，构建三维空间，或作出动作响应	关键及有限的视觉信号识别，用于空间探测、自动驾驶等领域
	拟真视觉	极高程度模仿人的视觉模式，全面捕获场景信息，能够识别客体属性等信息	信息处理规模极大，可用于助残系统或高端的沉浸式娱乐系统
机器人类	单一功能	完成单一或有限功能的任务型智能机器设备	底层应用或工业应用领域，如自主无人机等
	复合功能	具备较为全面的感知、逻辑、情感等功能的机器设备	完全拟人化机器人设备

2.6.2 游戏中的人工智能

传统游戏中的智能化主要体现在 PVE 或 PVC 中，玩家能够感受到游戏中对抗方的实力，并不断挑战更高的分数。早期的游戏产品其实并没有真正意义上的人工智能，只是依靠预设电脑对手的行为方式（路径），并依靠不同的数量或速率调整，给玩家带来不同的难度感受。而只有类似深蓝电脑在国际象棋中的对抗应用才更接近人工智能的要求。随着个人计算机（PC）运算速度的提升，游戏中对抗因素逐渐增加了更多的玩家参数，在 PVC 中可以作出更多的应变性优化，但对手的思考范围有限，玩家通常可以靠找到其中的规律而轻松取胜或得到更高的分数。

游戏中人工智能的应用体现为以下四个层次：

（1）NPC[①] 的互动能力。NPC 通常能带给玩家最直接的人工智能体验。单机游戏内互动一直是游戏制作中体现随机性的领域，从早期 8 位机的 RPG 一直到现在的 3A 大作，NPC 设计的优劣很容易影响玩家的交互体验。当代玩家已不能接受预设的单调交互模式，而是期待能够根据玩家"输入"进行随机响应的"输出"，且带有一定的情绪化色彩（见图 2-17）。人工智能的发展能够塑造更为真实的 NPC，降低游戏内容的重复性。

---

① NPC（Non-Player Character）是游戏中的一种角色类型，即不受真人玩家操纵的游戏角色（非玩家角色）。

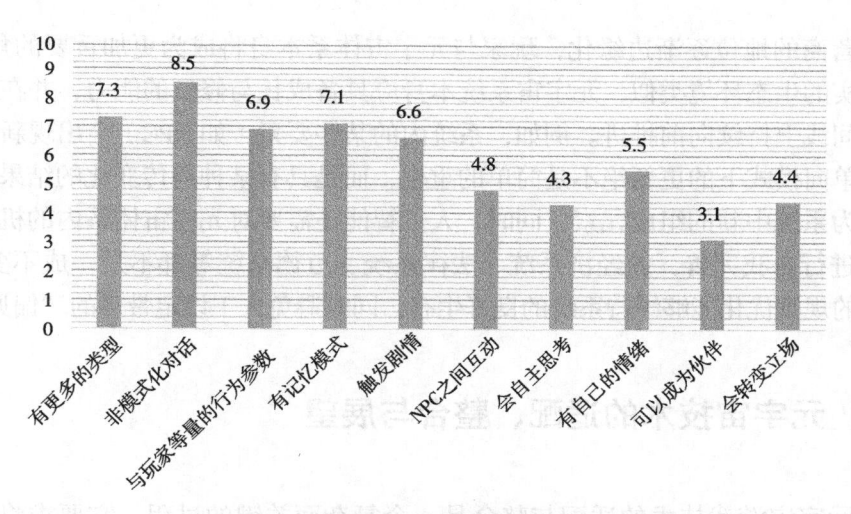

图 2-17 玩家对 NPC 的期待指数（10 分制评分）

（2）剧情的复杂变化。剧情选择类游戏在近些年发展较快，但剧情发展无论多么复杂，基本上都是按照预先设定的分支展开，很难实现真正意义上的随机发展。人工智能的介入能够使游戏剧本更具开放性，可以呈现为松散的架构，使玩家切实获得不同的剧情感受。但这种机制设计非常复杂，以常见的 RPG 游戏来说，剧情走势需要涉及广泛的参数与系统状态，算法需要广泛处理参数间的相互关系，并引导剧情的发展，其中既要考虑情节的合理性与顺承性，也要顾及情节间的制约关系，并且这些"结果"都是通过运算获得，而非预设的发展路径。

（3）动态环境属性。人工智能的外在表现并不一定是"人"，游戏中的场景与环境应用同样需要人工智能的介入。在元宇宙环境下，玩家更加期待拟真的情境，能够模糊虚拟与现实的边界，许多用户不再希望只看到设定好的元素，而是期待动态变化的元素。在一些大场景游戏中，环境指标从量变到质变，能够带来更多的不确定性，以及新鲜的游戏体验，其背后算法通常需要人工智能技术的支持。例如，在游戏内人数增加、资源开发、时间增长等累积性指标出现变化后，环境函数构造需要体现出合理性与随机性相结合的状态，该状态需要与环境中每位用户的行为产生关联，需要在每一次实验中体现出差异，哪怕是微小的差异。这些功能的实现都依赖更为复杂的人工智能算法及各类素材的积累。

（4）系统的自我开发与修复。在元宇宙背景下，去中心化使得游戏开发商与运营商的地位逐渐边缘化，玩家与元宇宙体系本身将成为更加重要的角色。与真实的生态环境类似，元宇宙系统本身应具备成长与修复的能力，并在单向的时间线上持续向前推进。例如，系统内的某些要素（如 NPC）会出现新旧更替，单向模式下的更新绝不是简单的重生，而是具有某种遗传变化的结果，能够成为系统中新的组成元素。同时，人工智能还需要对元宇宙体系内的机制与规则进行自我完善，如经济系统、法律系统、道德系统等都不是一成不变的，合理的规则优化能够维持系统的良好生态，同时避免人工设定带来的"偏见"。

2.7 元宇宙技术的适配、整合与展望

元宇宙游戏技术的适配与整合是一个复杂而关键的过程。它要求将各种硬件设备、软件平台、网络架构和内容资源有效地整合在一起，以创造一个统一、连贯且高度互动的虚拟世界，让玩家能够全面地沉浸其中。只有在技术适配与整合的基础上，元宇宙游戏才能够实现其最大的潜力。

2.7.1 元宇宙技术同游戏的适配

加特纳技术成熟度曲线将一项新技术的成长过程分为技术萌芽阶段、期望膨胀阶段、泡沫破裂阶段、二次爬升阶段、稳定产出阶段五个部分，系统反映了技术的应用状态变化及价值体现。元宇宙技术体系中的具体技术项目在发展中同样会经历类似的路径，基于文献特征值估算的典型技术所处（加特纳曲线）位置的概率如表 2–16 所示。

表 2–16 典型元宇宙技术（应用）与加特纳曲线的匹配概率

技术主题		所处成长阶段				
技术类别	具体技术内容	技术萌芽	期望膨胀	泡沫破裂	二次爬升	稳定产出
互联技术	6G 技术	0.550 3	0.013 4	0.003 2	0	0
	IoT 技术	0	0	0.071 1	0.218 9	0.450 3
	CPS 应用	0	0	0.008 5	0.372 0	0.357 5
	网络渲染与串流	0	0.028 1	0.103 4	0.256 6	0.290 3

续表

技术主题		所处成长阶段				
技术类别	具体技术内容	技术萌芽	期望膨胀	泡沫破裂	二次爬升	稳定产出
区块链技术	区块链基础技术	0	0	0.005 3	0.347 4	0.653 0
	NFT应用	0	0	0.012 8	0.298 4	0.337 7
	DeFi	0	0.065 0	0.116 4	0.050 0	0
	GameFi	0	0.082 1	0.102 2	0.087 1	0
VR/AR/MR技术	显示技术	0	0	0	0.256 6	0.730 9
	综合感知技术	0.007 2	0.136 7	0.169 0	0.403 9	0
	综合交互技术	0	0.068 2	0.105 9	0.147 9	0
	场景拓展能力	0.039 9	0.320 0	0.032 1	0.002 8	0
人工智能技术	决策支持	0	0.007 1	0.208 1	0.661 0	0.210 1
	语言理解	0	0.032 0	0.159 2	0.304 7	0.004 5
	视觉识别	0.009 2	0.040 2	0.178 5	0.181 2	0.000 3
	机器人/虚拟人	0.006 3	0.359 4	0.257 2	0.007 3	0

互联网技术中，IoT技术与CPS应用有极高概率进入了稳定产出阶段。而娱乐级别的网络渲染与串流总体处于二次爬升阶段与稳定产出阶段之间。

区块链技术中，区块链基础技术与NFT应用已发展较为成熟，存在系统且可靠的应用模式。DeFi与GameFi部分优势特征在前期被过度高估，无法与具体的应用及收益联系起来，目前尚处于转换阶段。

VR/AR/MR技术中，显示技术的成熟状态最佳，只需足够的本地或网络3D运算能力支撑。综合交互技术已进入了泡沫破裂后的二次爬升阶段，并找到了明确的应用定位。综合感知技术与场景拓展能力有密切的关联，但技术所处位置较为分散，综合感知方面的成熟度要强于场景拓展能力。

人工智能技术中，决策支持、语言理解、视觉识别方面的跨度较大，但是从游戏方面的使用来看，基本上可以满足甚至超出现有游戏内容的需求。机器人/虚拟人技术的重心仍处于期望膨胀阶段与泡沫破裂阶段。

可以看出，大部分有代表性的元宇宙技术有极高概率进入了泡沫破裂阶段及二次爬升阶段，技术应用的成熟性与稳定性得到了提升。从游戏适配的角度看，由于娱乐系统对于部分技术的精度及可靠性要求相对较低（同比工业或医用），与之相关的软件开发也基本不存在技术门槛，很容易在产品级实现大规模的采纳与推广。

从元宇宙技术对具体游戏领域业务的影响来看，主要涉及游戏机制、游戏模式、游戏开发流程、游戏运营以及游戏收益模式五个方面（见图2-18）。根据主观评价（满分10分）结果可知，GameFi、区块链技术及机器人/虚拟人技术的累积影响位居前三，对于未来元宇宙游戏会产生显著的变革促进作用。此外，NFT应用、DeFi、MR领域的场景拓展能力与综合感知技术等对游戏业务的影响也不可忽视，特别是对游戏模式带来的影响。而在基础层面，以5G的商用为参照，业内普遍看好6G技术在传输层面带来的明显革新，传输速度与品质的几何级增长能够使用户节点、边缘网络与中心网络的算力资源得到更优的分配，从而使大规模在线3D场景（高分辨率与高刷）互动成为可能。

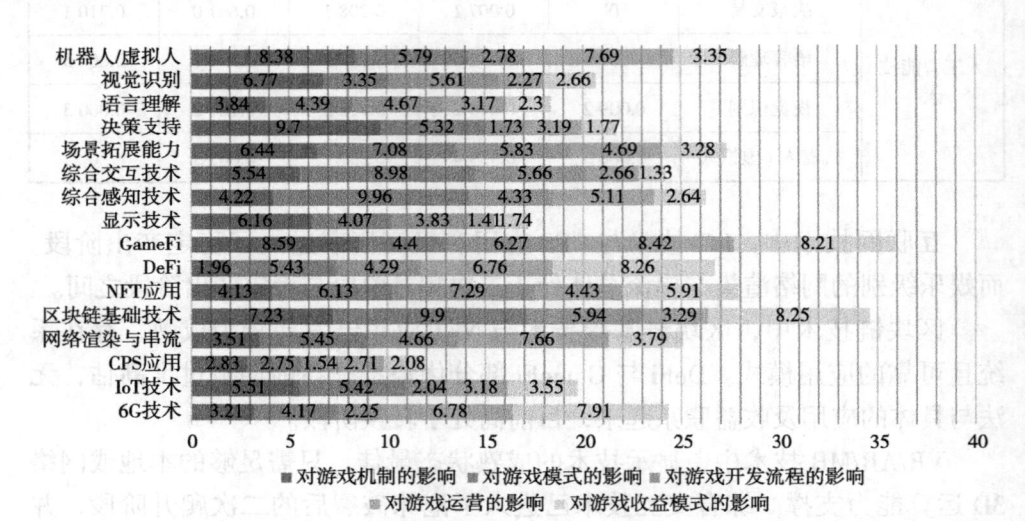

图2-18 元宇宙技术（部分）对游戏业务的影响程度（10分制评分）

2.7.2 元宇宙技术与游戏模式的整合

元宇宙技术不能孤立存在，需要与具体的游戏产品相结合，才能体现出价值。前文介绍的大部分技术，从游戏视角进行分析，总体上都具备游戏化的可能性。当然，不同类别技术的成熟度水平存在差异，有些技术更容易商业化并同游戏实现快速整合，有些技术在目前状态下仅能够提供一些娱乐性支持。技术与游戏模式的整合是元宇宙游戏世代的主要革新点，新技术的加入不只影响到游戏的品质，其核心优势在于改变游戏的机制与模式，给玩家创造出全新的游戏领域。

技术整合与模式创新的代表作品是 Roblox 游戏。Roblox 是目前世界最大的多人在线创作游戏，自 2006 年上线以来，已累积了大量的忠实游戏用户，以及众多的 UGC 内容与素材。Roblox 的创作者规模在 2019 年就已超过 500 万，这些用户在系统中开发小游戏、3D、VR 等数字内容并进行分享，吸引的月度活跃玩家过亿。早期的 Roblox 以沙盒建造为主要的游戏盘子，编辑功能与素材库类别相对单一。其后随着编辑函数的扩充，玩家有了更多的创作空间，可以在游戏内开发出更多类型的作品（包括游戏与非游戏内容）。Roblox 目前已形成社区化模式，承载了大量的游戏与社交功能。在游戏方面，玩家可体验角色扮演、第一人称射击、动作格斗、生存、竞速等游戏内容；在社交方面，玩家可以跨平台实现聊天、私信、群组等功能，讨论游戏开发与社区发展等主题。同时，Roblox 还具备较完善的独立经济系统，拥有专属代币 Robux，用户可通过充值和创建游戏获得，并用于购买游戏内物品或通证。从模式上看，Roblox 很接近许多评论家对于游戏元宇宙的设想，游戏本身具有生态化属性，游戏内容置于生态之中，创作者与玩家没有明确的边界，大家可以在系统内按照一定的经济规则活动。表 2-17 总结了 Roblox 游戏的发展历程。

表 2-17　Roblox 游戏发展历程

年份	典型事件描述
2004	Roblox 公司成立；完成商标及域名注册；创建社区论坛
2005	完成融资；推出初代版本；进入 Beta 测试阶段
2006	完成测试，游戏正式上线
2007	完善游戏的功能与货币系统；"Builders Club" 高级会员服务；开发周边商品
2009	升级游戏编辑器；发布群组、动态、好友功能
2011	举办第一届 Hack Week；兼容更多的浏览器

续表

年份	典型事件描述
2012	发布 Roblox Studio 2.0 Beta 版；升级游戏内交易系统
2013	发布 Roblox Studio 2013；开发者参与分成机制
2016	Roblox VR 登录 Oculus Rift 平台
2018	YouTube 频道订阅人数达到 100 万
2019	Twitter 账户粉丝破 100 万；月度活跃人数过亿
2020	G 轮融资淡马锡和腾讯参投；Roblox 与腾讯合作在中国获得运营许可
2021	上市公司（纽交所）估值超过 450 亿美元；收购聊天平台 Guilded
2022	日活跃用户规模与收益保持小幅（稳步）增长

资料来源：根据百度百科与相关网络搜索整理。

Roblox 游戏的成功给游戏开发者以很大的启示，下一个世代的游戏设计与开发已不再是厂商解决一切娱乐问题，而是为玩家提供更多的接入点，构建半开放或开放的游戏环境，让玩家成为游戏的"主人"。游戏企业则需要重点关注游戏模式设计、游戏经济系统维护，以及良好的非介入型后台管理，尽最大努力保证游戏的公平性，保障好玩家的各类游戏内权益。目前，元宇宙游戏领域尚处于初创阶段，技术与模式的整合会带来何种冲击与影响还无法预判，但这种发展趋势是明确的。随着时间的推移及技术应用成熟度的提升，游戏业界必将面对全新的发展与竞争环境。

2.7.3 元宇宙技术的商业就绪程度

元宇宙技术体系的商业化程度反映了相关技术产品化及市场化的综合能力，对于其在游戏领域的应用考察具有更为实际的意义，通常可借助商业就绪程度进行定位。商业就绪程度（Commercial Readiness Level，CRL）通常分为九个等级。

CRL-1：初步识别阶段。该阶段对技术的商业应用仅形成原始的概念，可粗线条地描述商业机会，但这种机会有可能是潜在的或存在较大的商业风险。

CRL-2：市场意识阶段。挖掘技术的商业价值，了解技术市场化的总体方向，可形成关于产品或服务的概要模型。

CRL-3：应用前景阶段。掌握技术应用的基本市场前景，将其同市场细分进行一定的匹配，并了解其商业化之后的优劣势。

CRL-4：价值主张阶段。明确技术本身或转化后的价值属性，确定技术可带来的顾客价值或价值增值。该阶段分析可配合企业（业务）价值链分析，助推技术实现有效的市场转化。

CRL-5：产品调整阶段。根据目标客户的需求与偏好，以及对标竞争对手的情况，对产品的开发与市场计划进行权衡与调整。

CRL-6：综合解决方案优化阶段。对技术、产品、过程、服务方案等环节进行综合的优化，围绕技术开发出完整的商业模式，并对供应链与价值链进行精细打磨。

CRL-7：财务验证阶段。建立基本的财务模型，考察销售增长、成本控制、利润预期等指标，对新技术导入期以及中远期的运营情况进行验证。

CRL-8：市场推广阶段。选择适宜的营销方式开拓目标市场，旨在实现快速的市场渗透，并在市场反馈中进一步优化相应的技术方案。

CRL-9：全面启动阶段。在具备了相对完善的产品与业务模型后，选择适宜的商业模式进行全面的市场启动，并且同步配套大量的资源投入。

如图 2-19 所示，从开发（应用）端的调查得分与定位来看，各大类技术的整体分布跨度差异较大。①广泛互联技术。互联类技术总体商业就绪程度最高，分布在 CRL-7 至 CRL-9。由于互联类技术包含多个子类别，一些基础互联技术（如移动端 5G）已达到最高级，全面启动产品化并开展了广泛的商用。而一些物联层面技术本身虽然成熟度较高，但实现完全的商业准备还需要一定的时间。②区块链技术。区块链技术的总体渗透力很强，在互联网基础层面已形成多种明确的应用模式，也得到了众多互联网软件用户的认可。但部分区块链技术能力还没有被完全开发出来，仍然处于 CRL-6 至 CRL-8 的等级，要实现升级还需互联网算力的提升，以及参与节点综合成本的降低。③VR 技术。VR 技术的商业就绪程度跨度较大，覆盖了 CRL-4 至 CRL-9。从消费者角度看，当前市场上可买到的 VR 设备很多，但这只代表了部分 VR 技术的商用化。VR 技术中的综合感知与交互能力实质上还存在继续开发的空间，一些边缘技术自身的成熟度水平也还有待提升。④AR 技术。AR 技术的商业就绪程度处于 CRL-4 至 CRL-6，现有 AR 技术的许多应用模式都受到了场景的约束，比如只能在预定义好的区域或有限范围内使用，因此还未达到全面 AR 的效果。⑤ MR 技术。MR 技术的实现依赖 VR 与 AR 技术的发展，因此总体商业就绪程度偏低，仅在 CRL-3 至 CRL-4。MR 技术商业应用能力的提升主要依赖相关短板（AR 技术）的改进。⑥人工智能技术。人工智能技术属于大范畴类别，覆盖区间也很宽，涉及 CRL-2 至 CRL-6。从游戏应用角度看，传统模式的"人工智能"已得到广泛应用，但真正意义上的人工智能应用还存在诸多限制，包括适用领域、算法模式、基础库等，这些通常不利于游戏体量的控制，因此很少使用。在近些年人工智能"热"的带动下，预计一些游戏厂商也希望在产品中引入部分智能组件并改善游戏效果，或基于高等级的人工智能开发出新的游戏。

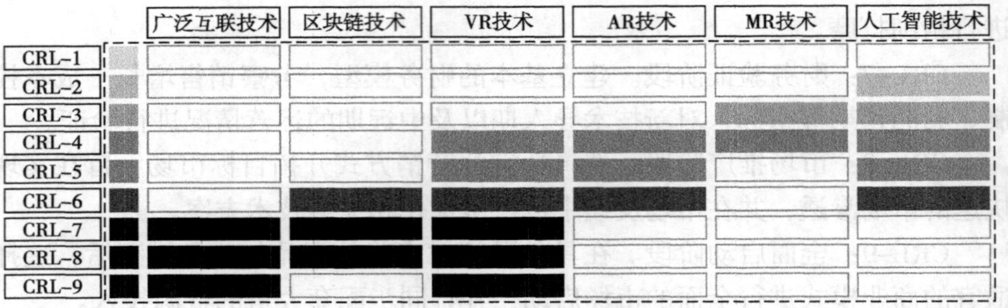

	广泛互联技术	区块链技术	VR技术	AR技术	MR技术	人工智能技术
CRL-1						
CRL-2						
CRL-3						
CRL-4						
CRL-5						
CRL-6						
CRL-7						
CRL-8						
CRL-9						

图 2-19　元宇宙技术商业就绪程度定位

2.7.4　元宇宙技术体系的延伸——脑机接口的应用展望

当前元宇宙技术体系正处于不断发展与更新之中，未来还有可能出现很多新技术，这些技术也存在同游戏产品或产业结合的可能性。作为元宇宙游戏领域的从业人士，不应忽视这些变化可能带来的机遇。例如，脑机接口技术应用的完善很有可能带来游戏输入与控制的飞跃性变化。脑机接口是一种将脑信号直接传输至外部电子设备的传输技术，通常称为 BCI（Brain Computer Interface）或 BMI（Brain Machine Interface），其实现机理是通过微型传感器灵敏地捕获脑神经信号，从而判断主体的意识指令，并做出相应的执行动作。

脑机接口技术最早出现在科幻作品中，在科技领域的具体研究始于 20

世纪 90 年代。早期的研究方向主要是通过电极采集大脑皮层的电信号，并通过信号处理技术（如滤波与脉冲信号转换等）读取主体的意识动态。在经过大量试验后，多位学者发现少量的电极读取会存在随机性与不稳定性问题，需要增加传感器覆盖，从而修正主体的信号。优化后的大脑皮层电极阵列能够以较高的准确率获得主体的行为意识信息。这些技术随后被用于一些感知系统损伤或有肢体运动障碍的患者身上，并取得了一定的效果。例如，2006 年布朗大学研究团队完成了首个大脑运动皮层脑机接口设备植入手术，患者能够借此控制鼠标等周边设备。但这些可用技术主要作用于主体的外围神经系统，仅能够处理一些简单的动作信号，应用的局限性较大。脑机接口技术的发展还需要电子科学与生物科学实现更好的交叉与交互，并在理论层面取得突破。

在元宇宙游戏的发展中，脑机接口是一种理想化的且带有很强科幻色彩的装备，有可能成为元宇宙深度发展后的必备组件。这种神经信号输入形式可以在多个层面体现玩家的操作指向，并在极短的时间内（几乎没有时滞）完成，使玩家更好地专注于游戏本身，而不是处理各种繁琐的终端操作。理论上，脑机接口是一种无误差或极微误差的输入设备，信号精度远远超过现有的各种外设。例如，当用户使用体感游戏设备时，陀螺仪与加速传感设备的信号识别总会存在一定的误差，加上用户动作可能不到位，常常会让用户在对抗类游戏中因出现失误遭受失败，而借助脑机输入则能够彻底解决输入的偏误问题。

当前脑机接口技术虽然还未达到商业应用的程度，但相关领域的发展已取得一定的成果。美国脑机接口公司 Precision Neuroscience 在 2023 年初公布了最新科研进展，称公司正在开发一种新的设备，能够帮助构建大脑人工皮层，从而使用户（特别是瘫痪患者）使用神经信号来操控数字设备。该技术将采用柔性电极阵列，以半侵入性方式同大脑连接，属于低创伤手术，对大脑的伤害较小。其特点是对大脑信号提取的精准度更高，优于外部连接设备；但应用局限是仅能够处理大脑皮层信号，无法处理深层高级信号，如记忆、情绪等。同期，其他公司（如 Synchron 等）也在脑机接口研究方面持续增加投入，技术攻关方向涉及脑微电传感设备、高精度控制器、硅薄膜晶体管以及配套的各类信号放大器。从图 2-20 也可以看出，脑机接口技术关注度排名前三位的分别是非侵入模式、低创伤侵入模式和运动功能辅助。

元宇宙：游戏产业升级
——下一个游戏世代的机遇

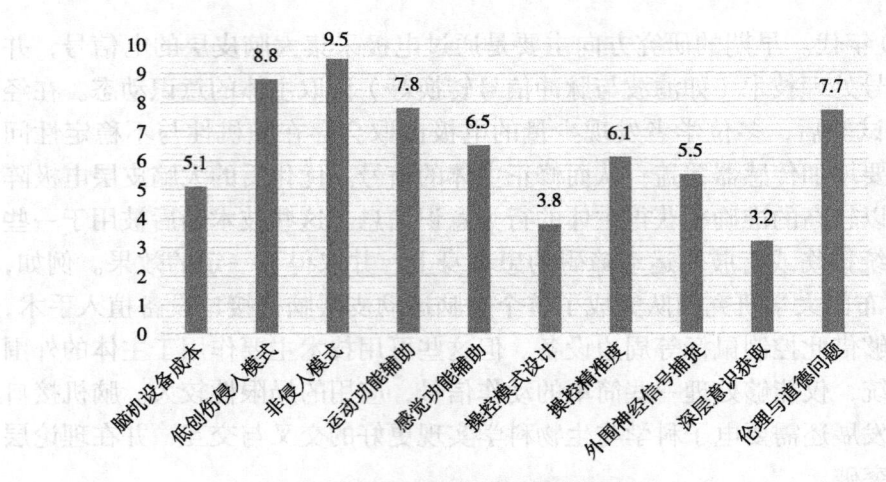

类别	数值
脑机设备成本	5.1
低创伤侵入模式	8.8
非侵入模式	9.5
运动功能辅助	7.8
感觉功能辅助	6.5
操控模式设计	3.8
操控精准度	6.1
外围神经信号捕捉	5.5
深层意识获取	3.2
伦理与道德问题	7.7

图 2-20 脑机接口技术关注度

80

3 元宇宙技术采纳

元宇宙技术采纳是元宇宙游戏产业启动的前提，技术堆栈需要转化为具体应用才能体现出价值。元宇宙游戏之所以称为元宇宙游戏，而非网络游戏的升级，正是由于具备了超过以往游戏的技术特质。目前，一些游戏虽具备元宇宙的概念，但是在技术、机制、模式层面均没有明显的差异，这种游戏并不能算是真正的元宇宙游戏。元宇宙游戏的开发需要厂商对相关技术拥有全面、透彻的理解，进而在采纳过程中使其融入具体的游戏产品。

3.1 元宇宙技术采纳模型

经文献研究与整理发现，UTAUT模型在研究元宇宙技术采纳方面具有一定的适用性，但也需要考虑元宇宙技术的特殊性和复杂性。UTAUT模型是一种通用的技术采纳模型，可用于解释用户对各种新技术的采纳行为，它包括了绩效期望、努力期望、社会影响、便利条件等核心影响因素，可以帮助我们理解厂商对于元宇宙技术的采纳意愿和行为。元宇宙技术提供了沉浸式的虚拟体验和社交互动，因此厂商对于这些技术的感知效果及易用性程度的看法将直接影响其采纳的意愿。然而，由于元宇宙技术的复杂性和创新性，UTAUT模型可能需要与其他模型或理论结合使用，以更全面地解释元宇宙技术的采纳行为。例如，对于元宇宙技术的社交和经济交易功能，社会影响理论和技术接受模型（TAM）等可以提供更多的洞察力。此外，元宇宙技术的采纳还受到各类干扰因素及调节性因素等多种因素的影响。因此，在研究元宇宙技术的采纳时，需要综合考虑相关因素，以获取更全面和准确的分析结果。在此，以UTAUT模型为基础，进行适度模型扩展，尝试构建一个可测量的参考框架，从而分析并理解用户对于元宇宙技术的采纳行为。

3.1.1 核心影响因素组别

3.1.1.1 绩效期望（Performance Expectations，PE）

绩效期望用于测量游戏企业应用元宇宙技术后可获得的绩效。PE组分为五个指标。

（1）PE1：元宇宙技术对于游戏产品开发的质量与速度有明显提升。这是元宇宙技术对于游戏企业最为直接的影响，能够帮助企业在游戏产品的生产环节获得相应的能力提升。在游戏的质量方面，目前对于架构宏大的游戏开发，只有"大厂"才能够保证产品质量。对于众多独立开发的中小厂商来说，质量控制的性价比较低，往往导致产品的低质。如果元宇宙技术介入能够促进联合项目开发或大量的UGC参与，则可以较好地缓解这种矛盾，为不同规模的游戏企业提供市场机会。在游戏开发速度方面，元宇宙架构下开发团队规模与边界的扩展，使得游戏企业可以明显缩短项目的开发周期。

（2）PE2：元宇宙技术能够强化游戏的参与感与可玩性。游戏企业在新技术架构下开发产品，能否带来变革性的影响至关重要。在现有元宇宙愿景的描述中，置身感的提升最为重要。游戏产品对玩家的吸引力主要表现在参与感与可玩性方面。参与感凸显了沉浸式体验下的3D甚至4D感受，玩家可以更好地同外界干扰隔离，全身心地投入游戏娱乐，并同游戏内各类角色直面相对。可玩性则为玩家提供了更多的操作与互动机会，并使其获得极为真实的感受。

（3）PE3：元宇宙概念的介入能够提高游戏产品及相关信息的曝光率与传播率。近几年是元宇宙概念热度的上升期，许多人都在尝试了解元宇宙的模式与应用，游戏群体总体上处于前沿。游戏企业的产品如果基于元宇宙架构，或者仅仅蹭到了元宇宙概念热度，都有可能显著提升自己的曝光率与排名，尤其在游戏领域的媒介平台或相关研报中，使受众能够更容易地了解其产品。同时，诸多自媒体的试玩或评论也会进一步促进游戏产品在网络上的传播。

（4）PE4：使用元宇宙技术可以提升游戏产品的销售量及日常参与度。商品的转化率是检验游戏企业运营的重要指标，在现有网络化游戏的运营模式中，分阶段收费是常见的策略，游戏企业希望用户在试玩后选择购买或深度消费，以保证游戏产品的销售。同时，游戏企业还需要游戏有足够的日常参与度与活跃度，从而使游戏拥有良好的运营环境。

（5）PE5：使用元宇宙技术可以提高游戏运营主体及平台的利润水平。游戏企业绩效期望的最终目标是，相比非元宇宙技术条件下，游戏开发与运营更具市场竞争力，实现较为理想的盈利水平。从元宇宙游戏的开发模式来看，许多厂商倾向于通过持续与阶段化的形式，边开发边运营，分期拓展游戏的内容与功能。这需要有稳定的资金流，以保证平台运营持续推进。

本书对于绩效期望的研究假设如下：

H1：绩效期望能够对行为意向产生正向影响。

3.1.1.2 努力期望（Effort Expectation，EE）

努力期望用于描述游戏企业应用元宇宙技术所需付出的努力。EE 组分为四个指标。

（1）EE1：游戏企业现有技术体系是否容易同元宇宙技术整合。不同类型的游戏企业所擅长的开发领域与优势技术领域存在明显差异，如果涉足元宇宙游戏，必然需要面临不同的门槛。对于游戏开发者来说，纯软件环境下的适应性相对容易处理，但涉及与物理设备及周边传感器的适配时，技术相容度较高的游戏企业在快速适应并提供良好的使用体验方面将会具有明显优势。

（2）EE2：游戏企业现有团队能否快速适应元宇宙游戏产品开发。团队化游戏开发是元宇宙背景下的必然要求，"独立"模式将逐渐边缘化。许多大型游戏项目开发团队通常习惯于在封闭的环境下运作，仅在游戏推出或上线后进行开放式的运维。但元宇宙游戏项目开发需要在开放式环境下协同推进，游戏企业及项目团队需要在管理层面适应这种要求。

（3）EE3：游戏企业能否便利地接入元宇宙游戏平台销售自己的产品。对于一些规模偏小的游戏企业或开发者，也可以在综合的元宇宙平台上推出专属的子游戏或游戏模块，这些内容接入大型平台的难易度将影响市场的活跃程度。部分 PGC 开发者存在这种类型的需求，而大量 UGC 开发者则更为依赖相应的管道与接口设置。

（4）EE4：游戏企业能否以较高性价比开发专属的元宇宙游戏平台。基于相关企业的调研结果，更多头部游戏企业都希望在元宇宙游戏领域搭建属于自己的平台，并以平台模式运营元宇宙"大区"，而非具体的游戏项目。游戏企业如果能在现有技术条件下以较高的性价比进行平台开发，则利于较快实现元宇宙建设，并逐步培育出元宇宙游戏生态。

本书对于努力期望的研究假设如下：

H2a：努力期望能够对行为意向产生正向影响。

　　H2b：努力期望能够对绩效期望产生正向影响。

3.1.1.3　社会影响（Social Influence，SI）

　　社会影响用于描述社会层面因素对于元宇宙技术采纳的影响。SI 组分为四个指标。

　　（1）SI1：社会化传媒对于元宇宙概念与模式的宣传效果。社会传媒的影响最为广泛，且具有潜移默化的推进作用。现有元宇宙概念的传播已较为广泛，但对于元宇宙具体的结构、模式等方面的介绍则不够系统，相关内容的传播需要根据产业的发展而不断深化。同时，从受众的角度看，IT 领域及游戏爱好者对此类主题更为关注，通常会主动获取相关信息，而许多潜在用户的挖掘则有赖社会传媒形成的长期影响。

　　（2）SI2：游戏受众开始关注元宇宙概念的游戏并乐于尝试。作为元宇宙游戏领域的核心用户圈，传统游戏受众是最为基础的组成部分，他们从其他类型游戏转向元宇宙游戏的比例在理论上是最高的。因此，现有游戏受众对于元宇宙游戏的认可与接受将是该领域发展的第一步，如果能取得良好的成绩，则能够逐步带动周边群体的加入。

　　（3）SI3：行业圈内开始频繁讨论元宇宙主题的开发模式。从游戏企业角度看，行业内的氛围通常有重要的影响，能够促使企业着手元宇宙项目的建设。许多企业在选择游戏项目时，都会参照行业圈内的热点与趋势，力求同期推出近似的游戏产品。这种趋同化竞争在以往游戏产业的发展历程中已多次出现。对于元宇宙这一"风口"，预计会有众多游戏企业提前布局，并伺机而动。

　　（4）SI4：许多同领域或从事相似业务的游戏企业都开始基于元宇宙进行游戏开发。同业的实际行动会极大地激励游戏企业进入项目开发的实质阶段。虽然现在许多游戏企业都看到了元宇宙在游戏领域应用的机会，但由于国外一些元宇宙项目并未取得理想的效果，无法获得有效的现金流，许多企业仍然保持场外观望的态度。此时，如果有企业率先试水，则有可能带动行业的整体发展，并促进上下游关联领域的联动。

　　本书对于社会影响的研究假设如下：

　　H3：社会影响能够对行为意向产生正向影响。

3.1.1.4　便利条件（Facilitate Condition，FC）

　　便利条件用于描述企业在涉足元宇宙项目开发时的便利性。FC 组分为五个指标。

（1）FC1：现有元宇宙平台或架构能够提供更为灵活且开放的开发环境。尽管少数大型厂商能够自行开发元宇宙平台，但大部分中游及以下厂商只要能够接入已有平台并顺利完成开发，就会获得极大的便利性，从而带动大批中小游戏企业及关联企业的加入，并夯实元宇宙游戏的生态基础。需要指出的是，与元宇宙关联的周边企业更为依赖已有的平台与架构，他们从事的相关开发工作需要参照标准化的接口，否则项目的风险性较高。

（2）FC2：游戏企业能够借助其他企业的元宇宙相关元素与素材。产业发展的便利条件之一是资源的通用性与共用性。资源的通用与共用能够有效避免重复开发，并保持不同企业间的话语体系一致。当然，这种共用并不一定是免费的，使用具有版权的相关元素与素材需要支付合理费用，存在需求的游戏企业及关联企业必然乐于接受这种模式。该模式还会进一步催生一批专职开发底层与应用素材的中小软件商。

（3）FC3：有较高比例的核心玩家愿意参与元宇宙平台或模块的建设。UGC 的成长对于元宇宙产业发展具有重要意义，UGC 如果能够深度参与开发建设，则会为游戏企业节省相当可观的资源，或至少为平台建设或产品开发注入更为活跃的元素。通常核心玩家的一些想法与创意能够更好地体现出受众的偏好变化，这有利于游戏企业更好地把握产品开发的方向。因此，众多核心玩家的加入能够帮助游戏企业提升供给层面的能力。

（4）FC4：与之关联的游戏平台管理与维护成本较低或可控。基于元宇宙的游戏产品通常需要具备长远的运营理念，项目的生命周期比单机游戏及传统互联网游戏更长，日常成本的支出水平会深度影响企业的开发决策。在平台化运营模式下，较低的管理与维护费用可以使企业将更多的资源放在产品开发与升级上，从而更好地优化游戏内容，避免过多分散企业的资源。该问题不仅会影响中小游戏企业，对于大型游戏企业同样如此。

（5）FC5：游戏产品的发布渠道更为广泛且能够在多类型终端运行。元宇宙游戏发展需要具备友好的生态环境，这可以节省游戏企业大量的精力。一是存在便利的发布渠道，游戏企业可以将新产品推送至目标客户，更好地实现与受众的匹配。优质的渠道还有助于挖掘潜在客户，并有效控制相关的宣发费用。二是有更多的终端能够与产品实现适配，提高游戏产品的通用性。元宇宙游戏不仅对软件环境有一定要求，更需要通用的相关硬件设备及接口，这有赖于行业内形成良好的生态氛围，特别是基础层级有较高的兼容性。

本书对于便利条件的研究假设如下：

H4a：便利条件能够对行为意向产生正向影响。

H4b：便利条件能够对采纳行为产生正向影响。

3.1.2 干扰因素组别

3.1.2.1 预期风险（Expected Risk，ER）

预期风险用于描述采用元宇宙技术进行游戏开发时可能存在的风险。ER组分为四个指标。

（1）ER1：模式风险（基于元宇宙开发的游戏未能体现出良好的游戏性特征）。好的模式通常能够决定一款游戏产品的成功与否。基于新技术开发的游戏不仅需要在制作品质上实现提升，还需要有内在层面的创新，这样才能更好地迎合游戏受众的口味，甚至引领游戏行业的发展。从近十余年游戏产品的开发来看，机制层面的创新较难有实质性的突破，大部分游戏都是围绕地图规模、剧情、图形运算等方面发力。部分独立（小型）游戏产品有一定的创新，但难以在行业中产生深刻影响。元宇宙技术的介入，理论上应该为游戏创新提供新的选项，否则有可能面临实质性创新不足的风险。

（2）ER2：竞争风险（元宇宙游戏面临传统互联网游戏，甚至单机游戏的市场挑战及分流）。虽然元宇宙在概念上非常新潮，能够吸引大批游戏受众甚至非传统游戏玩家的关注，但是，游戏的可玩性与趣味性始终是决定游戏运营的关键，游戏趣味的塑造是多角度、多方面的，技术不能决定一切。随着游戏市场的分化以及不同板块的形成，传统模式的游戏仍然拥有相当比例的"粉丝"。元宇宙游戏开发如果不能很好地顺应相应的趋势，发挥出技术平台层面的优势，则必然面临来自多方面的挑战。

（3）ER3：转化风险（元宇宙游戏经营转化率未能达到预期）。游戏企业如果不能获得足够的转化及现金收入，则难以维持长期的开发与维护支出。同传统游戏的经营相比，元宇宙游戏理论上具备更为丰富的转化渠道选项，游戏的深度消费能力较高，具备更好的潜在盈利能力。但对玩家来说，传统游戏的消费模式可预见的风险程度较低，且玩家能够及时止损或退出，因而玩家普遍有足够的参与积极性。而理想化的元宇宙游戏通常需要玩家铺开一个"大摊子"，除基本的游戏注册外，可能还需要购买设备，开通区块链及虚拟代币账户，订购相关数字资源等，涉及的关联信息也较多。这有可能使一部分玩家望而却步,进而影响企业运营转化效果。

(4)ER4:受众偏好风险(游戏受众在短期内对元宇宙游戏的热度较低)。新产品或新模式在导入期通常会经历一个酝酿阶段,如果产品能顺利"启动",则能够带动核心游戏企业及相关周边的发展。但是从现有调查结果看,许多游戏玩家对元宇宙游戏存在多方面的担忧,如设备费用、游戏品质、在线用户数量,以及个人信息安全等。因此,在游戏导入期,如果不能在宣发方面有所突破,受众的总体热度可能偏低,后续的运营将会遇到阻力。同时,受众的偏好通常也是最难以把握的因素,游戏企业在开发产品前需要进行充分、细致的市场调查,力求精准把握玩家的需求取向。

本书对于预期风险的研究假设如下:

H5a: 预期风险能够对绩效期望产生负向影响。

H5b: 预期风险能够对努力期望产生负向影响。

H5c: 预期风险能够对行为意向产生负向影响。

3.1.2.2 技术应用匹配度(Matching,MA)

技术应用匹配度用于描述元宇宙技术在游戏开发与运营过程中的适配情况。MA组分为四个指标。

(1)MA1:元宇宙相关技术在游戏开发中的成熟度水平。其主要指元宇宙底层技术能否适应当代游戏开发的需求,并以较低的成本实现。根据成熟度的相关理论,游戏软件开发主要考虑运算技术同硬件的匹配情况,能否实现有效的协同,并提升运算量级水平。元宇宙底层技术体系是一个庞杂的架构,涉及多类别硬件与软件,以及更为复杂的互联环境。因此,在具体项目开发中难免遇到短板与瓶颈,这会在一定程度上限制游戏设计人员的产品实现,使原本优质的游戏构思不得不大打折扣。例如,一些游戏业内人士认为现有的VR与AR设备是发展元宇宙游戏的主要硬件短板,不能实现理想的游戏环境构建,甚至在竞争力上还不如许多传统的3A作品,难以引起游戏玩家的兴趣,特别是一些追求极致画面效果的玩家。

(2)MA2:元宇宙相关技术在游戏开发及运营中的容错率水平。较低的容错率水平会导致产品开发及后期运营受限。由于元宇宙技术体系复杂,任何技术领域(或项目)的短板都会影响产品的布局,特别是联网及跨设备的布局。大的游戏企业具备技术能力与资金实力,可以在低容错率水平下进行开发。但是,对于许多中小游戏企业,特别是个人开发者,低容错率水平则会明显降低其开发效率,甚至影响到产品的生命周期,以及产品的传播范围。高容错率水平能够使开发者不用过多关注底层技术，将更多资源与精力用于游戏产品的设计，极大提升元宇宙产品的开发效率，促进行业内的竞争，推出更多优质的产品。容错率水平的提升主要依靠底层技术公司，包括相关技术领域的专项研发，以及大量中间件产品的开发，特别是各类引擎产品的升级。

（3）MA3：广域环境下元宇宙边缘运算技术的适配与传输效果。元宇宙游戏产品的体验感对于用户非常重要，而体验感的塑造依赖强大的计算，特别是边缘计算的改善。元宇宙游戏运营需要依靠强大且广域范围的边缘计算能力支撑，特别是围绕 VR 与 AR 等设备的运算。这些设备需要大量的 3D 运算，涉及建模与渲染等步骤，并且有极高的传输要求，任何微小的时滞都会严重影响产品的使用体验。从目前的网络环境来看，许多游戏服务器的抗压能力都不高，在线人数达到一定规模后就会出现数据交换能力下降的问题，造成终端的卡顿现象。而对于元宇宙游戏，其场景的运算量会远超现有的大部分网络游戏，不能仅依靠服务器与中心节点，其对于边缘计算的能力与优化有着极高的要求。同时，游戏核心数据的分发在很大程度上依赖网络基础传输能力的改善，以及网络拓扑结构的优化。

（4）MA4：终端游戏用户的设备可用性及体验效果。元宇宙游戏效果的实现还需要终端设备的同步更新，这要求相关设备不仅性能极高，而且价格需要低到大部分用户可接受的程度，这将会明显低于现有电脑端对大型游戏的配置标准。同时，元宇宙游戏以 VR 或 AR 为主体，还可能涉及多种不同的周边设备，如声音、体感、多种反馈等，要实现良好的游戏体验，相关周边设备也需要同步升级，这对于许多用户是一笔不小的开支。

本书对于元宇宙技术应用匹配度的研究假设如下：

H6a：技术应用匹配度能够对预期风险产生负向影响。

H6b：技术应用匹配度能够对努力期望产生正向影响。

H6c：技术应用匹配度能够对行为意向产生正向影响。

H6d：技术应用匹配度能够对采纳行为产生正向影响。

3.1.3 调节变量组别

3.1.3.1 游戏企业经理人基本属性（Basic Attribute，BA）

游戏企业经理人基本属性用于描述游戏企业决策者（开发者）的基本特

征，主要包括年龄分组（BA1）、性别分类（BA2）、学历水平（BA3）、是否有海外就学或从业经历（BA4）。在样本采集中，此部分变量主要面向游戏企业的经理人或项目的开发负责人，因为他们通常是新技术采纳的主要决策者，这些人的个体特征与经验往往会影响游戏产品开发的模式与技术细节。

（1）在年龄方面，年长的经理人普遍具备更丰富的开发经验，对于游戏市场的总体把握能力更强，但年轻经理人理论上更具突破与创新的意识，敢于尝试最新的技术，并在产品设计中抛弃传统的禁锢，游戏语言更受年轻用户欢迎。

（2）在性别方面，虽然现在游戏圈内绝大部分为男性主导开发，游戏要素的男性向特征更为明显，如角色设定、剧情、道具以及游戏总体节奏等。但是，随着近些年女性向游戏的快速崛起，许多开发团队开始由女性管理者所主导，许多作品能够更好地迎合女性玩家的需求。但性别变量对于元宇宙游戏开发的影响尚无明确的假设，需要进一步检验。

（3）在学历方面，从以往游戏开发历史来看，并无明确的关联关系。高学历并不能为游戏开发带来明显的益处，相反，有时低学历反而利于做出好的游戏作品。许多金牌制作人都没有耀眼的学历，如很多日本大厂的制作人仅为本科学历，却能做出广受欢迎的游戏产品。不过，从近些年国内游戏领域发展来看，许多公司的经理人或制作人普遍具有较高（硕士及以上）的学历，这明显提升了团队管理、项目管理、产品开发等方面的质量。他们在游戏制作决策中更注重科学性与平衡性，开展充分的市场调研，并以团队决策取代个体决策，很好地保证了项目开发的准确性。

（4）在海外经历方面，国际化视野通常能使决策者接触到更多的产业前沿，了解并把握游戏行业的发展趋势。从国内游戏领域的发展来看，具备国际化经验的管理者往往在决策中敢于迈出更大的跨度，产品的创新能力更强。当前元宇宙领域正处于萌芽与导入期，游戏及相关行业的发展还没有清晰的路径，敢于"尝鲜"的人有可能获得先入为主的优势。这同近年NFT领域的发展一样，早先入场的主体可以获得极高的溢价，而跟进者则很难再分到蛋糕。

3.1.3.2 企业运营情况（Operation，OP）

企业运营情况用于描述游戏企业或开发者现所处的经营领域，包括现有运营领域（OP1）及现有运营模式（OP2）。

（1）运营领域主要分为单机游戏与网络游戏产品，两个领域的运营模式与思路差异明显。因此，在不同领域发力的企业，它们关注的焦点与游戏开发的取向将会影响其对于新技术的理解与判断。对于元宇宙游戏，许多重心在网络游戏的企业普遍更加关注，它们习惯性地将互联网思维同元宇宙概念结合起来，对于新产品的发展方向有明确的认知。而对于侧重单机游戏产品的企业，其关注点则更多放在具体的设备升级与游戏体验方面，对于产品细节的把握力更强。在本项目设计中，还考虑到了两者兼具的样本。

（2）运营模式主要识别企业是独立运营、联合运营还是挂靠大型游戏平台。运营模式的区别，一方面体现了企业自身实力的大小，另一方面也体现出其产品是否具备更好的通用性及跨平台性。一般来说，游戏大厂基本上都采用独立运营模式，可以更好地进行渠道管理及游戏品控。但是在元宇宙环境下，企业能否独立支撑一个庞大游戏平台的运维，许多业内人士都对此提出了疑问，一些人倾向于促进合作与联合，提高元宇宙游戏的聚合能力。但这仅是目前的一些设想，许多考虑试水元宇宙游戏的企业普遍还是倾向于先做一个小而精的架构，在封闭环境下进行实验。联合模式与平台化模式是较为理想的解决方案，虽然目前还没有成形的框架与模式可以参考，但多企业协同与合作可以为打造元宇宙环境提供更多的机会，也更利于中小企业乃至普通玩家加入这一行列。

3.1.3.3 元宇宙相关开发或应用经验（Experience，EXP）

元宇宙相关开发或应用经验用于描述游戏企业或开发者目前对于元宇宙相关技术的应用程度。EXP组分为两个指标。

（1）游戏企业或开发者对于Web 3.0的熟悉度及相关开发经验。Web 3.0是未来互联网的新模式，虽然目前在诸多方面还没有具体落实，也没有显现出明确的商业发展迹象，但是不可否认，以区块链为基础的各类应用正在积蓄力量，并成为互联网中的新基建。作为游戏企业，在适应元宇宙游戏时代过程中，Web 3.0是"必修课程"。企业需要预先适应相关的开发技术，以及基于这些技术的新开发模式。

（2）游戏企业或开发者将Web 3.0及VR/AR等技术用于游戏开发的经验。对于一些率先尝试Web 3.0或VR与AR技术进行游戏开发的企业，它们在元宇宙游戏时代必然拥有更明显的优势。虽然目前涉足该领域的企业主要制作一些试验性作品，或内容与机制不甚复杂的游戏，但随着对于开发环境熟悉程度的提升，这些企业采纳并加入元宇宙游戏领域的积极性必将不断提高。

3.1.3.4 游戏平台标签（Label，LA）

本变量组属于测试项目，用于描述游戏企业或开发者对未来产业重点领域的关注，即主要游戏产品与终端设备的相容性。本项目为复选项，可多选，涉及 PC 端及网页、主机、手机与平板以及 VR 设备，同时还需考虑多平台的模式。目前，行业内人士和大部分游戏玩家把元宇宙游戏的行业前景聚焦于 VR 设备领域。主要原因是，各类传媒对于元宇宙的宣传都指向这一方向，使用 VR 设备玩大型互联网游戏基本已成为行业共识。但是，在国外相关的元宇宙极客论坛上可以看到，VR 并非元宇宙的唯一选项，AR 与 MR 同样被认为能够提供良好的游戏体验，甚至在场景适应性方面拥有更多的选择。同时，从设备与游戏产品的过渡来看，一些游戏厂商在转型元宇宙游戏时，并非采用另起炉灶的模式，而是基于自己的优势产品进行逐步开发，保持多种模式运行，避免对市场判断失误。例如，当前有些厂商的 VR 游戏也提供非 VR 的游戏界面，玩家可以在 PC 或主机上运行，这为许多"晕 3D"的玩家提供了便利。此外，随着移动运算能力的提升，特别是浮点运算的加强，手机与平板也可以承担较为大型的游戏运算，并为 VR 等设备提供前端的数据串流服务，这些设备在元宇宙背景下也并非一无是处。对于大型的元宇宙游戏来说，通常会包含许多子游戏（Games in the Game），诸如基于区块链的一些小游戏或相关的游戏内交易与管理活动等。玩家可以在一些简单的终端设备上实现这些操作，无须复杂的运算支持，这就像进行各类 NFT 交易一样简单。综合来看，各类终端设备在元宇宙游戏行业都存在应用的可能性，不同设备应该在产业发展过程中找到各自适宜的位置，融入游戏行业的核心或周边领域，共同支撑游戏娱乐活动。

本部分变量对于模型预计产生调节性影响，影响效果需要在主体模型拟合后进行检验。

3.1.4 导向结果组别

3.1.4.1 行为意向（Behavioral Intention，BI）

行为意向表明游戏企业中的管理者或开发负责人对于元宇宙技术采纳的综合倾向性，可分为三个层次。

（1）BI1：游戏企业是否愿意加入已有的元宇宙游戏平台。这是最为保守的选择倾向，企业采取较为谨慎的态度，仅在看到元宇宙游戏发展的行情后，选择加入已有的平台，并以配角形式参与相关的开发工作。选择这种跟随策略的游戏企业一般不具备很强的开发能力与创新能力，它们更愿意以稳妥的方式进入新市场。

（2）BI2：游戏企业是否愿意尝试独立开发元宇宙游戏。此类意向表明游戏企业在元宇宙游戏开发中的态度较为积极，它们普遍看好元宇宙游戏的前景，希望能够独立完成产品的制作与发行。能够选择独立开发模式的游戏企业一般已达到一定的规模，企业的技术体系与能力较为全面，能够胜任从底层到应用多层级的开发工作。当然，也不排除有一些中小开发者善于发掘小游戏的乐趣，能够制作出小巧的元宇宙游戏，尽管这很难成为元宇宙的应用趋势。

（3）BI3：游戏企业是否愿意同其他企业联合（协同）开发元宇宙游戏。存在联合开发意向表明行业内普遍看好元宇宙游戏的前景，厂商之间愿意共同做蛋糕、分蛋糕。联合开发模式的优势是，能够很好地整合不同企业的技术能力，显著缩短开发周期，并有效分担财务风险。在产品运营过程中，还可以充分利用各家企业的渠道资源及后台支持资源，延长游戏产品的生命周期。当然，联合项目开发也存在自身的风险，如具体的合作形式以及利益分配等问题，如果处理不当，则会导致项目开发停滞，甚至流产。

本书对于行为意向的研究假设如下：

H7：行为意向能够对采纳行为产生正向影响。

3.1.4.2 采纳行为（Adoption，AD）

采纳行为表明游戏企业的最终决策，即是否采纳元宇宙相关技术进行产品开发，包括两个层次。

（1）AD1：采纳元宇宙技术用于游戏产品开发。这属于技术采纳的第一个层次，企业对元宇宙相关技术有较高的认可度，并切实将其用于游戏产品的开发。这体现了游戏企业对前述行为意向的现实转化，对元宇宙游戏进行立项并实施，将企业部分或全部开发资源投入到新品设计之中。

（2）AD2：采纳元宇宙技术用于游戏平台开发。这属于技术采纳的第二个层次，企业对于元宇宙游戏领域的发展有着较高的期待，并且认为该市场具有极高的拓展潜力，因此选择了游戏平台开发项目。这体现了游戏企业对于此类技术及其市场化有明确的判断，并敢于进行大规模的长期建设，聚焦于平台的构建而非单一的产品项目。从元宇宙游戏的发展趋势来看，平台化具有明显的运营优势，能够更好地汇聚多层次的开发资源，并形成良性的开放式循环发展生态。

表 3-1 对扩展 UTAUT 模型变量进行了汇总。

表 3-1 扩展 UTAUT 模型变量分类与描述

测量组别	变量维度	变量分解 编号	变量分解 说明	备注（主要参考）
元宇宙技术采纳的核心影响因素	绩效期望（PE）	PE1	元宇宙技术对于游戏产品开发的质量与速度有明显提升	模型层面参照 Taylor S（1995）；Chau P(2001)；Venkatesh V(2003) 研究成果。变量分解基于游戏企业调研及游戏从业人员反馈
		PE2	元宇宙技术能够强化游戏的参与感与可玩性	
		PE3	元宇宙概念的介入能够提高游戏产品及相关信息的曝光率与传播率	
		PE4	使用元宇宙技术可以提升游戏产品的销售量及日常参与度	
		PE5	使用元宇宙技术可以提高游戏运营主体及平台的利润水平	
	努力期望（EE）	EE1	游戏企业现有技术体系是否容易同元宇宙技术整合	模型层面参照 Venkatesh V(2003)；Pavlou P(2003)；Venkatesh V(2012) 研究成果。变量分解基于企业调研及业内人士推断。
		EE2	游戏企业现有团队能否快速适应元宇宙游戏产品开发	
		EE3	游戏企业能否便利地接入元宇宙游戏平台销售自己的产品	
		EE4	游戏企业能否以较高性价比开发专属的元宇宙游戏平台	
	社会影响（SI）	SI1	社会化传媒对于元宇宙概念与模式的宣传效果	模型层面参照 Venkatesh V(2003)；Venkatesh V(2012) 研究成果。变量分解基于元宇宙及 Web 3.0 行业研究报告
		SI2	游戏受众开始关注元宇宙概念的游戏并乐于尝试	
		SI3	行业圈内开始频繁讨论元宇宙主题的开发模式	
		SI4	许多同领域或从事相似业务的游戏企业都开始基于元宇宙进行游戏开发	

续表

测量组别	变量维度	变量分解 编号	变量分解 说明	备注（主要参考）
元宇宙技术采纳的核心影响因素	便利条件（FC）	FC1	现有元宇宙平台或架构能够提供更为灵活且开放的开发环境	模型层面参照 Chau P(2001)；Venkatesh V(2003)研究成果。变量分解基于游戏从业人员反馈
		FC2	游戏企业能够借助其他企业的元宇宙相关元素与素材	
		FC3	有较高比例的核心玩家愿意参与元宇宙平台或模块的建设	
		FC4	与之关联的游戏平台管理与维护成本较低或可控	
		FC5	游戏产品的发布渠道更为广泛且能够在多类型终端运行	
元宇宙技术采纳的干扰因素	预期风险（ER）	ER1	模式风险（基于元宇宙开发的游戏未能体现出良好的游戏性特征）	模型层面参照 Venkatesh V(2016)；Dwivedi Y(2019)研究成果。变量分解基于游戏领域专题研究与报告
		ER2	竞争风险（元宇宙游戏面临传统互联网游戏，甚至单机游戏的市场挑战及分流）	
		ER3	转化风险（元宇宙游戏经营转化率未能达到预期）	
		ER4	受众偏好风险（游戏受众在短期内对元宇宙游戏的热度较低）	
	技术应用匹配度（MA）	MA1	元宇宙相关技术在游戏开发中的成熟度水平	模型层面参照 Goodhue D(1995)；Dwivedi Y(2019)研究成果。变量分解基于元宇宙研究报告
		MA2	元宇宙相关技术在游戏开发及运营中的容错率水平	
		MA3	广域环境下元宇宙边缘运算技术的适配与传输效果	
		MA4	终端游戏用户的设备可用性及体验效果	

续表

测量组别	变量维度	变量分解		备注（主要参考）
		编号	说明	
元宇宙技术采纳模型调节变量——基于游戏企业视角	游戏企业经理人基本属性（BA）	BA1	年龄分组：30岁及以下；31~40岁；41~50岁；大于50岁	模型层面参照Williams M(2015)；Venkatesh V(2016)研究成果。变量分解基于游戏从业人员反馈
		BA2	性别分类：女性=0；男性=1	
		BA3	学历水平：本科、硕士、博士。取值分别为1~3	
		BA4	海外（就学、从业）经历：无=0；有=1	
	企业运营情况（OP）	OP1	现有运营领域：单机=1；网络=2；单机与网络=3	
		OP2	现有运营模式：独立运营=1；联合运营=2；基于大型平台运营=3	
	元宇宙相关开发或应用经验（EXP）	EXP1	游戏企业或开发者对于Web 3.0的熟悉度及相关开发经验。共分为5级（Lev-1至Lev-5）	
		EXP2	游戏企业或开发者将Web 3.0及VR/AR等技术用于游戏开发的经验。共分为5级（Lev-1至Lev-5）	
	游戏平台标签（LA）	LA1~LA5	PC与网页；主机；手机与平板；VR设备；多平台。取值分别为（0，1）	
元宇宙技术采纳导向结果	行为意向（BI）	BI1	游戏企业是否愿意加入已有的元宇宙游戏平台	模型层面参照Venkatesh V(2003)；Venkatesh V(2012)研究成果。变量分解基于游戏企业调研及游戏从业人员反馈
		BI2	游戏企业是否愿意尝试独立开发元宇宙游戏	
		BI3	游戏企业是否愿意同其他企业联合（协同）开发元宇宙游戏	
	采纳行为（AD）	AD1	采纳元宇宙技术用于游戏产品开发	
		AD2	采纳元宇宙技术用于游戏平台开发	

图 3-1 展示了元宇宙技术采纳的 UTAUT 预设路径。

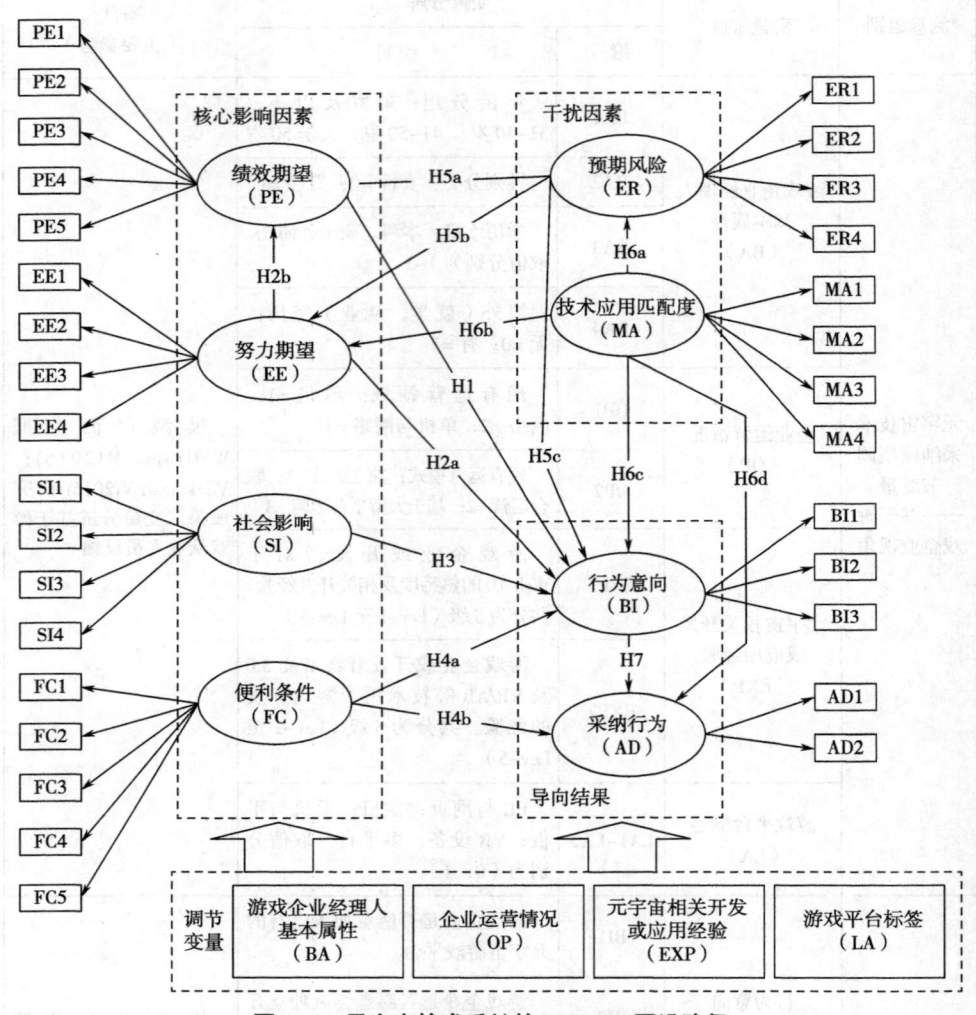

图 3-1 元宇宙技术采纳的 UTAUT 预设路径

3.2 模型样本特征与分析

3.2.1 样本特征描述

本书调查共获得 151 份样本，样本详细统计数据如表 3-2 所示。

3 元宇宙技术采纳

表 3-2 研究样本基本统计特征

组别	变量	代码	指标分级	统计数	百分比
游戏企业经理人或项目经理（含主要技术人员）的基本属性	年龄分组	BA1	30岁及以下	28	18.54%
			31~40岁	61	40.40%
			41~50岁	43	28.48%
			大于50岁	19	12.58%
	性别分类	BA2	女性	18	11.92%
			男性	133	88.08%
	学历水平	BA3	本科	49	32.45%
			硕士	74	49.01%
			博士	28	18.54%
	海外经历	BA4	无	62	41.06%
			有	89	58.94%
企业运营情况	现有运营领域	OP1	单机	53	35.10%
			网络	66	43.71%
			单机与网络	32	21.19%
	现有运营模式	OP2	独立运营	112	74.17%
			联合运营	22	14.57%
			基于大型平台运营	17	11.26%
元宇宙相关开发或应用经验	游戏企业或开发者对于Web 3.0的熟悉度及相关开发经验	EXP1	Lev-1	42	27.81%
			Lev-2	45	29.80%
			Lev-3	25	16.56%
			Lev-4	23	15.23%
			Lev-5	16	10.60%
	游戏企业或开发者将Web 3.0及VR/AR等技术用于游戏开发的经验	EXP2	Lev-1	45	29.80%
			Lev-2	62	41.06%
			Lev-3	37	24.50%
			Lev-4	4	2.65%
			Lev-5	3	1.99%

续表

组别	变量	代码	指标分级	统计数	百分比
游戏平台标签	终端平台	LA-1	PC与网页	25	16.56%
		LA-2	主机	4	2.65%
		LA-3	手机与平板	83	54.97%
		LA-4	VR设备	21	13.91%
		LA-5	多平台	18	11.92%

3.2.1.1 游戏企业经理人或项目经理（含主要技术人员）的基本属性

在年龄分组方面，大部分样本集中在31~50岁区间，其中31~40岁的占比最高，达到了40.40%。该区间的游戏从业人员在创新意识与精力方面处于较高水平，同时经验方面也有足够的积累，一般都全程参与过1~2个项目，对于产品开发及项目管理有全面的了解，能够承担新领域的开发任务或管理任务。41~50岁的经理人占比为28.48%，该区间的游戏从业人员大多具备较为丰富的开发经验或管理经验，对于行业的发展趋势有明确的认知，能够作出合理的预判。同时，此年龄段也是职业精力与个人成熟度最为协调的阶段，能够较好地胜任经理或项目经理等职位，他们给出的评判对于分析行业发展具有更高的价值。30岁以下的从业人员普遍更愿意尝试新技术，他们在产品领域通常有更多的想法与创意，善于基于新技术进行游戏模式创新，但是在项目大局观方面略显不足。50岁以上的经理人虽然经验更为丰富，但在创新意识与工作精力方面，对于游戏行业来说略显不足，特别是对于新技术、新领域的接受程度也会有所下降。

在性别分类方面，调查样本中男性占据绝对优势，占比为88.08%，这与游戏产品及行业特点有关。在产品开发方面，男性从业者通常具备技术上的优势，同时许多人本身就是资深玩家，深刻理解玩家受众的需求，对游戏产品也有着自己的理解。他们善于将一些新想法融入游戏机制与模式当中，创作出符合时代潮流的新产品。但男性主导的游戏开发普遍更符合男性的游戏心理，对于女性游戏受众不够友好，这一现象在元宇宙游戏时代预计会有所改变。

在学历水平方面，拥有硕士学位的样本比例最高，达到了49.01%。这与游戏行业的发展趋势基本一致，当前进入IT领域游戏分支需要具备较高的学历,特别是国内一些游戏企业的招聘门槛在逐年提高。从学历层级看,硕士学位确实有其明显的优势:一是具备基本的技术素养及一定的实践锻炼,在能力方面要强于本科生。二是同博士学位的人员相比更为年轻,在胜任技术岗位的前提下,在思维方面也更为活跃。综合来看,游戏产品开发并不需要极致追求技术,而是有效实现创意与设计,依托硬件的进步形成良好的用户交互,并在娱乐或休闲方面提供较好的体验。因此,本领域也不乏本科学历的从业者,其在本研究样本中的占比为32.45%。他们善于打破传统产品设计的限制,通常在创新方面有更多的想法,能够快速吸收国际上新游戏的优点,并将其转化为相关的产品创意。此外,许多独立的游戏创作者虽不具备较高的学历,但并未影响他们在本领域的创新活动。

在海外经历方面,有过半的调查样本(占比58.94%)有海外经历,其中包括在海外公司任职的人员。在IT领域,海外经历是一个重要的影响因素,对于从业人员的技术训练、项目开发与管理经验、团队合作意识,以及品控等细节方面均有一定程度的帮助。

3.2.1.2 企业运营情况

在运营领域方面,基于网络的产品是当前的大户,占比为43.71%。主要原因是,基于网络的游戏产品是当前的主流,其发布模式更为便捷,产品的体量适中,游戏模式更具社交特征,能够迎合大部分游戏用户的需求。同时,网络游戏开发与运营经验对于进入元宇宙游戏领域有重要的影响,开发者需要具备更为开放的互联网经验与意识,同时还须对 Web 3.0 的技术环境有足够的了解,能够跟上行业的变革趋势。在单机领域运营的样本占比为35.10%,此领域的产品开发与运营相对较为传统,许多商业模式虽显得陈旧,但仍然受到核心用户的欢迎。在单机领域进行开发的优势是,能够更好地聚焦游戏机制及游戏本身的可玩性,产品的平均精益程度较高,存在相当数量的优秀作品。一些在单机领域获得的成功经验可以迁移至元宇宙游戏领域,毕竟游戏界总有一批核心用户非常在乎游戏的内在品质。从早期网游的发展来看,其中也有许多产品借鉴或移植了经典单机产品的思路或模式。对于兼顾单机与网络运营的主体来说,通常视野更为宽阔,技术能力也较为全面,如果能敏锐地把握游戏行业的变革趋势,必然能很好地适应元宇宙游戏生态。

在运营模式方面,独立运营目前是主流,样本占比为74.17%。对于企业来说,独立开发游戏产品在项目可控性、产品设计的版权与相关权益,以及运营风险控制方面均有较高的保障。对于"不差钱"的企业来说，这种模式通常为首选。对于占比为14.57%的联合运营模式，其优势在于将互联思维融入了企业之间的合作，理论上更适合元宇宙游戏的运营需求。该模式可以更好地整合资源与技术，共同营造规模更大的元宇宙场景，在新的游戏生态下，预计会有更多的企业适应这种模式。

3.2.1.3　元宇宙相关开发或应用经验

第一类经验，作为元宇宙重要基础的Web 3.0是今后IT企业发展的必修课。从调查样本的自我评价来看，大部分处于较低的等级，Lev-1占比为27.81%，Lev-2占比为29.80%，合计超过了50%。许多游戏企业是近两年才开始接触Web 3.0的相关技术，在IT领域总体来说相对滞后。相比之下，许多进行了NFT游戏开发的企业在这方面的经验更为丰富，对于去中心化的游戏模式也有更多的尝试与总结。

第二类经验，能够将Web 3.0或VR/AR等技术用于游戏开发的经验评价总体上更为不足。有41.06%的样本给出了Lev-2的评价，而Lev-4与Lev-5的样本总计仅占4.64%。这表明绝大部分调查样本未使用过此类技术进行游戏开发。

3.2.1.4　游戏平台标签

在终端平台方面，调查样本中手机与平板类别占比最高，为54.97%。主要原因是，此领域近十余年发展态势较好，且对于一些中小游戏企业来说门槛很低，适合作为进入游戏领域的首选。同时，该类型游戏的市场转化普遍较好，相当比例的企业能够获得理想的收益。PC与电脑网页类别的占比为16.56%，其属于传统的游戏平台，开发者大多具备足够的实力。基于VR设备的占比为13.91%，这是同元宇宙游戏最为接近的类别，也符合大众当前对于元宇宙游戏的初步认知。当然，沉浸式的交互模式是元宇宙游戏的重要体现，但VR并不能代表元宇宙游戏的全部，一些开发者认为AR与XR[①]的应用有着更为广阔的前景。主机领域的占比最低，仅为2.65%，该模式由于受到主机厂商的垄断性影响，因此对于开发者有着极高的门槛。此外，还有一些样本属于平台复合型，占比为11.92%，此类样本的存在便于在随后的研究中处理共线性问题。

---

① XR（Extended Reality）即扩展现实，是指通过以计算机为核心的现代高科技手段营造真实、虚拟组合的数字化环境及新型人机交互方式，为体验者带来虚拟世界与现实世界之间无缝转换的沉浸感，是AR、VR、MR等多种技术的统称。

3.2.2 模型基础检验

调查问卷由游戏行业专业人员填写，他们能够较好理解问卷题目，并结合自身从业经验作出合理评价。数据的统计检验结果如表 3-3 所示。各变量组别的信度检验使用 Cronbach 系数，该系数越接近 1，表明变量选择与对应题目的相关性越高，能够较好反映变量组别的特征。从各组变量的实际信度检验来看，绩效期望（PE）、努力期望（EE）、便利条件（FC）、预期风险（ER）、行为意向（BI）和采纳行为（AD）的 Cronbach 系数均大于 0.8，检测效果很好。社会影响（SI）与技术应用匹配度（MA）的系数在 0.7 至 0.8 之间，属于可接受范围。同时，从各组的效度检验结果来看，各项指标均在合理范围内，其中 GFI 与 NFI 指标均大于 0.9，RMR 指标小于 0.05，体现了分组测量的可靠性程度，可以进行结构化方程拟合运算。

表 3-3 模型变量基础检验

变量组别	变量		标准差	Cronbach 系数	效度检验	检验结果
核心影响因素	绩效期望（PE）	PE1	0.411	0.802	GFI=0.928 NFI=0.911 RMR=0.033	很好
		PE2	0.313			
		PE3	0.507			
		PE4	0.632			
		PE5	0.610			
	努力期望（EE）	EE1	0.702	0.835	GFI=0.914 NFI=0.905 RMR=0.030	很好
		EE2	0.895			
		EE3	0.501			
		EE4	0.467			
	社会影响（SI）	SI1	0.605	0.749	GFI=0.931 NFI=0.919 RMR=0.041	可接受
		SI2	0.720			
		SI3	0.719			
		SI4	0.503			

续表

变量组别	变量		标准差	Cronbach系数	效度检验	检验结果
核心影响因素	便利条件（FC）	FC1	0.654	0.822	GFI=0.932 NFI=0.927 RMR=0.039	很好
		FC2	0.841			
		FC3	0.775			
		FC4	0.509			
		FC5	1.021			
干扰因素	预期风险（ER）	ER1	0.686	0.807	GFI=0.929 NFI=0.917 RMR=0.028	很好
		ER2	0.713			
		ER3	0.423			
		ER4	0.667			
	技术应用匹配度（MA）	MA1	0.591	0.780	GFI=0.925 NFI=0.904 RMR=0.014	可接受
		MA2	0.733			
		MA3	0.828			
		MA4	1.005			
导向结果	行为意向（BI）	BI1	0.743	0.831	GFI=0.926 NFI=0.918 RMR=0.040	很好
		BI2	0.845			
		BI3	0.817			
	采纳行为（AD）	AD1	0.632	0.865	GFI=0.936 NFI=0.914 RMR=0.022	很好
		AD2	0.773			

3.3 元宇宙技术采纳路径

3.3.1 模型拟合结果

对预设 UTAUT 扩展模型进行参数拟合及显著性检验，结果如表 3-4 所示。原模型中的传导路径仅有一条未通过检验，模型总体上符合预设模式，能够较好地描述元宇宙技术采纳的影响情况。

表 3-4 UTAUT 模型路径的拟合检验

编号	假设	假设影响路径	参数估计值	标准误	显著性水平	影响程度
1	H1	绩效期望（PE）→行为意向（BI）	0.406	0.035	***	显著
2	H2a	努力期望（EE）→行为意向（BI）	0.323	0.020	***	显著
3	H2b	努力期望（EE）→绩效期望（PE）	0.718	0.126	**	一般
4	H3	社会影响（SI）→行为意向（BI）	0.075	0.018	***	显著
5	H4a	便利条件（FC）→行为意向（BI）	0.179	0.024	**	一般
6	H4b	便利条件（FC）→采纳行为（AD）	0.131	0.055	***	显著
7	H5a	预期风险（ER）→绩效期望（PE）	−0.215	0.049	***	显著
8	H5b	预期风险（ER）→努力期望（EE）	0.080	0.031	—	未通过
9	H5c	预期风险（ER）→行为意向（BI）	−0.670	0.105	**	一般
10	H6a	技术应用匹配度（MA）→预期风险（ER）	−0.230	0.018	**	一般
11	H6b	技术应用匹配度（MA）→努力期望（EE）	0.327	0.115	***	显著
12	H6c	技术应用匹配度（MA）→行为意向（BI）	0.166	0.039	***	显著
13	H6d	技术应用匹配度（MA）→采纳行为（AD）	0.441	0.081	**	一般
14	H7	行为意向（BI）→采纳行为（AD）	0.623	0.038	***	显著

注：***、**、* 分别表示在 1%、5% 和 10% 的水平下显著，其余为不显著。

拟合后模型结构及各详细参数如图 3-2 所示。

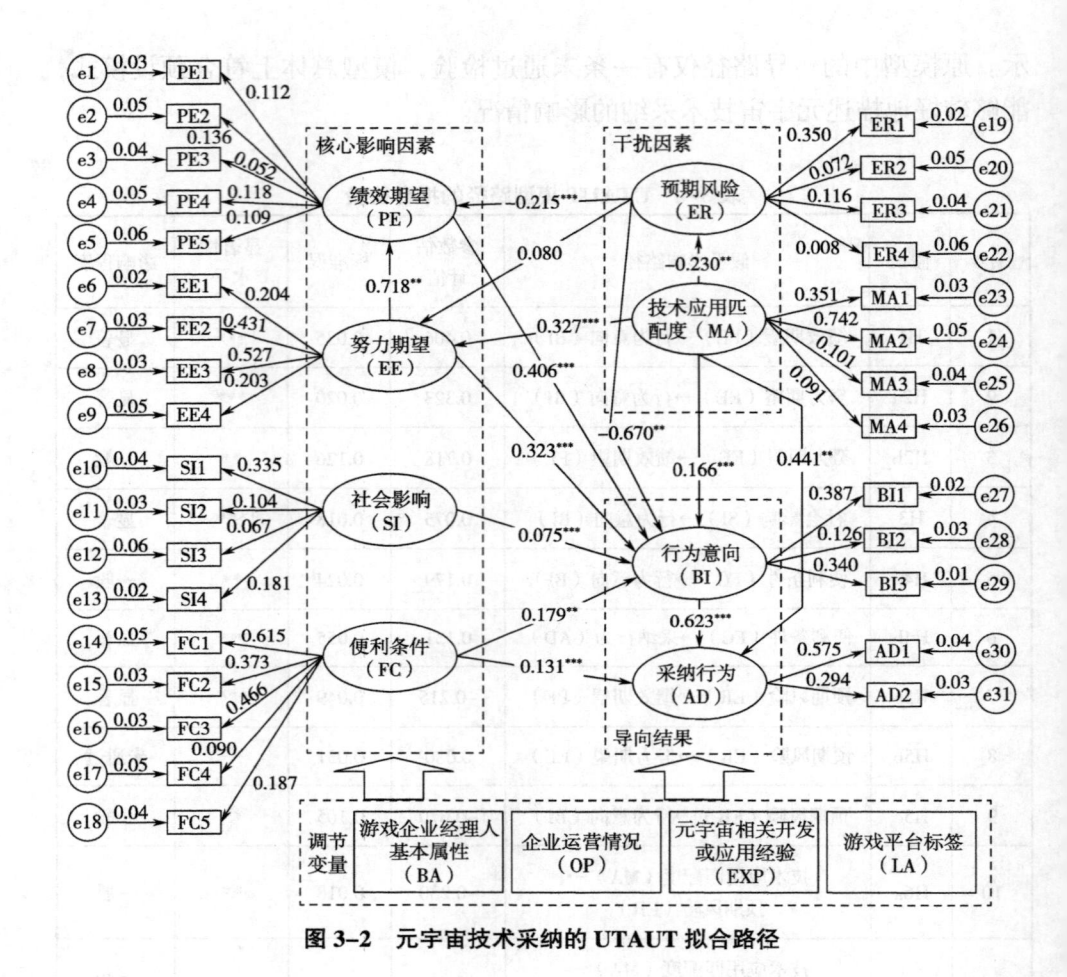

图 3-2 元宇宙技术采纳的 UTAUT 拟合路径

3.3.1.1 元宇宙技术采纳的核心影响因素

本组别所有原假设均通过了显著性检验,其中四项假设(H1、H2a、H3、H4b)达到了 1% 的显著性水平,两项假设(H2b、H4a)达到了 5% 的显著性水平。这表明基础 UTAUT 模型中的各相关设定较为合理,各因素对于结果导向能够形成明显的传导影响。

(1)绩效期望对于行为意向的影响最明显,影响系数为 0.406。这表明在技术采纳中,受访者更看重应用元宇宙技术带来的效果。从指标构成来看,强化游戏的参与感与可玩性(PE2)贡献最多。对于游戏开发质量与速度的提升(PE1),以及游戏产品销售与日常参与度的提升(PE4)贡献程度接近。

（2）努力期望对于行为意向的影响系数为 0.323，略低于前一传导路径。元宇宙产品开发与接入的易用性对于企业接纳此类技术有重要影响。在组内影响方面，努力期望对于绩效期望的影响达到了 0.718，可视为影响绩效实现的重要基础。从指标构成来看，游戏企业能否便利地接入元宇宙平台销售自己的产品（EE3）贡献度最高，企业的务实特征较为明显。现有团队能否快速适应元宇宙游戏开发（EE2）的贡献略低，但同样会制约努力期望的程度。

（3）社会影响对于行为意向的影响系数为 0.075，在组内最低。这表明当前与元宇宙相关的各类外界宣传仅能够起到一定的辅助作用，不会直接决定企业的技术路线选择。从指标构成来看，社会化传媒对于元宇宙概念与模式的宣传（SI1）贡献度最高，这与当前元宇宙概念及相关技术所处的导入阶段有关，许多游戏企业同广大受众一样，尚处于"局外人"的状态。此外，业内企业基于元宇宙进行相关开发活动（SI4）对于社会影响也有重要贡献，主要体现的是竞争激励的效果。

（4）便利条件对于行为意向的影响系数为 0.179，便利条件对于采纳行为的影响系数为 0.131，如果从显著性等级看，后者的影响程度更为明显。因此，各种与元宇宙相关的应用便利条件能够更加直接地影响企业的技术采纳，可视为促进元宇宙技术应用的重要环境性因素。从指标构成来看，元宇宙平台能够提供更为开放与灵活的开发环境（FC1）影响程度最高，这对于大量中小游戏企业显得尤为重要。同时，有较高比例的核心玩家愿意参与元宇宙建设（FC3）也有重要影响，有利于支撑大型游戏项目的长期运营。

3.3.1.2 元宇宙技术采纳的干扰因素

根据参数检验结果，本组别因素的影响路径中三项假设（H5a、H6b、H6c）达到了 1% 的显著性水平，三项假设（H5c、H6a、H6d）达到了 5% 的显著性水平。此外，H5b 未达到最低显著性水平，故从模型中剔除。

预期风险对绩效期望的影响系数为 -0.215，预期风险对行为意向的影响系数为 -0.670，均同研究假设相一致。预期风险总体上对于元宇宙技术采纳有明显的阻碍作用，特别是在相关风险能够被开发主体有效识别的情况下。从指标构成来看，模式风险（ER1）的影响最为明显，如果元宇宙游戏无法表现出理想的游戏性特征，那么无论游戏企业还是用户都会选择放弃。此外，对于游戏企业来说，还需要关注产品的转化风险（ER3），如果无法获得有效的市场回报，必然导致项目终止。

技术应用匹配度对努力期望、行为意向及采纳行为有正向影响，系数分别为0.327、0.166与0.441。同时，对预期风险有明显的抑制作用，系数为-0.230。可以看出，技术应用匹配度同多项因素均存在密切关联，需要在底层不断提升技术适配的能力与范围。从指标构成来看，元宇宙技术的容错率水平（MA2）影响最为重要，并明显高于其他指标。该指标直接关系到开发企业的产品设计及项目开发，甚至会影响后期的运营，高容错率通常能够在产品升级或项目迁移过程中带来便利，减少转码等流程的复杂度。

3.3.1.3 元宇宙技术采纳的导向结果

行为意向对采纳行为有明显的正向影响，系数为0.623，并达到了1%的显著性水平，形成了采纳意向的主体在行为选择上有明显的导向性。在因素构成方面，行为意向主要表现为加入元宇宙平台的意向（BI1），以及同其他企业进行协同开发的意向（BI3）。由此可见，现有样本的行为意向以参与为主，而非自己主导项目开发。在采纳行为中，主要表现为游戏产品的开发（AD1），这与行为意向存在一定的差别，企业在行为中更多还是从现实出发，独立尝试新技术与新模式。

3.3.2 模型调节分析

在加入调节变量的影响后，本书对主要拟合路径进行了二次回归，具体回归结果如表3-5所示。

（1）在绩效期望（PE）→行为意向（BI）路径中，年龄与学历指标呈现出5%的显著性水平，年龄越低及学历越高的主体更能促进该路径的传递效果。偏向网络与整合运营更利于路径影响的实现，且达到了1%的显著性水平。在相关经验方面，有Web 3.0或VR/AR游戏开发经验非常重要，通过了1%的显著性检验。与之相关的VR平台标签也通过了正向验证，但影响系数仅为0.005，影响效果偏弱。而手机与平板标签则表现出负向影响，对元宇宙技术采纳有一定的抑制效果。

（2）在努力期望（EE）→行为意向（BI）与努力期望（EE）→绩效期望（PE）路径中，运营模式偏向大型化与联合化对于路径的传导效果更好，这在一定程度上能够放大用户努力的效果。在相关经验中，两类经验对于路径强化均有积极的作用，特别是第二类经验在H2b路径中达到了1%的显著性水平。在平台标签方面，PC与主机在H2a路径中均通过了5%的显著性检验，存在

表 3-5 调节变量影响参数

| 调节影响路径 | 基本属性 |||| 运营情况 || 相关经验 || 平台标签 ||||调节前 R^2 | 调节后 R^2 |
	年龄 BA1	性别 BA2	学历 BA3	海外经历 BA4	运营领域 OP1	运营模式 OP2	经验1 EXP1	经验2 EXP2	PC LA-1	主机 LA-2	手机与平板 LA-3	VR LA-4	多平台 LA-5		
H1	-0.033** (0.021)	0.001 (0.030)	0.103** (0.031)	-0.014 (0.039)	0.001*** (0.004)	-0.053 (0.019)	0.002 (0.001)	0.106*** (0.008)	-0.077 (0.028)	-0.013 (0.002)	-0.032** (0.040)	0.005** (0.007)	—	0.133	0.209
H2a	1.105 (0.363)	0.577 (0.278)	0.085 (0.055)	-0.267 (0.165)	1.847 (0.464)	0.001** (0.028)	0.881** (0.157)	0.059** (0.009)	0.360*** (0.062)	0.185*** (0.051)	—	0.006 (0.014)	0.704 (0.052)	0.025	0.060
H2b	0.820 (0.253)	-0.061 (0.076)	-0.022 (0.082)	0.003 (0.011)	-0.461 (0.061)	0.005** (0.003)	0.123* (0.028)	0.004*** (0.006)	0.035** (0.023)	0.025 (0.040)	—	-0.162 (0.040)	0.034 (0.031)	0.097	0.133
H3	2.497 (0.193)	-0.103 (0.061)	1.009** (0.084)	0.035*** (0.009)	0.293 (0.052)	0.008 (0.004)	0.084 (0.030)	0.012*** (0.005)	-0.013 (0.020)	0.021** (0.042)	—	-0.169*** (0.029)	0.014*** (0.019)	0.076	0.085
H4a	1.389 (0.191)	0.080 (0.057)	-0.030 (0.062)	-0.005 (0.008)	0.035*** (0.056)	0.029*** (0.003)	0.026** (0.019)	0.011 (0.015)	-0.015*** (0.018)	0.210*** (0.033)	—	0.046** (0.022)	0.533 (0.037)	0.119	0.175
H4b	1.105 (0.448)	-0.039 (0.081)	0.124 (0.089)	0.009 (0.012)	0.010*** (0.084)	0.047*** (0.009)	-0.093 (0.027)	0.002* (0.008)	-0.312** (0.017)	0.019 (0.026)	—	-0.284** (0.050)	-0.023 (0.035)	0.150	0.231
H5a	1.863 (0.198)	-0.019 (0.064)	-0.053* (0.070)	-0.002** (0.009)	-0.017 (0.003)	0.079 (0.067)	-0.003*** (0.006)	-0.005 (0.019)	-0.042 (0.020)	0.016 (0.007)	—	-0.235** (0.029)	-0.013 (0.033)	0.073	0.106
H5c	0.082 (0.045)	-0.042 (0.042)	-0.016* (0.045)	-0.202** (0.006)	-0.004 (0.002)	0.044 (0.018)	0.010 (0.004)	-0.085** (0.031)	0.030 (0.010)	0.037 (0.013)	—	-0.064** (0.016)	-0.121 (0.020)	0.102	0.157

注：***、**、* 分别表示在 1%、5% 和 10% 的水平下显著，其余为不显著；括号内为标准误。

正向的影响。同时，电脑在 H2b 路径中存在类似的影响效果。

（3）在社会影响（SI）→行为意向（BI）路径中，海外经历与学历均呈现出积极的影响，显著性水平分别为 1% 和 5%。第二类经验的影响系数为 0.012，且达到了 1% 的显著性水平，强化传导效果明显。在平台标签方面，多平台及主机的促进效果明显，分别达到了 1% 与 5% 的显著性水平。

（4）在便利条件（FC）→行为意向（BI）与便利条件（FC）→采纳行为（AD）路径中，运营领域及运营模式的扩大化对于路径强化均有正向影响，且在两条路径中都通过了 1% 的显著性检验。在相关经验方面，第一类经验在 H4a 路径中通过了 5% 的显著性检验，第二类经验在 H4b 路径中通过了 10% 的显著性检验。在平台标签方面，H4a 路径中的主机及 VR 呈现正向影响，而电脑则表现为负向的影响。H4b 路径中，仅有电脑指标在 10% 显著性水平下呈现负向影响。

（5）在预期风险（ER）→绩效期望（PE）与预期风险（ER）→行为意向（BI）路径中，用户的学历与海外经历均会在一定程度上弱化其负面影响，这两项指标在 H5a 路径中均达到了 5% 的显著性水平，在 H5c 路径中均达到了 10% 的显著性水平。同时，第一类经验在 H5a 路径中有微弱的抑制效果，系数为 -0.003，显著性水平为 1%。第二类经验在 H5c 路径中的抑制效果较显著，系数为 -0.085，显著性水平为 5%。在标签影响方面，VR 平台在两条路径中均以 5% 的显著性水平呈现负向影响，对风险预期存在抑制效应。

综合来看，游戏企业是否采纳元宇宙技术还需要结合自身优势及行业发展而定，毕竟大部分游戏企业目前还没有接触元宇宙游戏，或不熟悉相关的概念，产品开发的不确定性很高。短期内，游戏企业在考虑采纳和应用元宇宙技术时，需要综合权衡技术成熟度、成本效益和安全性等因素。①技术成熟度。元宇宙技术的成熟度是游戏企业考虑采纳与否的重要方面。如果技术还处于早期阶段，存在许多技术挑战和限制，可能会增加开发和实施的难度。而随着技术的不断发展和成熟，元宇宙技术将变得更加可靠、稳定，并提供更广泛的功能和更高的性能，此时游戏企业更有可能采纳、应用元宇宙技术。②成本效益。成本效益是影响游戏企业是否采纳元宇宙技术的重要因素。采纳和应用元宇宙技术的前期可能需要投入大量的资源，包括开发和维护成本、硬件和软件设备的采购成本以及培训和支持成本等。游戏企业需要评估这些成本与预期收益，确保元宇宙技术的采纳和应用能够为业务带来收益或至少持平。如果使用了元宇宙技术的产品在成本效益方面表现出色，游戏企业则有更强的动力采纳此类技术。③安全性问题。安全性是游戏企业在考虑元宇宙技术采纳与运营时必须关注的问题。由于元宇宙游戏涉及用户的个人数据、财务交易等敏感信息，确保用户数据的安全和保护隐私是至关重要的。游戏企业需要确保元宇宙技术提供了适当的安全措施，如数据加密、身份验证、防止欺诈和攻击等。如果元宇宙技术能够提供高水平的安全性，游戏企业采纳该技术时会减少后顾之忧。

随着元宇宙技术的不断发展和进步，以及与之相关的标准和解决方案的逐步成熟，这些因素均有望得到更好的提升，从而促使更多的游戏企业拥抱元宇宙技术。

4 元宇宙游戏受众

游戏受众是游戏产业的需求端，是游戏企业的服务对象，其规模大小、偏好特征、消费能力、在线时间均会影响产业的发展态势。在元宇宙游戏时代，游戏产业内最大的变化在于重新定位游戏厂商与玩家的关系，使娱乐需求创造同玩家的娱乐、生活乃至工作结合起来，向玩家提供多元化的服务。马修·鲍尔认为，元宇宙建设还没有明确的目标，需要分步实现。在现阶段，游戏厂商仍需专注于可行的产品方案，同玩家节奏保持一致，推出的任何游戏产品都要得到受众的认可与检验。

4.1 当代游戏受众特点

从早期游戏产业的形成与发展来看，大致每十年可作为一个世代划分，随着计算机技术进步加速，这一时间逐渐缩短为五年。不同世代的游戏玩家都有自己的特点，他们通常表现为"先入为主"，认可初次接触的游戏模式与品质，有相当比例的玩家在跨越世代时会存在转换障碍，这也是怀旧风之所以存在的原因之一。从玩家的游戏生命周期来看，除了极少数竞技玩家以外，大部分玩家的黄金时间段为15~30岁，其中精力最为旺盛的阶段不超过10年，厂商需要准确地锁定并提供产品与服务。现有游戏产业的市场细分很到位，游戏开发的目标也相对明确。但是对于未来的元宇宙游戏，其构造与发展方向将更具普适特征，需要覆盖更多的玩家受众群。

谁能够成为初代元宇宙游戏核心受众？该群体能否深度卷入元宇宙游戏世界？他们能否持续参与游戏及开发活动？元宇宙游戏的原始引爆点选择至关重要。游戏行业内现存两类观点：一是认为元宇宙游戏的初代居民将由现有游戏群体转化而来。由于元宇宙游戏发展具有阶段特征，其发展路径应由游戏切入，逐渐向元宇宙模式过渡，因此本质上还是游戏产品。现有玩家群体对于游戏的偏好不断转变，有可能愿意尝试元宇宙概念的游戏产品，他们能够花费较多的时间体验游戏内容，并提出自己的意见帮助改善游戏内容。

该观点认为应着力在现有玩家群中挖掘元宇宙爱好者，为其定制适宜的游戏产品，进而逐步形成核心用户群。二是认为元宇宙游戏属于全新的概念领域，其游戏模式或参与模式完全不同于已有的游戏产品，现有玩家不一定能够接受其游戏环境、世界观设定或经济系统。例如，受到开发技术的限制，一些玩家在尝试 VR 游戏后，转而使用桌面模式体验游戏的剧情，将 VR 游戏当作 FPS 游戏或 RPG 游戏使用，VR 的驻留时间极短。因此，持该观点的人认为，能够完全接受元宇宙游戏的群体还未出现，元宇宙游戏在发展中应培养自己的原住民，重心应放在更为年轻的群体领域。

4.1.1 游戏受众分布

由于涉及一些需要辨识的信息，本项目调查主要针对有一定游戏经验的用户。在限定范围内，样本采集的情况如表 4-1 所示。在性别方面，男性玩家数量占比总体偏高，这符合一般的认知，但这个差距同一些全社会样本调查相比并没有那么明显。这与不同用户性别的娱乐倾向有关，同时也受到游戏产品开发的影响，毕竟大部分游戏都是以男性为目标群体而设计的。在年龄段分布方面，主要以 90 后与 00 后为主，合计占比达到 92%。从国内外游戏行业情况看，20~35 岁区间通常分布着主要的游戏群体，他们精力充沛，能够快速掌握游戏的规则，且善于在游戏世界中展现自我。某些类型的游戏还有年龄的门槛，比如 RTS 游戏需要持续高强度的操作能力，许多玩家在超过 30 岁后手速（Actions Per Minute，APM）会明显下降，这对于竞技玩家的战绩影响较为明显。此外，FPS 游戏也会受到类似的影响。当然，也有一些不受年龄限制的游戏，可以长期锁定玩家群体，如一些国外玩家在《魔兽世界》一款游戏上玩了将近 20 年。在用户状态方面，受到防沉迷机制及学习压力的影响，以大学生（含研究生）群体为主。同时，已经工作的玩家也超过了 30%，这部分玩家在游戏消费方面有更强的能力。在游戏强度方面，接近一半的样本处于日均 1 小时以内，属于明显的休闲玩家群体。日均 1~5 小时的玩家占到了 45.3%，游戏时间较为适宜。日均 5 小时以上的玩家合计占 5.2%，游戏时间较长。从玩家的自我评价来看，接近 60% 的样本认为自己属于轻度娱乐玩家。他们主要将游戏作为休闲，一般不追求游戏技能的提升，或深入了解游戏内在的机制。重度及以上玩家合计占 11.9%，这部分玩家通常对于游戏内容有较深的挖掘，对于游戏体验有更多的理解或关注游戏机制的优劣，可以作为深度研究的样本。

表 4–1 玩家调查全样本概况

类别	细目	统计占比
性别	男	58.2%
	女	41.8%
年龄段	10 后	0.6%
	00 后	35.4%
	90 后	56.6%
	80 后	5.1%
	70 后及以上	2.3%
当前状态	就读中学	0.6%
	就读大学	26.0%
	就读研究生	38.6%
	工作	30.5%
	其他	4.3%
平均每天玩游戏时间	1 小时以下	49.5%
	1~3 小时	36.0%
	3~5 小时	9.3%
	5~8 小时	2.6%
	8~12 小时	0.7%
	大于 12 小时	1.9%
游戏水平评价	轻度娱乐玩家	59.8%
	中度娱乐玩家	28.3%
	重度娱乐玩家	7.7%
	竞技水平玩家	4.2%

4 元宇宙游戏受众

从玩家的游戏平台分布（见图4-1）来看，绝大部分玩家的主力游戏终端是手机，占比超过80%。手机在便携性、联网等方面有极大的优势，作为轻量化游戏设备，受到了各类型用户群的青睐，覆盖了所有类别的游戏用户。虽然有些玩家未将手机作为首选游戏设备，但也会以较高的频率玩手机游戏。手机不是典型的元宇宙游戏设备，但随着其移动算力的提升，手机所能实现的游戏效果尚可，结合其丰富的传感设备，有可能作为元宇宙辅助接入终端使用。这就类似于某些RPG游戏同时提供了3D版与2D版，在统一游戏参数的情况下可自由切换，元宇宙游戏用户也可以选择以简易模式登录游戏，参与游戏内社交或完成一些非体验操作，如购买装备等交易活动。

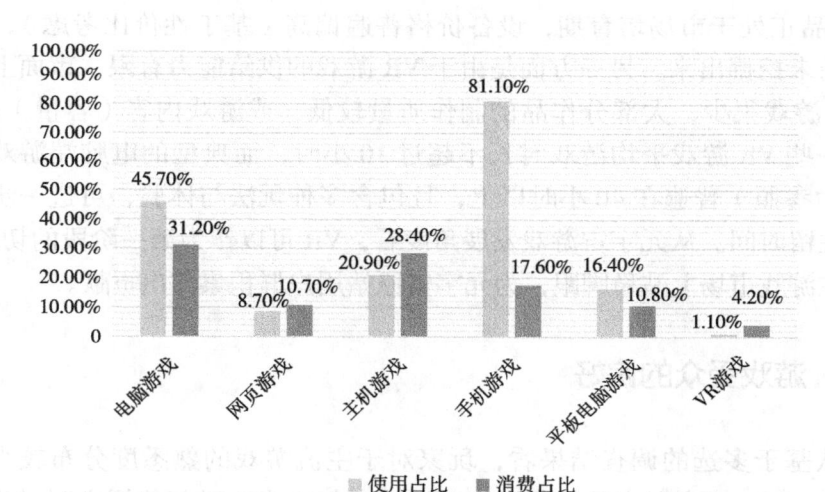

平台	使用占比	消费占比
电脑游戏	45.70%	31.20%
网页游戏	8.70%	10.70%
主机游戏	20.90%	28.40%
手机游戏	81.10%	17.60%
平板电脑游戏	16.40%	10.80%
VR游戏	1.10%	4.20%

图4-1 玩家游戏平台分布

PC端与主机是传统游戏的主要阵地，也是诸多大厂竞争最为激烈的领域。除较小比例的游戏为特定主机所独占外，大部分游戏在这两类平台上都会发布，部分独占游戏在发布后的2~3年内也会转为多平台模式。对于深度玩家，特别是男性玩家来说，普遍更倾向于使用PC或主机玩游戏。此类平台能够提供极高的游戏机能，兼容大部分主流游戏作品，用户能够体验到最新的游戏设计与游戏效果。代表游戏领域最高水准的3A作品也仅限于电脑与主机平台。从玩家角度看，愿意在这些平台花费时间与精力，表示他们对游戏的综合品质与体验有较高的要求，包括游戏的内容制作、游戏显示效果、操作感、外设连接，以及游戏的可扩展性等。

同属电脑端的网页平台与平板电脑的热度相对较低。网页游戏在2010年以前总体发展较快，由于其瘦客户端模式及加载的便利性，被许多轻度玩家所追捧。但是，随着智能手机的普及，手机游戏在便携性与游戏机能方面均超过了网页游戏，使得许多游戏受众转移了阵地。同时，许多网页游戏在运营方面简单粗暴，单一的"氪金"模式也劝退了许多玩家。平板电脑的竞争对手同样也是手机，其主要短板是游戏产品的数量与质量。以iPad为例，虽然其性能要强于同级别手机，但在应用商店里很难找到高品质作品，同类型游戏与手机端的体量一样，玩家所能体验到的仅仅是较大的屏幕显示而已。

目前，作为元宇宙游戏理想终端的VR领域占比极低。一方面是由于VR产品正处于市场培育期，设备价格普遍偏高（基于性价比考虑），消费潜力尚未挖掘出来。另一方面是由于VR游戏的供给能力有限，市面上优质的VR游戏很少，大部分作品的制作质量较低，或游戏内容（容量）不足。目前一些VR游戏平均游戏时长不超过10小时，而典型的电脑端游戏（以RPG为参照）普遍在40小时以上，且包含多种玩法与体验，可进一步延长游戏驻留时间。从元宇宙游戏发展角度看，VR可以作为第一阶段的切入点，率先在游戏市场上站稳脚跟，为元宇宙原始用户群积累作出贡献。

4.1.2 游戏受众的偏好

从基于多选的调查结果看，玩家对于主流游戏的熟悉度分布较为分散（见图4-2）。许多玩家虽没玩过全部游戏，但至少通过某些渠道听过或见过相关的视频或宣传，样本中仅有12.74%的玩家不了解这些游戏。在热度排序方面，合作竞技属性游戏的优势明显，《王者荣耀》（59.87%）与《绝地求生》（44.9%）两款作品的知名度明显高于其他游戏。《我的世界》以31.85%排位第三，成为非竞技类游戏的代表。沙盒模式在近些年的崛起表明玩家选择偏好的变化，用户在玩游戏时并不一定单纯追求战斗与对抗，游戏可以有更多的模式选择。该特点也体现在MMORPG游戏中，一些游戏中自发形成了和平区域，进入的玩家需要保持非战斗状态，可自由进行交易、合作或聊天。该特点与元宇宙游戏发展的方向较为吻合，能够最大限度地吸引玩家参与。而竞技类游戏总会涉及强弱与排序，导致在一个游戏空间内通常仅有少量处于金字塔尖的玩家能够体验到游戏乐趣，而大部分玩家都只能扮演"路人"角色。游戏内阶层的固化很容易造成玩家的流失,或成为新进入者的门槛。此外,开放世界的代表《侠盗猎手5》(GTA5)同样有很高的知名度,其游戏内的多重玩法很受欢迎,包括任务模式、竞速模式、团队模式以及玩家闲逛模式,使不同类型的用户都能找到属于自己的位置。这也为元宇宙游戏开发提供了参考,即如何构建社会化、职能化的体系,并形成相互协作与支持的运转机制。

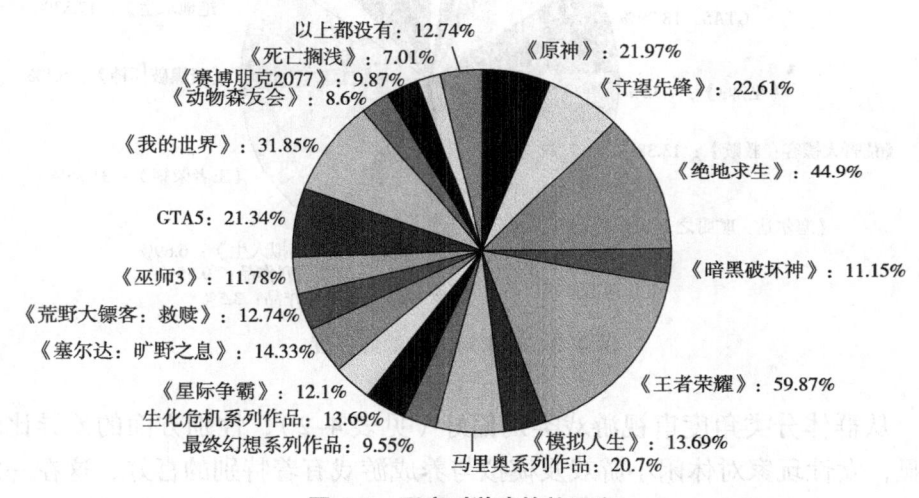

图 4-2 玩家对游戏的熟悉度

游戏好评体现了玩家对作品的认可,以及对游戏机制的适应性。从调查评价(见图4-3)来看,《王者荣耀》高居榜首,其后是《原神》与《塞尔达:旷野之息》,这体现出当代玩家对于开放世界类游戏的关注,有越来越多的玩家尝试并喜欢上此类游戏。开放世界模式能够给予玩家极高的自由度,避免玩家只能在限定的框架内向前推进游戏,当遇到阻力时只能停滞或通过购买等形式快速升级。而元宇宙游戏需要建立更为开放的游戏框架,玩家可以在场景内自主选择游玩内容或通过不同形式尝试通关方法,其目标是更好地保留用户而非劝退用户。在这一点上,应严格避免氪金类游戏的错误。需要承认的是,没有任何一款游戏能够适应所有玩家的需求,元宇宙游戏在发展过程中也会存在不同的类型,从而迎合特定的受众群。如同早期3D游戏的兴起,图形显示方式的变化并不影响游戏的本质类型,加上3D外衣后,依然存在RPG、格斗、动作冒险、战棋等游戏。因此,可以认为初代的元宇宙游戏在没有明显的机制革新时，也会表现为不同类别游戏的换装，并加入额外的输入与输出选项，带来体验层面上的变化。

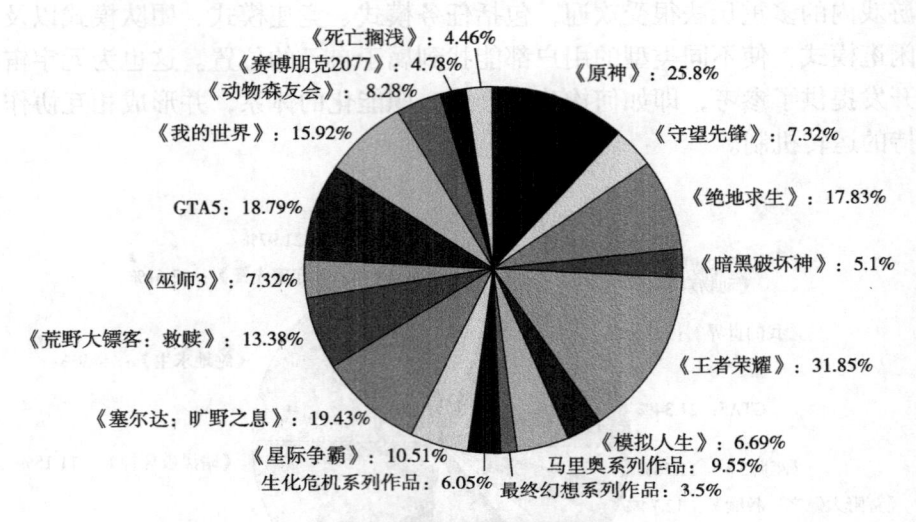

```
《死亡搁浅》：4.46%
《赛博朋克2077》：4.78%
《动物森友会》：8.28%
《我的世界》：15.92%
GTA5：18.79%
《巫师3》：7.32%
《荒野大镖客：救赎》：13.38%
《塞尔达：旷野之息》：19.43%
《星际争霸》：10.51%
生化危机系列作品：6.05%
《原神》：25.8%
《守望先锋》：7.32%
《绝地求生》：17.83%
《暗黑破坏神》：5.1%
《王者荣耀》：31.85%
《模拟人生》：6.69%
马里奥系列作品：9.55%
最终幻想系列作品：3.5%
```

图 4-3 玩家对游戏的好评度

　　从群体分类角度审视游戏类别偏好（见表4-2），性别方面的差异比较明显，女性玩家对休闲小游戏及模拟与养成游戏有着特别的喜好，这在一定程度上与许多此类游戏的模式及基本定位相关。但目前大部分游戏都主要针对男性玩家开发，许多游戏模式及外在元素都不太适合女性玩家，特别是一些轻度女性玩家。有些游戏内还存在贬低、辱骂或殴打女性角色的场景，这更加剧了女性群体的不满，国外也出现过针对游戏内性别暴力的女权运动。在年龄段差别方面，应重点关注00后及10后玩家群体的偏好，他们将成为元宇宙游戏的主力军。应该看到，处于该年龄段的玩家还在成长过程中，他们的喜好会受到外界信息以及自身特质的影响，预计很多人不会受限于现有的游戏。这一点可以从 Roblox 的玩家创作中看出，他们对游戏类型与模式有自己的理解，也善于重组各类要素进行创新。游戏开发者应注意观察他们的游戏行为，敏锐地感知游戏产品开发的风向。在工作状态方面，应注意到学生与非学生群体的本质需求存在差异，大部分处于工作状态的玩家主要以游戏作为解压工具，而学生玩家对于游戏的探究程度明显更深，当然这也与年龄存在一定的关联。从国外的一些报道来看，学生群体（尤其是大学本科生）在独立游戏开发中占比很高，他们能够直接将自己的偏好转化为产品，并接受其他玩家的检验,虽然制作成本很低,但其中不乏经典的创意,许多优秀创意值得专业游戏厂商借鉴。在玩家自我评价的特征方面,游戏厂商应关注中度与重度玩家的偏好,主要原因是他们有可能成为较早进入元宇宙游戏领域的群体,其中许多人对于游戏技术升级有着浓厚的兴趣,在游戏方面的消费意愿及消费能力也比较强,对元宇宙游戏新品的启动有着极高的商业价值。而轻度玩家虽然数量更为庞大,但对于偏硬核游戏的接受速度相对较慢,可以在元宇宙游戏行业成长过程中逐渐吸纳并转化。

表 4–2 玩家调查样本游戏类别偏好

	分类	休闲小游戏	动作冒险（ACT）	解谜类	模拟与养成	角色扮演（RPG）	即时战略（RTS）	射击（FPS）	沙盒游戏
	全样本	52.4%	28.3%	22.2%	24.1%	37.0%	25.1%	31.5%	10.9%
性别	男	35.9%	30.4%	21.0%	19.3%	44.2%	35.9%	41.5%	13.8%
	女	75.4%	25.3%	23.8%	30.8%	26.9%	10.1%	17.7%	6.9%
年龄段	10后	4.2%	0.3%	0.0%	0.8%	0.3%	0.0%	1.0%	0.5%
	00后	54.5%	30.9%	23.5%	24.5%	30.9%	23.6%	30.0%	14.5%
	90后	48.3%	29.1%	21.2%	25.2%	42.6%	28.4%	35.3%	9.7%
	80后	81.3%	18.8%	6.3%	18.9%	18.7%	12.5%	10.6%	3.2%
	70后及以上	71.4%	2.3%	14.3%	13.7%	15.6%	2.5%	0.8%	0.1%
当前状态	就读中学	8.3%	21.1%	5.9%	6.7%	5.5%	5.0%	2.3%	1.5%
	就读大学	59.3%	27.2%	20.0%	25.9%	32.4%	29.6%	30.9%	16.6%
	就读研究生	47.5%	31.7%	20.8%	23.3%	39.8%	25.8%	31.7%	10.0%
	工作	56.8%	26.3%	11.5%	24.0%	26.8%	22.1%	29.1%	8.8%
	其他	13.5%	7.7%	15.4%	10.3%	15.0%	6.7%	53.2%	11.2%
游戏水平评价	轻度娱乐玩家	65.6%	18.8%	18.3%	21.0%	26.3%	19.9%	23.7%	4.8%
	中度娱乐玩家	33.0%	40.9%	25.0%	28.4%	48.9%	34.1%	38.6%	20.5%
	重度娱乐玩家	37.5%	45.8%	37.5%	29.2%	66.7%	33.2%	41.7%	16.7%
	竞技水平玩家	23.1%	46.2%	30.8%	30.8%	53.8%	23.1%	76.9%	23.1%

如图4-4所示,在游戏领域相关公司的知名度方面,游戏玩家对于知名大厂的了解程度相对较高。国内玩家对于腾讯与网易的熟悉度最高,均超过了90%。这两家企业近些年在游戏领域的深耕确实取得了不错的成绩,两家平台推出的数十款游戏在国内市场很受欢迎。特别是在手游领域,基本上占据了主流渠道80%以上的作品份额。微软与索尼的知名度均在85%以上,这在IT及娱乐领域属于正常现象。微软知名度很高主要得益于其操作系统与办公软件的高普及率,而对于微软游戏产品(含软硬件)非常熟悉的玩家不一定能达到如此高的比例,在这方面主机玩家的情况理论上应高于其他平台的玩家。索尼作为宽产品线厂商,涉及多类娱乐商品及娱乐内容,关联知名度相对较高。任天堂作为老牌游戏厂商,在各个年龄段都有一定的影响力,其中80后与70后对于传统任天堂产品更为熟悉和喜爱,他们印象中的任天堂同90后与00后所熟悉的任天堂并不完全一样。暴雪(现为动视暴雪)在第一梯队中属于"小厂",但其知名度非常高。其产品线布局类似于IT产品领域的苹果公司,虽然产品数量很少,却是各个领域的精品,如《星际争霸》在各项指标上可算作RTS的巅峰,《守望先锋》在合作对战FPS领域独占鳌头,早期的《暗黑破坏神》开创了RPG的多种游戏模式,《炉石传说》也是卡牌领域的标杆,《魔兽世界》更是MMORPG领域的领军作品。

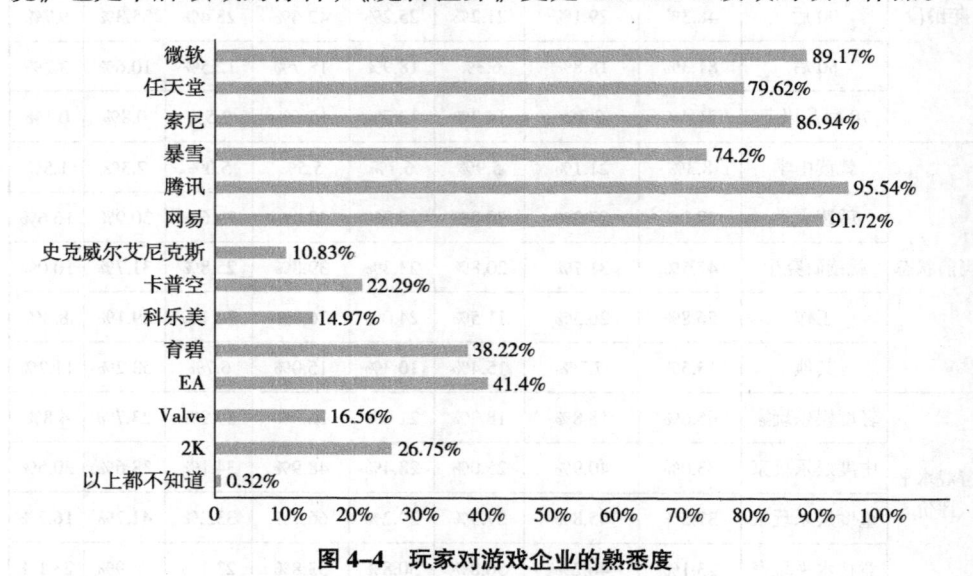

企业	熟悉度
微软	89.17%
任天堂	79.62%
索尼	86.94%
暴雪	74.2%
腾讯	95.54%
网易	91.72%
史克威尔艾尼克斯	10.83%
卡普空	22.29%
科乐美	14.97%
育碧	38.22%
EA	41.4%
Valve	16.56%
2K	26.75%
以上都不知道	0.32%

图4-4 玩家对游戏企业的熟悉度

在第二梯队中,育碧与EA知名度排位相对靠前,主要是因为这两家企业的产品线非常丰富。育碧公司成立于1986年，旗下拥有20多家游戏工作室，公司业务覆盖全球50多个国家和地区。育碧公司的知名IP有《刺客信条》《彩虹六号》《雷曼》《看门狗》等，此外还有众多的轻度游戏。EA公司除了自己的作品外（如极品飞车系列、FIFA系列），在游戏发行领域拥有较明显的优势，注重全球化的渠道管理，同各大主流游戏平台保持良好的合作关系。Valve与2K的知名度相对较低，主要受限于产品线较窄，一些卷入度较高的玩家对这两家公司较为熟悉，大部分轻度娱乐玩家则不一定了解其发行的产品。另外三家老牌日本游戏公司的知名度整体落后，主要原因是在当前竞争激烈的游戏市场中，它们推出新品的速度与数量偏低，大部分目标受众仍是老玩家。其中，卡普空得益于《怪物猎人》以及《生化危机》系列重置的市场效应，近期知名度相对较高。科乐美在PC端与主机端较为知名的IP也仅有《寂静岭》与《合金装备》系列，且年代略显久远。而作为经典的JRPG（日式RPG）厂商，史克威尔艾尼克斯的扛鼎IP《勇者斗恶龙》与《最终幻想》在互联网世代也未能得到很好的延续。

从消费者认知方面看，当代游戏厂商的竞争仅依靠名气与传统IP已经显示出乏力迹象。行业竞争需要以优质的新品作为切入点，企业需要持续向受众输出与自身品牌关联度较高的作品及周边，以此巩固并提升玩家对本企业的认知。同时，从前述企业的产品线看，游戏与互联网思维的整合至关重要，单机作品即使达到3A等级，也很难有广泛的受众群。近些年涌现的热门作品基本上都借助了网络平台的传播与交互。因此，在元宇宙游戏世代，企业在产品开发中同样需要考虑到游戏所处环境生态的变化，要在技术层面、模式层面、机制层面不断适应与协调。

4.2 游戏受众分类画像

用户画像技术可以有效衔接目标客户的偏好与企业产品开发的方向，是当代游戏市场细分、产品定位与设计的重要辅助工具。画像模式可通过浅显、直观的描述体现不同用户群的特点。当前国内外游戏受众规模庞大，仅依靠年龄、性别、职业等指标性划分，很难对其游玩特性实现精准的把握。通过游戏受众画像可以更好地定位玩家子群体，并深入理解其相关的游戏行为模式，便于游戏企业更好地把握未来的产品设计取向。本研究基于游戏玩家样本特征及关键词词频分析，结合元宇宙游戏世代可能具有的行业特征，将游戏受众分为五个类别，分别是 Z 世代游戏玩家、技术型深度游戏玩家、多角化女性游戏玩家、元宇宙建设者以及元宇宙原住民（见图 4-5）。

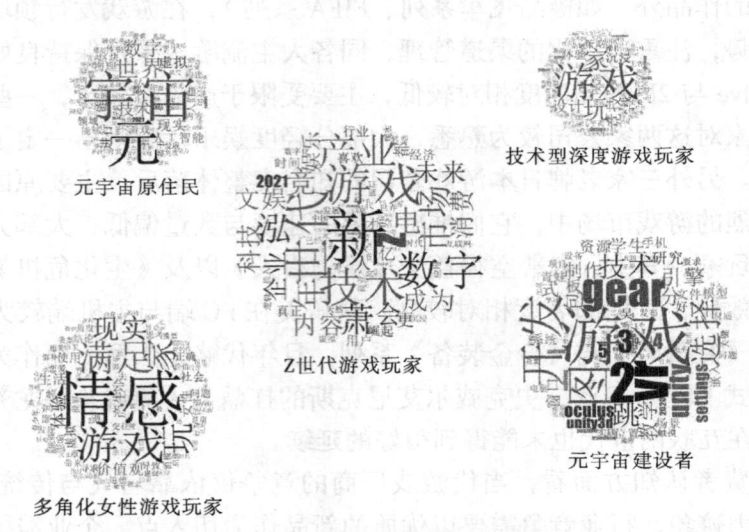

图 4-5　元宇宙游戏玩家画像词云图

4.2.1　Z 世代游戏玩家

Z 世代（Generation Z）泛指 95 后，即出生在 1995—2010 年的群体，他们是当前互联网应用的主力军。该群体普遍掌握较多的信息领域通识知识，善于使用各类智能化产品，与 IT 及互联网无缝衔接，拥有极高的融合度。Z 世代比随后提及的其他游戏受众范畴边界更宽，涉及较广泛的群体，是未来元宇宙世代的重要基础受众。随着 Z 世代年龄的增长，其中已有部分群体成了 IT 领域的专业人士，也不乏参与未来元宇宙设计与建设的角色。

当前 Z 世代在游戏领域表现出的特点主要包括：①在游戏消费方面超过了他们的前辈 80 后及部分 90 后，这体现在消费额与消费观念方面。比如，他们有更高的比例购买正版游戏软件，有更多的热情消费国产游戏。这对于支持游戏产业发展，特别是国内游戏厂商的发展有着非常积极的影响。②该年龄段群体见证了国产手游的崛起，对于其中的经典情有独钟，很好地支撑了国产游戏的发展。例如，他们大部分都知道《王者荣耀》，许多都是《王者荣耀》的老玩家，其中也不乏竞技高手。③他们中很多是电子竞技的爱好者，关注重要的国内外赛事，是电子竞技（Electronic Sports）的主要受众群。其中的很多女性受众，虽然自己不善于游戏，甚至不玩游戏，却是知名战队或选手的忠实"粉丝"。④Z世代标新立异、追求差异，喜欢个性化的游戏内容与游戏体验。游戏中的名称、独特装备与个性化"捏脸"很受他们欢迎，许多人还根据喜好开发了可个性化的外挂。⑤Z世代玩家中有极高的比例愿意尝试多种类型游戏，认为在互联网开发环境下能够涌现更多的优质游戏或有趣的游戏。从群体层面看，该特点明显不同于之前的玩家，他们中有相当的比例由于年龄、工作等关系，游戏偏好已经固化或下降，许多人玩游戏只是为了怀旧，不愿意花费精力学习新游戏，特别是一些硬核游戏。⑥该群体中有很多休闲游戏爱好者，他们玩游戏的目的更加多元化，如打发碎片时间、缓解学习工作压力等，许多小而精的游戏很符合他们的需求。⑦Z世代玩家的游戏娱乐存在边缘泛化倾向，通常与广泛的在线娱乐结合起来。例如，说唱歌手Travis Scott在《堡垒之夜》举办的演唱会，能够吸引全球众多Z世代玩家。又如，他们喜欢将游戏同直播、产品推介、在线活动（非职业玩家竞赛）联系起来。⑧目前，Z世代玩家是游戏周边的消费大军，对于各类游戏实体产品的关注度极高，比如各类游戏手办、主题游戏外设、系列化实体卡牌、IP衍生服装等。⑨Z世代玩家从需求端引领了多类不同风格游戏的发展，最典型代表就是像素化游戏与朋克风游戏，相关风格的游戏不断细化，在不同类型游戏中的占比也不断提升。例如，朋克风就演化出了多种类型，包括真空管朋克（代表作《生化奇兵》）、蒸汽朋克（代表作《机械迷城》）、赛博朋克（代表作《赛博朋克2077》）等，可以同RPG、FPS、SLG、Sandbox等不同类型结合。⑩Z世代对于国潮风有独特偏好，并将该特征带入游戏领域。许多国内游戏厂商很好把握了这一特点，推出了适宜的产品及周边，并借此将一些优秀国潮产品推向海外。图4-6展示了Z世代游戏玩家的关注点。

综合来看，Z世代游戏玩家是一个宽泛概念，同后面讨论的不同画像存在衍生或重叠的关系。但关注元宇宙的初始玩家，必然要关注Z世代这一重要的群体。游戏公司在开发元宇宙游戏产品前，需要详细调研该群体的偏好与特点，捕获并巩固自己的核心用户群。

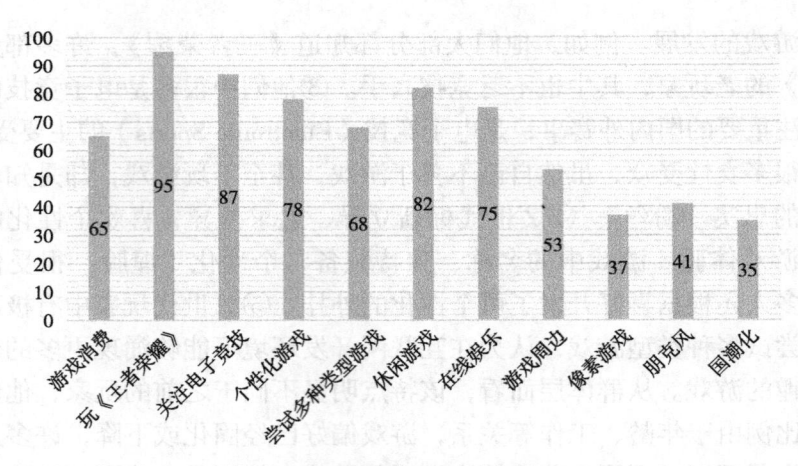

关注点	百分比
游戏消费	65
玩《王者荣耀》	95
关注电子竞技	87
个性化游戏	78
尝试多种类型游戏	68
休闲游戏	82
在线娱乐	75
游戏周边	53
像素游戏	37
朋克风	41
国潮化	35

图 4-6　Z 世代游戏玩家的关注点

4.2.2　技术型深度游戏玩家

少数游戏玩家对于游戏相关主题有着深度探索的兴趣，他们不仅认真地玩游戏，还喜欢琢磨游戏内在的机制与技术，以及与游戏相关的各类信息。极高的卷入度意味着他们会在游戏方面花费大量的精力，进行深入的研究与思考，并形成自己的理解与观念。国内外许多游戏与网络极客（Geek）都属于此种类型，他们经常作一些极限的测试，以验证某些假设或自己的观点。

技术型深度游戏玩家的特点主要包括：①技术型玩家在游戏消费方面不追求性价比，完全按照兴趣点的引导，涉猎广泛。比如，一些关注游戏业发展的玩家，愿意在 eBay 上花费数百至上千美元购买上个世纪的游戏产品（软硬件），进行某些测试或比较。②一些玩家喜欢在某个游戏领域追求极致，特别是在一些非竞技领域挑战自我，以得到最高分为荣。网上不乏这样的玩家，如很多人挑战传统 8 位游戏的急速通关，并发到网上进行排序与展示。③有些极客成为游戏及相关主题的主播，在网上发布系列化的节目，向其他爱好者展示本领域的发展历史、技术趋势、热点话题等内容，且具有较高的技术含金量。例如，一些国外极客制作的节目甚至可以直接作为游戏开发或测试的教程使用。④许多玩家喜欢分享自己的游戏经验，他们在游戏通关后愿意进行总结，并撰写相关的攻略供其他玩家参考。早期的攻略大多以网文形式为主，当下的攻略还需要结合视频演示与讲解。⑤技术型玩家并不是竞技选手，但出于对某些游戏的研究所需，他们也积极参与电竞活动，以第一视角感受竞技游戏的发展，并善于提出自己的建议。⑥技术型玩家喜欢参与各种类型的游戏论坛，引导主题讨论或发表自己的观点。许多极客能够成为论坛上技术板块的负责人，对相关内容进行评价与筛选，提升论坛的发文质量。⑦技术型玩家的主要优势在于对游戏技术的了解与关注。他们专注于技术发展的前沿，通常能够在第一时间意识到技术对不同游戏产品可能带来的影响。虽然有些技术型玩家的讨论带有畅想的色彩，短期内不一定能够实现，但是对于行业的远期发展有着潜在的影响。⑧技术型玩家大多是DIY爱好者，他们喜欢自己组装游戏终端，并在架构上测试最新设备的技术表现。还有些极客愿意挑战硬件的极限，如自组液氮降温的系统参与超频大赛等活动。⑨技术型玩家是高端外设的爱好者，关注各类外设的新品，愿意在第一时间试用并分享自己的使用体验。现有游戏的外设主要包括专业的显示器、游戏鼠标、游戏摇杆、赛车/飞行套装、体感设备等。随着元宇宙世代的到来，各种VR/AR显示及传感输入设备将极大地引发他们的兴趣。⑩技术型玩家会花费很多时间在游戏上，但是不同于那些沉迷游戏的玩家，他们玩游戏有较强的目的性，通常带着自己的问题去探索性游玩，并及时进行分析与总结。他们能够将游戏与工作整合起来，有很好的自控能力。图4-7展示了技术型深度游戏玩家的关注点。

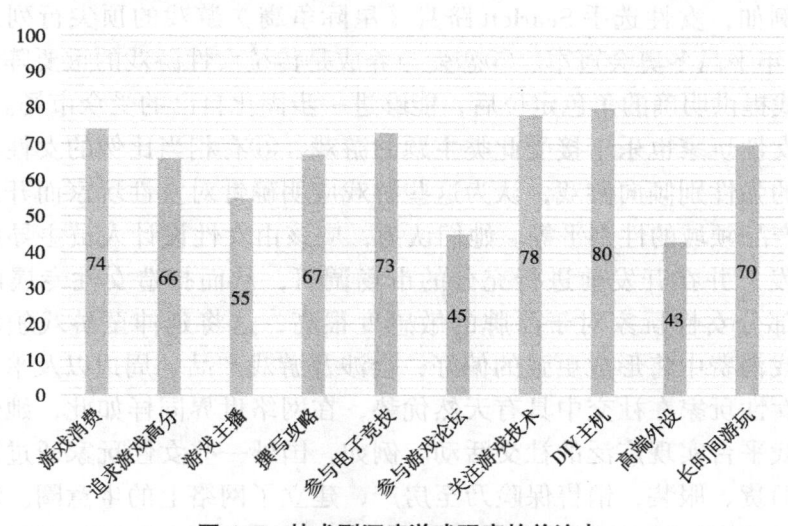

关注点	数值
游戏消费	74
追求游戏高分	66
游戏主播	55
撰写攻略	67
参与电子竞技	73
参与游戏论坛	45
关注游戏技术	78
DIY主机	80
高端外设	43
长时间游玩	70

图4-7 技术型深度游戏玩家的关注点

4.2.3 多角化女性游戏玩家

长期以来，女性玩家一直是游戏领域的边缘群体，虽然近些年女性游戏群体（领域）各类指标快速增长，但其潜力仍有待深度挖掘。根据相关调查，自2015年以来，女性玩家的每用户平均收入（ARPU）增长了一倍多，已超过200元，增幅明显高于男性玩家。从全球发展趋势看，女性游戏玩家比例也在同步上升，亚洲地区已超过45%，我国女性玩家规模已超过3亿人，游戏领域的性别失衡正在改善。女性在游戏领域的角色也在向多元化发展，许多女性进入游戏制作领域任职。据游戏公司维塔士报道，2020年女性员工在企业中占比30%，高于行业平均水平（约25%），管理层的女性比例也大致相当，未来女性岗位的数量将进一步提升。

女性玩家群体的潜力有可能在元宇宙世代完全爆发出来，形成多角化的受众群，其特点包括：①女性玩家在游戏消费方面的态度更积极，能够赶上甚至超过男性游戏群体。一部分女性有可能改变对游戏的看法，将其视为新时代的时尚消费品。②女性玩家的相关消费不仅涉及软件产品，还会向游戏周边扩散，形成明显的关联消费，其长尾效应带来的收益将远超大部分男性玩家。③一些女性不会单纯玩游戏，而是将游戏与社媒活动关联起来，从而更好地展现自我。她们愿意参与各种游戏直播、游戏赛事评论等活动。④少数女性玩家会转向硬核领域，挑战男性玩家的优势项目，并取得优异成绩。例如，女性选手Scarlett跻身《星际争霸》游戏的顶尖行列，并拿下2018年平昌冬奥会冠军。⑤恋爱与养成是传统女性游戏的重要阵地，许多新游戏提供明确的角色定位后，能够进一步固化自己的受众市场。同时，大部分女性玩家也乐于接受此类主题的游戏。⑥有相当比例的女性玩家期待专属的强性别倾向游戏，认为这些游戏应明确针对女性玩家而开发，实现游戏产品领域的性别平等。她们认为，应该由女性设计人员主导此类游戏的开发，并在开发前进行充分的市场调研，从而打造女性专属的赛博圈。⑦部分女性玩家对于品牌的敏感度很高，这将延伸至游戏领域。她们在游戏消费中将形成更强的偏好，会涉及游戏产品、周边以及平台等领域。⑧女性玩家在社交中具有天然优势，在网络世界同样如此，她们能够借助游戏平台实现广泛的社交活动。例如，国外一些女性玩家通过网络游戏交易旧货、服装，销售保险乃至房产，建立了网络上的生意圈。⑨大部分女性玩家偏好轻度娱乐化，她们期待交互界面更友好，易于理解与操作，且挑战难度适宜的游戏。任天堂推出的很多家庭娱乐游戏很符合她们的需求，比如《健身环大冒险》在疫情期间就成为很多女性玩家的最爱。⑩少数具有 IT 背景的女性玩家愿意参与游戏开发，进行角色的转换，但主要集中在产业的中下游。比如，国外的一些游戏公司聘用女性员工进行游戏剧本的撰写，或参与游戏人物原型设计（包含头像、服装、装饰）等工作，效果非常理想。⑪大部分女性玩家对于游戏都会有一定的情感诉求，她们期待在游戏世界里找到真实环境下未能实现的亲情、友情与爱情，弥补心理层面的缺憾。对于她们来说，优质游戏不仅仅体现在大型场景、精美建模、开放模式、高互动性上，还需在情感层面体现出细腻的设计。图 4-8 展示了多角化女性游戏玩家的关注点。

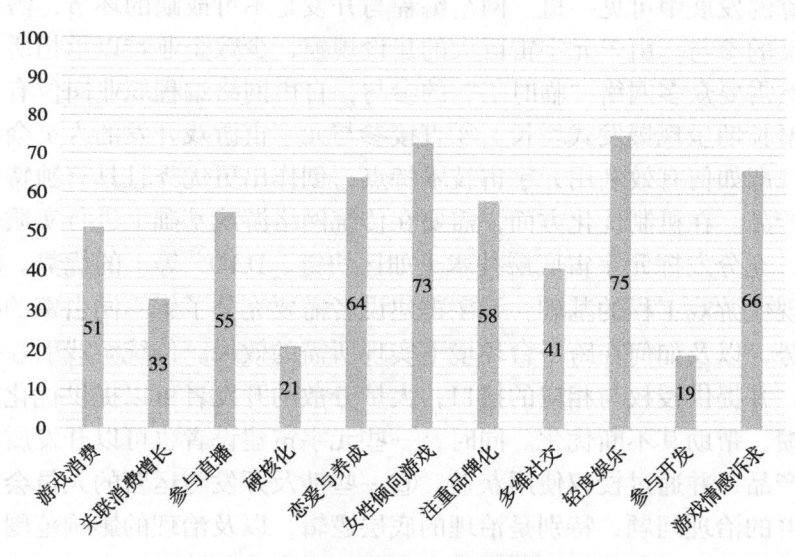

关注点	数值
游戏消费	51
关联消费增长	33
参与直播	55
硬核化	21
恋爱与养成	64
女性倾向游戏	73
注重品牌化	58
多维社交	41
轻度娱乐	75
参与开发	19
游戏情感诉求	66

图 4-8 多角化女性游戏玩家的关注点

4.2.4 元宇宙建设者

要获得理想的元宇宙游戏体验，必然缺少不了建设者群体的贡献。他们可以是受雇于某些科技或互联网公司的专职 IT 开发人员，也可以是玩家、爱好者群体中的独立开发人员（以参与开发作为副业或纯属个人爱好）。在元宇宙初始阶段，专业的 IT 公司是主要的建设部门，专业人员会搭建底层与基础架构。在应用层面扩展与充实后，上层的内容制作将成为元宇宙建设的重心，这会影响体系内的生态以及玩家的娱乐品质。随着元宇宙体系的发展及元宇宙游戏的多样化，预计会有更多的玩家转化为元宇宙建设者。

元宇宙建设者的特征包括：①他们会在互联网领域找到自己的职业定位，依靠技术赚钱谋生。参与元宇宙建设的途径是多样化的，并不仅仅是代码编程等工作，还包括平台管理、数据维护、产品设计、数字美工、数字金融工程等。②一小部分元宇宙建设者需要涉足底层编程，他们会使用高效率语言（如 C 语言）进行基础开发，参与大公司的项目或在网络上销售自己的插件或开发包。元宇宙底层建设通常会被忽视，但为了达到较好的体验效果，底层开发需要率先布局，拥有足够的基础开发人才是必要保证。③元宇宙在网络特性方面需要不断优化，甚至在结构层面进行创新，这从云模式与边缘计算的发展中可见一斑。网络编程与开发是不可或缺的环节，需要大量开发人员的参与。由于元宇宙巨大的建设规模，少数企业难以承担所有的工程，必然需要众多网络"临时工"的参与，自由网络编程职业岗位有可能在元宇宙增长期呈现爆发式增长。④直接参与元宇宙游戏开发的人员会关注游戏机制，即如何有效利用元宇宙技术特点，创作出更优秀且具有独特体验感的游戏产品。在机制优化方面，需要在传统网络游戏基础上进行实质性创新与整合，充分发挥元宇宙底层技术（如区块链、DAO[①] 等）的优势。⑤游戏引擎是现代游戏工程的基础，元宇宙建设者需要充分了解不同引擎的技术特点与优势，以及如何在跨平台环境下实现所需的效果。传统游戏引擎仍由大厂开发，并提供授权与相应的接口，大量分散的开发者可以提供优化建议及使用反馈，帮助其不断优化。同时，一些元宇宙建设者也可以开发属于自己的引擎产品，并通过授权使用获益。⑥一些涉及开发与运营的人员会关注元宇宙社群的治理问题，特别是治理的底层逻辑，以及治理的影响范围。元宇宙的开放模式不同于传统互联网的中心化（平台化）治理，点对点模式将成为主流，如何构建信任机制、交易机制、纠纷仲裁机制将会影响体系的运转品质。⑦开发者需要在元宇宙"打工"并交换自己的成果。许多人会以此为主要的职业，他们通常更关心交易规范性及相关安全保障是否完善。他们的成果通常包含技术性知识产权或艺术性知识产权，这些成果凝聚了长时间的劳动，因此需要获得合理且可靠的回报。⑧不同于公司化的团队合作，在分

[①] DAO（Decentralized Autonomous Organization）即去中心化自治组织，是基于区块链技术和智能合约的一种组织形成。DAO 可以应用于去中心化金融（DeFi）、去中心化自治组织的治理、共享经济平台等各领域。它提供了一种创新的组织形式，能够实现更加民主、透明和去中心化的决策和管理方式。

散建设的环境下，开发人员应具备较全面的开发能力与较宏大的研究视野，能够独自承担模块级或产品级的开发，并具有极强的独立创新能力。这也是许多独立 IT 人士所认可并追求的目标。⑨许多元宇宙建设者本身就是网络极客，他们具备探索的品质以及对相关技术极浓厚的兴趣。不同于技术型玩家，他们并不追求游戏层面的认知与创新，而更关注元宇宙技术层面的架构与实现效果。⑩部分开发者具备测试员的特质，他们愿意检验各种软件产品的质量与性能，并将各种 BUG 进行分级汇总，反馈给原始开发者。在元宇宙环境下，广泛的测试与优化将成为系统持续改善的保障。⑪许多开发人员是开源爱好者与支持者，他们愿意分享自己的程序与算法，也期望借鉴他人的优秀成果。只有开源模式才能够很好地支撑元宇宙这种庞大规模的持续性开发与分散型开发需求。类似 Linux 系统的发展进程，元宇宙建设也需要借助所有人的智慧与贡献。图 4-9 展示了元宇宙建设者的关注点。

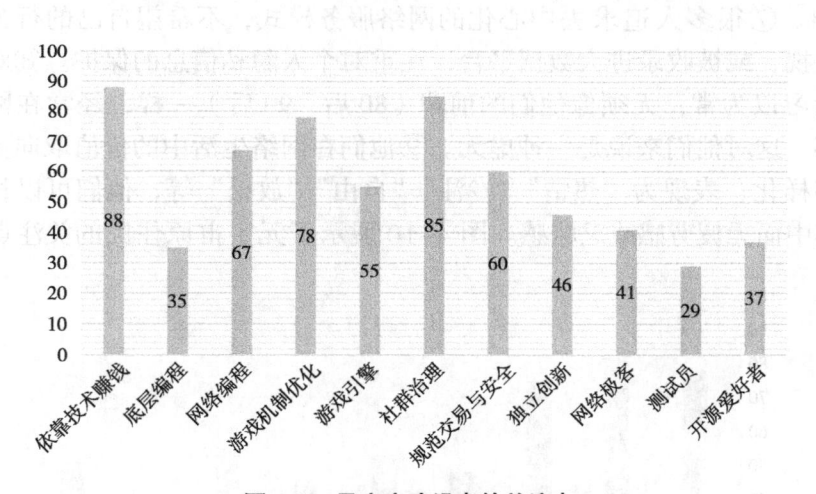

图 4-9 元宇宙建设者的关注点

4.2.5 元宇宙原住民

元宇宙原住民的概念尚处于探讨之中，从年龄段来看，00 后及以后的世代有望成为首批元宇宙原住民。同 90 后或 95 后被喻为网络原住民类似，元宇宙原住民也会具有某些群体性的特征与优势，能够更加适应元宇宙生存模式。元宇宙原住民在总体规模上会小于网络原住民，该称呼仅属于特定的元宇宙生存受众，其主要特征是无须纠结元宇宙世界与真实世界的边界，他们善于灵活地穿梭于两者之间，并在最适宜的地方发挥自己的优势，得到赞誉或获得经济利益。

根据预设调查，元宇宙原住民的特点主要包括：①对于数字外设不单纯追求高端与大品牌，而是更讲求实用性与性价比。在他们眼中，数字产品只是生活必需品，能够满足需求即可。②许多人有较强的综合网络依赖，几乎做任何事情都要在网上操作，或高度依赖网络服务，能够熟练使用各种接入网络的终端设备。③他们有较强的信息优势自信与自豪感，具有极强的信息真伪辨别能力，并掌握大量有价值的信息。④他们更习惯游戏这种数字化的操作模式，期望游戏能够与工作融合，在软件使用上也有较高的天赋。⑤他们期望游戏与生活是整合在一起的，自己无须适应繁复的社会化交往，而享受 0/1 带来的清爽感与可靠性。⑥他们中的部分人会鄙视人工作业形式，认为其标准化程度不够，出现误差的概率较高，害怕被"人工愚蠢"[①]所误导。⑦很多人追求去中心化的网络服务模式，不希望自己的行为被发现或监视，或被收录进大数据平台，注重对个人隐私信息的保护。⑧对于未来生活习以为常，无须像他们的前辈（80 后、90 后）一样，经常在网上刷存在感，这对他们来说是一种虚无。⑨他们在网络生活中的价值取向更为丰富且多样化，表现为"热情""专注""自由""放松"等，他们可以长时间沉浸其中而无疲劳感或乏味感。图 4-10 展示了元宇宙原住民的关注点。

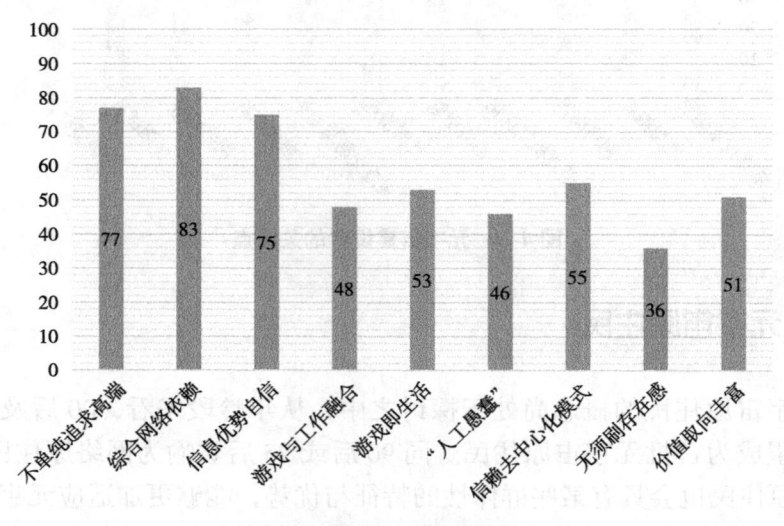

图 4-10 元宇宙原住民的关注点

---

① 源自国外的一种比喻说法。

4.3 受众对元宇宙游戏的接纳

4.3.1 玩家对元宇宙概念的了解与偏好

　　玩家对于元宇宙相关概念的了解是选择元宇宙游戏的理性基础。通识性知识能够让玩家掌握元宇宙网络的架构及底层的一些技术特征，比如相关技术会带来哪些应用层面的变化，以及这些变化对于游戏内容与游戏过程的影响。但是并不能期望所有玩家都如同技术人员一样，毕竟有些玩家是凭借自己对游戏的感觉与喜好而作出决策。从网络调查结果（见图4-11）看，大部分玩家（75.16%）对于元宇宙接入端VR有所了解（至少听说过），与之相关的AR模式相对略少。大部分玩家（73.25%）对于虚拟货币的概念也不陌生，其信息获取渠道较为丰富。同时，玩家对于区块链、去中心化及Web 3.0概念的了解相对适中，对于以太坊、NFT及XR等概念了解偏少。另有7.32%的玩家对所有概念都不了解。

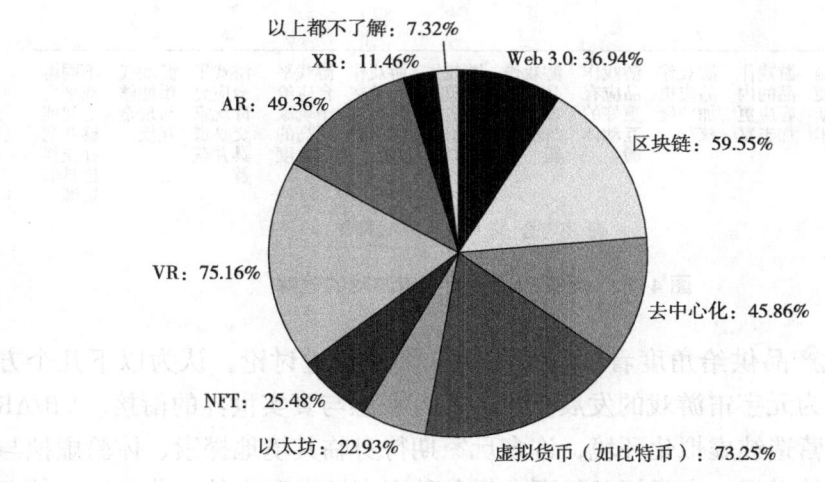

图4-11　玩家对元宇宙概念的熟悉度

　　从玩家对优质元宇宙游戏的理解来看，排在前三位的分别是游戏作品的内容应更加丰富、游戏作品应有更好的互动体验、游戏平台应给予玩家更高的自由度（见图4-12）。游戏厂商应着重在这些方面强化自己的产品，并且以明确的方式传递给玩家，从而得到更加广泛的认可。当然，据此进行长期

129

的产品预判是有局限性的。现有玩家对于元宇宙游戏大多只有概念层面的了解（有些人也许完全不了解），这种方向指引仅能适应目前的游戏开发。随着元宇宙游戏实践的深入，很难确定他们之前的偏好会不会变化，甚至形成许多"新"的需求。比如，在大家的关注点不在游戏本身而转向元宇宙生态内经营后，代币品质、交易模式、便利性与安全性必将成为优先考虑的因素。

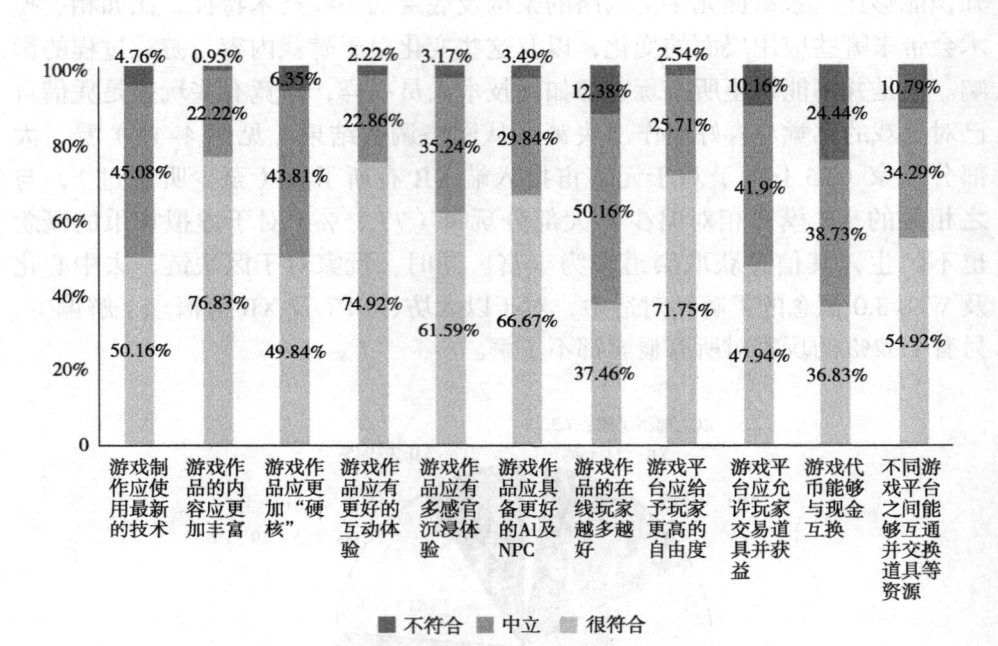

	不符合	中立	很符合
游戏制作应使用最新的技术	4.76%	45.08%	50.16%
游戏作品的内容应更加丰富	0.95%	22.22%	76.83%
游戏作品应更加"硬核"	6.35%	43.81%	49.84%
游戏作品应有更好的互动体验	2.22%	22.86%	74.92%
游戏作品应有多感官沉浸体验	3.17%	35.24%	61.59%
游戏作品应具备更好的AI及NPC	3.49%	29.84%	66.67%
游戏作品的在线玩家越多越好	12.38%	50.16%	37.46%
游戏平台应给予玩家更高的自由度	2.54%	25.71%	71.75%
游戏平台应允许玩家交易道具并获益	10.16%	41.9%	47.94%
游戏代币能够与现金互换	24.44%	38.73%	36.83%
不同游戏平台之间能够互通并交换道具等资源	10.79%	34.29%	54.92%

图 4—12　玩家对优质元宇宙游戏的理解

从游戏产品供给角度看，国外一些社媒进行过讨论，认为以下几个方面有可能成为元宇宙游戏的发展重点：①沉浸感与真实世界的衔接。VR/AR并不是为了营造纯虚拟化环境，许多玩家期待身临其境地探索、体验虚拟与现实相结合的世界，在虚拟条件下参加各种真实活动和事件，获得综合的沉浸感。②高自由度及参与创造。元宇宙游戏需要提供广阔的虚拟世界和丰富的内容，玩家可以在其中自由探索、自主选择行动路径，并与其他玩家进行广泛的互动。同时，玩家还可以塑造自己的虚拟角色，定制外观、能力和特征，撰写游戏剧本，甚至搭建游戏平台，与其他玩家进行交流、合作或竞争。③商业模式与经济系统的有机整合。在元宇宙游戏生态中，每个角色都可以打造自己的商业模式，或者至少具备这样的环境与接口。他们可以凭借自身的创意与劳动贡献，经营并拓展自己的业务。这些活动需要得到经济系统的支持，他们的商品、资源、资金均需要在这个体系内进行循环。有些人甚至提出了元宇宙虚拟银行的概念，他们可以制定代币使用的各种规则，经营存取款等业务，从事商业投资及金融服务等，更好地为虚拟商业业务提供支持。

根据受众是否愿意尝试元宇宙游戏的意向分析，表4-3列选了多个分类变量进行交叉比对。从卡方结果可以看出，《头号玩家》电影、VR游戏或设备，以及沙盒建造游戏对其分布影响呈现显著性差异。其中，《头号玩家》电影与沙盒游戏的影响最为显著，达到1%水平；使用VR游戏或设备的显著性水平为5%。同时，从相关系数检验来看，也呈现出同样的结果。电影这种社会传媒的促进作用非常明显，可以让玩家（含潜在玩家）直观地感受到元宇宙游戏的"样子"，以及游戏能够带来的乐趣，从而激发玩家尝试元宇宙游戏的兴趣。因此，元宇宙游戏在推广与导入期，应多使用更为大众化的传播手段与策略，以感性而非理性的模式向受众灌输元宇宙游戏的理念。据报道，《失控玩家》《像素大战》《勇者斗恶龙——你的故事》等电影均起到了很好的游戏宣传效果，这比游戏专业媒体宣传、定向推送等形式影响更广泛，特别是在潜在用户挖掘方面。

表4-3 是否愿意尝试元宇宙游戏的交叉分析

调查题目	选项	愿意第一时间尝试元宇宙游戏吗 不愿意	愿意第一时间尝试元宇宙游戏吗 愿意	样本数	χ^2	p	相关性
是否看过《头号玩家》电影	没有	60.61%	23.88%	108	12.943	0.000***	0.360***
	有	39.39%	76.12%	192			
是否玩过VR游戏或使用过VR设备	没有	78.79%	52.24%	183	6.551	0.010**	0.256**
	有	21.21%	47.76%	117			
是否听说过或玩过NFT游戏	没有	87.88%	77.61%	243	1.514	0.218	0.120
	有	12.12%	22.39%	57			
是否了解Web 3.0	不了解	69.70%	55.22%	180	1.930	0.165	0.139
	了解	30.30%	44.78%	120			

续表

调查题目	选项	愿意第一时间尝试元宇宙游戏吗 不愿意	愿意第一时间尝试元宇宙游戏吗 愿意	样本数	χ^2	p	相关性
是否了解区块链	不了解	36.36%	31.34%	99	0.252	0.616	0.024
是否了解区块链	了解	63.64%	68.66%	201	0.252	0.616	0.024
是否了解去中心化	不了解	81.82%	82.09%	246	0.001	0.974	−0.103
是否了解去中心化	了解	18.18%	17.91%	54	0.001	0.974	−0.103
是否玩过沙盒建造游戏	没玩过	90.91%	61.19%	213	9.482	0.002***	0.308***
是否玩过沙盒建造游戏	玩过	9.09%	38.81%	87	9.482	0.002***	0.308***

注：***、**、* 分别表示在 1%、5% 和 10% 的水平下显著。

4.3.2 玩家对元宇宙游戏的选择倾向

对于玩家是否愿意选择元宇宙游戏的测量，选择了 Probit 模型进行量化分析。

在因变量方面，设置了两个指标：①玩家是否有尝试元宇宙游戏的意向，该指标同预调研设定相一致。②玩家是否有参与元宇宙建设的意向，包括基础元宇宙建设、辅助游戏开发，以及相关的元宇宙内容建设等。

自变量共分为四组，包括玩家基础变量、玩家对元宇宙背景信息的熟悉度、玩家对元宇宙游戏的关注点以及玩家分类变量。

第一，在玩家基础变量方面，根据预调研结果列选了四个区分度较高的变量，分别是：①性别指标，主要识别性别差异是否会明显影响对未来元宇宙游戏的选择。②年龄段指标，按照预调研的五段划分，考虑到现有游戏玩家的分布情况，主要集中在 70 后以下年龄段。③教育水平指标，用于测量学历等级对于选择元宇宙游戏的影响，共分为四个级别。④月收入水平指标，测量消费能力对于选择元宇宙游戏的影响，划分为五个级别。

第二，玩家对元宇宙背景信息的熟悉度，共涉及五个变量：①对于元宇宙场景的熟悉度，在一定程度上参照了对于相关电影、小说或相关网络视频的了解与喜好特征。②对于 VR/AR 设备的熟悉度，主要结合玩家试用、购买此类设备，以及相关的使用时长及体验情况。③对于沙盒游戏的熟悉度，主要测量玩家是否玩过沙盒类游戏、介入游戏的程度、游戏时长以及相关的游戏体验。④玩家对 Web 3.0 概念体系的熟悉度，涉及 Web 3.0 包含的技术类别，是否了解同 Web 2.0 的差异，以及新模式可能带来的互联网变革。⑤玩家对区块链技术的熟悉度，主要测量是否了解区块链技术同元宇宙的结合点，涉及元宇宙要素的赋权与去中心化交易模式。经初步研究发现，区块链技术熟悉度同去中心化熟悉度有较高程度的重合，故在此仅保留了区块链熟悉度指标。虽然④⑤两项指标在交叉分析中的影响并不显著，但考虑到这两项指标在随后进行的分类回归中可能对子样本存在影响，因而在此保留。

第三，考虑玩家对元宇宙游戏的关注点是否会影响其对元宇宙游戏的选择，共涉及七项指标：①游戏开放程度，包括游戏在机制层面的开放度，以及在参与建设与内容接入方面的开放度。②游戏互动能力，包括游戏内的玩家间互动，基于 AI 的 NPC 互动效果，以及外部传感的互动与体感体验等。③游戏显示效果，指通过 VR/AR 等终端获得的 3D 环境显示效果，涉及模型的精细度、刷新率，以及渲染速度与效果。④游戏场景规模，主要指游戏提供的地图规模，能否容纳海量用户，以及地图边界能否持续扩展。⑤游戏内容质量，涉及元宇宙游戏本身的可玩性、娱乐性，以及是否有实质性的游戏机制创新。⑥游戏间交互特性，涉及基础游戏能否在游戏间进行资源层面的连接与沟通，相关的专属资产（如 NFT）能否进行交易，以及是否具有通用性。⑦游戏内获得收入，指玩家或参与者能否通过游玩或内容贡献获得代币，以及这些代币是否能够进行广泛的元宇宙支付，甚至较为容易地兑换为真实货币。

第四，玩家分类变量：①调查玩家的当前状态，包括就学、工作及其他三个选项。②在样本地区分类方面，涉及四个级别，分别是：一线城市，包括北京、上海、广州、深圳；新一线城市，比如杭州、重庆、成都、武汉等；二线城市，比如厦门、大连、沈阳、温州等；其他级别城市，即现行标准二线以下城市。③根据前述玩家用户画像研究，包括 Z 世代玩家、技术型深度玩家、多角化女性玩家、元宇宙建设者、元宇宙原住民五个类别。

表 4-4 对各变量进行了汇总。

表 4-4 变量指标说明

类别	变量说明	变量代码	指标说明
因变量	是否尝试元宇宙游戏	Cho-1	（0）否；（1）是
	是否参与元宇宙建设	Cho-2	（0）否；（1）是

续表

类别	变量说明	变量代码	指标说明
基础变量	性别	Gen	（1）女；（2）男
	年龄段	Age	（1）10后；（2）00后；（3）90后；（4）80后；（5）70后及以上
	教育水平	Edu	（1）中学及以下；（2）本科；（3）硕士；（4）博士
	月收入水平	Income	（1）无收入；（2）1万元及以下；（3）1万至1.5万元；（4）1.5万至2万元；（5）2万元以上
元宇宙背景信息熟悉度	元宇宙场景熟悉度	Fam-1	（得分1~5）：表示熟悉程度由弱至强
	VR/AR设备熟悉度	Fam-2	（得分1~5）：表示熟悉程度由弱至强
	沙盒游戏熟悉度	Fam-3	（得分1~5）：表示熟悉程度由弱至强
	Web 3.0熟悉度	Fam-4	（得分1~5）：表示熟悉程度由弱至强
	区块链熟悉度	Fam-5	（得分1~5）：表示熟悉程度由弱至强
对元宇宙游戏的关注点	游戏开放程度	Foc-1	（得分1~5）：表示关注程度由弱至强
	游戏互动能力	Foc-2	（得分1~5）：表示关注程度由弱至强
	游戏显示效果	Foc-3	（得分1~5）：表示关注程度由弱至强
	游戏场景规模	Foc-4	（得分1~5）：表示关注程度由弱至强
	游戏内容质量	Foc-5	（得分1~5）：表示关注程度由弱至强
	游戏间交互特性	Foc-6	（得分1~5）：表示关注程度由弱至强
	游戏内获得收入	Foc-7	（得分1~5）：表示关注程度由弱至强
分类变量	个体状态	State	（1）就学；（2）工作；（3）其他
	地区分类	Loc	（1）一线城市；（2）新一线城市；（3）二线城市；（4）其他级别城市
	画像分类	Type	（1）Z世代玩家；（2）技术型深度玩家；（3）多角化女性玩家；（4）元宇宙建设者；（5）元宇宙原住民

对于Probit模型回归中的共线性控制，本书采用了变量方差膨胀系数检验，分别对拟回归的主要变量进行了OLS回归并计算VIF系数。其中，

Cho-1 的系数为 1.23，Cho-2 的系数为 1.15，其余相关变量的系数均在 2 以内。同时，两组模型的 VIF 均值分别为 1.17 和 1.15（见表 4-5）。根据经验判断标准，VIF 值越接近 1 越理想，小于 5 属于可接受范围，因此本模型中全部变量的多重共线性影响轻微，适宜进行 Probit 回归分析。

表 4-5 变量方差膨胀系数检验

组别	VIF 系数	（1）	（2）
因变量	Cho-1	1.23	—
	Cho-2	—	1.15
基础变量	Gen	1.64	1.64
	Age	1.01	1.00
	Edu	1.56	1.47
	Income	1.14	1.13
元宇宙背景信息熟悉度	Fam-1	1.25	1.23
	Fam-2	1.21	1.19
	Fam-3	1.15	1.12
	Fam-4	1.12	1.09
	Fam-5	1.07	1.06
对元宇宙游戏的关注点	Foc-1	1.02	1.01
	Foc-2	1.01	1.01
	Foc-3	1.13	1.12
	Foc-4	1.00	1.00
	Foc-5	1.09	1.09
	Foc-6	1.00	1.00
	Foc-7	1.22	1.20
总体核算	Mean VIF	1.17	1.15

4.3.2.1 基础模型分析

（1）尝试元宇宙游戏意向。在基础变量组别中，模型 1 中均存在一定的影响，总体与常识性判断一致。男性与低年龄段的玩家有更强的尝试愿望，达到了 1% 的显著性水平，年龄段的影响系数最高。教育程度与收入的影响达到了 5% 的显著性水平，影响相对较弱。在加入元宇宙背景信息及玩家对元宇宙游戏的关注点变量组别后，基础变量的总体影响下降明显，仅年龄段一项保持了 1% 的显著性水平，表明元宇宙游戏世代的主力应来自年轻群体。在元宇宙背景信息组别中，玩家对元宇宙场景的熟悉度与对 VR/AR 设备熟悉度的影响最为明显，在模型 2、3 中分别呈现了 1% 与 5% 的显著性水平。沙盒游戏熟悉度仅在模型 2 中达到了 10% 的显著性水平，在模型 3 中未通过显著性检验。在对元宇宙游戏的关注点组别中，游戏互动能力与游戏显示效果达到了 5% 的显著性水平，表明大部分玩家初步接触并选择元宇宙游戏主要看重这两方面。游戏内容质量与游戏内获得收入达到了 10% 的显著性水平，影响程度较为有限。

（2）参与元宇宙建设意向。在基础变量组别中，年龄段影响最为突出，在模型 4、5、6 中均达到了 1% 的显著性水平。教育水平分别达到了 5% 的显著性水平，但影响系数在模型 6 中仅为 0.008。而收入水平指标在模型 6 中未达到显著性标准，对于参与元宇宙建设，或借助元宇宙平台作为自己职业的玩家来说并无影响。在元宇宙背景信息组别中，对 Web 3.0 熟悉度的影响最为明显，均达到 1% 的显著性水平，表明 Web 3.0 技术体系对于元宇宙游戏及平台开发有重要影响。而元宇宙场景熟悉度与区块链熟悉度仅达到 10% 的显著性水平，存在微弱影响。在对元宇宙游戏的关注点组别中，游戏间交互特性与游戏内获得收入的影响最为积极，均达到了 1% 的显著性水平，这对于建设者或开发者的激励效应明显，并能够吸引大量非逐利型玩家的加入。此外，游戏开放程度指标达到了 10% 的显著性水平，影响程度较弱（见表 4-6）。

表 4-6 基础回归分析系数

被解释变量	尝试元宇宙游戏意向			参与元宇宙建设意向		
	Cho-1			Cho-2		
分析模型	1	2	3	4	5	6
Gen	0.068*** （0.152）	0.004* （0.172）	−0.150 （0.189）	0.272 （0.148）	0.326 （0.169）	0.265 （0.184）

续表

被解释变量	尝试元宇宙游戏意向 Cho-1			参与元宇宙建设意向 Cho-2		
分析模型	1	2	3	4	5	6
Age	−0.154*** (0.137)	−0.163*** (0.139)	−0.107*** (0.144)	−0.036*** (0.134)	−0.022*** (0.137)	−0.027*** (0.140)
Edu	0.129** (0.106)	0.134* (0.107)	0.178 (0.110)	0.027** (0.102)	0.023** (0.103)	0.008** (0.106)
Income	0.094** (0.082)	0.014** (0.098)	−0.056 (0.103)	0.018* (0.075)	0.030* (0.092)	−0.004 (0.097)
Fam-1	—	0.124*** (0.117)	0.147*** (0.123)	—	0.173* (0.114)	0.133* (0.120)
Fam-2	—	0.048** (0.180)	0.054** (0.186)	—	−0.021 (0.175)	−0.013 (0.182)
Fam-3	—	0.063* (0.269)	0.191 (0.281)	—	−0.386 (0.263)	−0.410 (0.271)
Fam-4	—	0.290 (0.210)	0.383 (0.230)	—	0.040*** (0.199)	0.025*** (0.206)
Fam-5	—	0.087 (0.208)	0.009 (0.217)	—	0.041* (0.203)	0.098* (0.214)
Foc-1	—	—	0.338 (0.211)	—	—	0.164* (0.198)
Foc-2	—	—	0.386** (0.230)	—	—	−0.246 (0.221)
Foc-3	—	—	0.133** (0.170)	—	—	0.240 (0.164)
Foc-4	—	—	−0.382 (0.280)	—	—	−0.074 (0.271)
Foc-5	—	—	0.333* (0.167)	—	—	0.121 (0.163)
Foc-6	—	—	0.267 (0.235)	—	—	0.391*** (0.233)

137

续表

被解释变量	尝试元宇宙游戏意向 Cho-1			参与元宇宙建设意向 Cho-2		
分析模型	1	2	3	4	5	6
Foc-7	—	—	0.084* (0.203)	—	—	0.218*** (0.195)
Cons	0.311** (0.463)	0.143** (0.540)	−0.534* (0.592)	−0.416*** (0.452)	−0.618*** (0.434)	−0.535*** (0.577)
R^2	0.201	0.220	0.249	0.081	0.199	0.251

注：***、**、*分别表示在1%、5%和10%的水平下显著；括号内为标准误。

根据基础分析的结果，重点考虑元宇宙游戏的开发取向，以对元宇宙游戏的关注点组别为解释变量，将其余变量视为控制变量，根据样本的分类特征分别进行回归分析。

4.3.2.2 个体状态分类回归

（1）学生群体。在尝试元宇宙游戏意向方面，游戏互动能力与显示效果的吸引力最强，均达到1%的显著性水平，特征比基础模型更为明显。同时，游戏场景规模、游戏内容质量及游戏间交互特性也有支持性贡献，达到了10%的显著性水平。在参与元宇宙建设意向方面，游戏内获得收入的影响最为明显，达到1%的显著性水平，能够获得收入对于部分学生群体有强烈的影响，特别是具有相关专业技术背景且即将步入工作的学生。此外，游戏开放程度与显示效果在5%显著性水平下存在正向影响，而游戏互动能力存在微弱负向影响。

（2）工作群体。在尝试元宇宙游戏意向方面，影响点位相对分散，游戏互动能力、显示效果、场景规模及可获得收入均在5%显著性水平下呈现正向影响。元宇宙游戏对于该群体的总体吸引力不强。在参与元宇宙建设意向方面，游戏间交互特性与游戏内获得收入有明显的积极影响，均达到1%的显著性水平。此外，游戏开放程度与互动能力在10%显著性水平下呈现微弱的正向影响。

（3）其他群体。在尝试元宇宙游戏意向方面，仅有互动能力与显示效果两项通过显著性检验，分别达到了1%与5%的显著性水平。在参与元宇宙建设意向方面，游戏间交互特性与游戏内可获得收入存在一定的吸引力，均在5%水平下通过显著性检验（见表4-7）。

表 4-7 个体状态回归分析系数

样本属地	学生		工作		其他	
被解释变量	Cho-1	Cho-2	Cho-1	Cho-2	Cho-1	Cho-2
分析模型	1	2	3	4	5	6
Foc-1	−0.189 （0.700）	0.351** （0.775）	−0.167 （0.350）	0.303* （0.410）	−0.154 （0.243）	−0.363 （0.294）
Foc-2	0.413*** （1.243）	−0.026* （1.347）	0.118** （0.501）	0.024* （0.157）	0.087*** （0.384）	0.315 （0.461）
Foc-3	0.556*** （0.515）	0.106** （0.644）	0.475** （0.341）	−0.035 （0.412）	0.050** （0.220）	0.161 （0.259）
Foc-4	0.101* （1.126）	0.628 （1.207）	0.488** （0.578）	0.525 （0.615）	−0.372 （0.277）	0.053 （0.436）
Foc-5	0.610* （0.735）	−0.824 （0.837）	−0.379 （0.458）	0.325 （0.562）	0.155 （0.285）	−0.404 （0.354）
Foc-6	0.935* （0.721）	0.648 （0.771）	0.341 （0.419）	0.158*** （0.495）	0.416 （0.329）	0.645** （0.407）
Foc-7	−0.177 （0.457）	0.374*** （0.525）	0.028** （0.282）	0.125** （0.316）	0.144 （0.210）	0.435** （0.249）
Cons	0.082** （2.778）	−2.359** （3.006）	−1.662 （1.561）	−0.653* （1.500）	0.083*** （0.879）	0.736*** （0.980）
其余变量	控制	控制	控制	控制	控制	控制
R^2	0.274	0.190	0.268	0.195	0.322	0.278
Obs	412		165		97	

注：***、**、*分别表示在1%、5%和10%的水平下显著；括号内为标准误。

比较来看，学生群体在尝试元宇宙游戏方面的关注点较多，而其他群体在对待新游戏模式时的积极性则相对滞后，或主要基于利益导向。出现该结果在一定程度上也与不同群体所处的年龄段有关，年轻群体在接受新事物方面更为开放，愿意尝试新的游戏玩法。同时，年轻群体在IT与互联网领域

139

的创新能力更强,他们更愿意参与元宇宙游戏与平台的建设,也愿意在内容创作方面作出自己的贡献。这一点从国外 Web 3.0 及区块链相关创新可以反映出来,主要技术人员的年龄均处于 20~35 岁区间。

4.3.2.3 地区分类回归

（1）一线城市。在尝试元宇宙游戏意向方面,游戏互动能力在 1% 水平下呈现正向影响,显示效果、游戏间交互特性与游戏获得收入指标在 5% 水平下呈现正向影响,游戏内容质量仅达到了 10% 的显著性水平。在参与元宇宙建设意向方面,除了游戏内容质量外,其余同模型 1 总体一致,但游戏互动能力的显著性水平仅为 5%。

（2）新一线城市。在尝试元宇宙游戏意向方面,游戏互动能力、显示效果、游戏内容质量、游戏间交互特性与游戏内获得收入项目均达到了 5% 的显著性水平,对于尝试意愿有积极影响。在参与元宇宙建设意向方面,游戏互动能力与游戏内获得收入达到了 5% 的显著性水平。显示效果与游戏间交互特性仅达到了 10% 的显著性水平。

（3）二线城市。在尝试元宇宙游戏意向方面,游戏开放程度、游戏显示效果与游戏内获得收入三个指标通过了 5% 的显著性检验,但其中游戏开放程度的影响系数极低,贡献度有限。在参与元宇宙建设意向方面,游戏场景规模达到了 5% 的显著性水平,该结果与基础模型并不一致,体现出了分类样本的独有特点。另外,游戏内获得收入仅达到 10% 的显著性水平。

（4）其他级别城市。在尝试元宇宙游戏意向方面,仅有游戏内容质量一项通过了 5% 的显著性检验,表明样本玩家的关注点较为单一。在参与元宇宙建设意向方面,仅有显示效果指标勉强达到了 10% 的显著性水平（见表 4-8）。

表 4-8 分地区回归分析系数

样本属地	一线城市		新一线城市		二线城市		其他级别城市	
被解释变量	Cho-1	Cho-2	Cho-1	Cho-2	Cho-1	Cho-2	Cho-1	Cho-2
分析模型	1	2	3	4	5	6	7	8
Foc-1	0.092 (0.252)	−0.277 (0.290)	−0.041 (0.306)	−0.194 (0.334)	0.001** (0.272)	−0.054 (0.286)	−0.089 (0.214)	−0.286 (0.265)
Foc-2	0.300*** (0.455)	0.878** (0.510)	0.058** (0.428)	0.716** (0.488)	−0.080 (0.346)	0.410 (0.383)	−0.223 (0.311)	0.771 (0.376)

续表

样本属地	一线城市		新一线城市		二线城市		其他级别城市	
被解释变量	Cho-1	Cho-2	Cho-1	Cho-2	Cho-1	Cho-2	Cho-1	Cho-2
分析模型	1	2	3	4	5	6	7	8
Foc-3	0.276** (0.269)	0.583** (0.310)	0.142** (0.270)	0.353* (0.310)	0.449** (0.247)	0.759 (0.318)	-0.057 (0.205)	0.280* (0.254)
Foc-4	-0.214 (0.363)	0.122 (0.276)	0.195 (0.377)	-0.380 (0.439)	-0.138 (0.337)	0.219** (0.358)	0.380 (0.295)	-0.365 (0.400)
Foc-5	0.392* (0.355)	-0.186 (0.443)	0.323** (0.287)	-0.126 (0.316)	0.182 (0.291)	-0.134 (0.321)	0.270** (0.238)	-0.415 (0.326)
Foc-6	0.631** (0.342)	0.042** (0.419)	0.095** (0.309)	0.651* (0.355)	0.441 (0.316)	0.339 (0.355)	0.243 (0.250)	0.655 (0.339)
Foc-7	0.091** (0.244)	0.316** (0.256)	0.172** (0.224)	0.326** (0.237)	0.014** (0.193)	0.200* (0.201)	0.286 (0.175)	-0.289 (0.203)
Cons	1.832*** (1.127)	1.162** (1.139)	-1.169 (0.802)	0.308** (0.812)	-1.823** (0.710)	0.881** (0.501)	-1.648** (0.808)	1.254** (0.959)
其余变量	控制	控制	控制	控制	控制	控制	控制	控制
R^2	0.116	0.109	0.203	0.174	0.183	0.165	0.198	0.157
Obs	228		136		207		103	

注：***、**、*分别表示在1%、5%和10%的水平下显著；括号内为标准误。

  回归结果显示出的地区差异较为明显，其中一线城市、新一线城市的指标影响情况大体上与基础模型相近，二线城市存在局部的差异点。从前三个分类样本可以看出，在高等级城市中，玩家群体的综合技术关注度相对较高，这主要受到多方面因素的影响。其一，高等级城市玩家的整体教育程度相对较高，对于相关知识与技术较为熟悉，有较高比例的玩家会关注前沿型游戏，并愿意尝试新类型的产品。其二，高等级城市玩家的消费能力普遍较高，有更多的玩家能够使用多种游戏设备，特别是一些中高端游戏设备，经常玩一些"大"游戏，对于游戏的认知程度更高。其三，这些地区分布着很多高科技企业，特别是IT领域企业，部分玩家具备较为专业的技术背景，能紧跟游戏技术领域的前沿。相比较之下，其他级别城市的玩家通常不具备如此优越的条件，比如在小城镇中，绝大部分的游戏玩家仅接触手游产品，对于元宇宙及相关游戏产品并没有清晰的认知与概念。

4.3.2.4 分类画像回归分析

（1）Z世代玩家。在尝试元宇宙游戏意向方面，游戏互动能力在1%显著性水平下呈现正向影响，但影响系数仅为0.005，相对较弱。其余多项指标通过了5%的显著性检验，包括游戏开放程度、游戏内容质量与游戏间交互特性。在参与元宇宙建设意向方面，游戏开放程度与游戏内获得收入的正向激励最为明显，达到1%的显著性水平，游戏间交互特性在5%显著性水平下有正向影响。Z世代玩家由于群体规模较大，影响点分布相对分散，对于元宇宙游戏的期待更为立体、全面。元宇宙游戏产品要想迎合该群体的口味，则需要在多方面齐头并进。

（2）技术型深度玩家。在尝试元宇宙游戏意向方面，该群体更看重游戏开放程度与游戏间交互特性，这两项指标均达到了1%的显著性水平。他们更注重游戏内在的机制优势，以及能否深度挖掘游戏内容，或进行持久的游玩。这也与前述画像特征的分析相一致。在参与元宇宙建设意向方面，游戏场景规模与游戏间交互特性达到了5%的显著性水平，游戏开放程度达到了10%的显著性水平。技术型深度玩家更看重游戏平台及本体的延展性，能否为其提供参与创作的环境，而经济激励并不显著。

（3）多角化女性玩家。在尝试元宇宙游戏意向方面，游戏互动能力通过了5%显著性检验，游戏显示效果、游戏内容质量及游戏间交互特性通过了10%显著性检验。女性玩家群体的关注点也呈现出了分散状态，且指标的影响强度普遍偏弱，许多女性玩家对游戏（或元宇宙游戏）的选择还带有较强的随机性特征，并非完全理性化的模式，这一点同男性玩家差异较大。在参与元宇宙建设意向方面，仅有游戏内获得收入一项勉强通过了10%的显著性检验，但影响程度微弱，系数为0.026。这显示女性玩家在参与元宇宙建设方面缺乏积极性或相应的激励，大部分玩家还是倾向于娱乐而非参与具体的工作。

（4）元宇宙建设者。在尝试元宇宙游戏意向方面，游戏开放程度与游戏互动能力达到了5%的显著性水平，其余指标无明显影响。建设者参与游戏的主要目的并非自身的娱乐，更多的是体验、比较分析或测试相应的游戏产品，对于功能性层面的关注相对较多。在参与元宇宙建设意向方面，游戏开放程度与游戏互动能力的影响程度明显，均通过了1%的显著性检验。游戏内获得收入达到了5%的显著性水平，有一定的激励效果。该群体在参与元宇宙建设时，需要有平台机制层面的支持，能够接入高附加值的开发业务活动。这对于广大独立爱好者尤为重要，在接口开放度较高的环境下，他们能够更好地施展自己的想象力与设计能力，做出更好的产品或附件。

（5）元宇宙原住民。在尝试元宇宙游戏意向方面，游戏内获得收入达到了1%的显著性水平，游戏内容质量与游戏间交互特性达到了5%的显著性水平。理论上，该群体对于元宇宙游戏应具有更高的熟悉度，在选择方面有明显的理性与实用性导向。在参与元宇宙建设意向方面，仅有游戏内获得收入一项达到了1%的显著性水平，经济激励的影响效果明显。对于元宇宙原住民来说，参与建设可作为自己的正式工作，需要将其同合理收入联系起来，并获得具有性价比的收益。

综合来看，不同玩家画像类别在对待元宇宙游戏及参与内容建设方面的差异显著，不同群体将会在未来元宇宙业务中扮演不同的角色，有明确的自身定位以及属于自身的"圈子"。元宇宙游戏将由差异化大家庭组成，相关的平台企业或游戏开发企业需要在市场细分层面进行更为精准的划分，从而在底层与应用层面开发出适用性不同的产品，满足不同画像族群在元宇宙世界中"安居乐业"的要求。

表4-9所示为分类画像回归分析系数。

4.3.3　玩家对元宇宙游戏的预期

当前，元宇宙游戏时代还未到来，但玩家可以根据以往经验形成自己的预期。网络调查显示，玩家对参与元宇宙游戏有着不同于传统游戏的诉求（见图4-13）。

第一，高达65.71%的玩家希望参与游戏不仅仅是对抗与竞技，这一期待将会颠覆大部分传统游戏的模式。同前述讨论相一致，非对抗的游戏环境能够有效扩大受众基础，特别是女性群体与高龄群体，以及在性格上无意竞争的一些玩家。游戏环境的和谐能够形成更好的社区环境，使元宇宙空间可容纳不同类别的在线行为，促进交流、合作与发展。例如，在疫情期间，人们面对面社交行为减少，《动物森友会》成了社交的替代空间，玩家借助游戏中的行为弥补了现实中的缺憾。

第二，有62.54%的玩家希望在游戏中能够扮演不一样的自我。互联网

表 4-9 分类画像回归分析系数

画像类别	Z世代玩家		技术型深度玩家		多角化女性玩家		元宇宙建设者		元宇宙原住民	
被解释变量	Cho-1	Cho-2	Cho-1	Cho-2	Cho-1	Cho-2	Cho-1	Cho-2	Cho-1	Cho-2
分析模型	1	2	3	4	5	6	7	8	9	10
Foc-1	0.018** (0.227)	0.065*** (0.142)	0.246*** (0.301)	0.460* (0.415)	-0.307 (0.105)	0.257 (0.355)	0.083* (0.209)	0.216*** (0.241)	-0.197 (0.365)	0.633 (0.470)
Foc-2	0.005*** (0.291)	0.519 (0.314)	-0.071 (0.456)	1.126 (0.585)	0.142** (0.402)	0.039 (0.461)	0.405** (0.320)	0.788*** (0.357)	0.040 (0.453)	-0.200 (0.480)
Foc-3	0.230 (0.224)	-0.530 (0.248)	-0.392 (0.285)	-0.073 (0.402)	0.215* (0.285)	-0.604 (0.369)	0.223 (0.198)	-0.384 (0.233)	0.109 (0.341)	-0.313 (0.437)
Foc-4	0.029 (0.259)	0.235 (0.275)	0.167 (0.457)	0.550** (0.631)	0.088 (0.398)	0.200 (0.465)	-0.055 (0.261)	-0.146 (0.302)	0.577 (0.464)	-0.156 (0.541)
Foc-5	0.257** (0.134)	-0.210 (0.261)	0.393 (0.348)	-0.188 (0.455)	0.161* (0.345)	-0.194 (0.399)	0.357 (0.236)	-0.165 (0.274)	0.313** (0.410)	-0.032 (0.453)
Foc-6	0.222** (0.256)	0.059* (0.287)	0.290*** (0.344)	0.886** (0.402)	0.655* (0.372)	0.350 (0.411)	0.198 (0.227)	0.319 (0.269)	0.824** (0.437)	0.394 (0.245)
Foc-7	0.284 (0.177)	0.101** (0.179)	-0.116 (0.249)	-0.692 (0.346)	0.205 (0.230)	0.026* (0.263)	0.115 (0.108)	0.331** (0.186)	0.081*** (0.268)	0.017** (0.331)
Cons	-2.237*** (0.664)	0.297*** (0.654)	-0.908** (1.129)	0.420** (1.311)	-2.794** (1.054)	0.877** (1.103)	-0.652** (0.761)	0.738** (0.688)	-2.919** (1.146)	0.357* (1.196)
其余变量	控制	控制	控制	控制	控制	控制	控制	控制	控制	控制
R^2	0.203	0.182	0.194	0.175	0.187	0.230	0.153	0.185	0.219	0.197
Obs	322		115		216		122		68	

注：***、**、* 分别表示在 1%、5% 和 10% 的水平下显著；括号内为标准误。

	我希望在游戏中扮演不一样的自我	我希望在游戏中有一份稳定的工作	我希望在游戏中的成就能够获得现金回报	我希望在游戏中完成真实的购物	我希望在游戏中交到朋友但仅限于游戏中	我希望与现实中的好友在游戏中相遇	我希望参与游戏不仅仅是对抗与竞技	我希望游戏成为我的第二生活（工作）空间	我认为游戏能够成就更好的自我
很符合	3.81%	19.68%	15.56%	19.37%	14.29%	6.67%	3.49%	21.59%	11.11%
中立	33.65%	44.13%	39.37%	44.13%	50.16%	32.38%	30.79%	40.63%	44.44%
不符合	62.54%	36.19%	45.08%	36.51%	35.56%	60.95%	65.71%	37.78%	44.44%

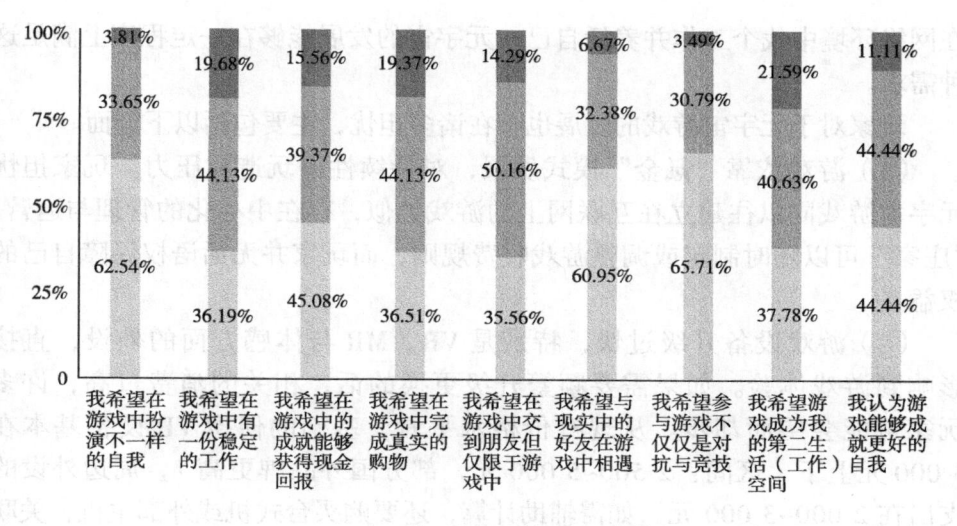

图 4–13　玩家对元宇宙游戏的期待

是当代人的第二生存空间，参与者可以在网络上具有更多的身份与 ID 信息，以虚拟化形态参与网络活动，无论在游戏中还是游戏外。从调查结果可以看出，大部分玩家不愿意在网络中对现实中的自己进行复刻，而是想获得不一样的身份，在元宇宙环境中体验不同的生活状态。一些游戏也给玩家提供了机会，例如在 GTA 系列里，现实中的守法公民可以尝试扮演强盗、劫匪等角色，体验格斗、枪战与飙车等危险行为。

第三，有 60.95% 的玩家希望在游戏里与现实中的好友相遇，体现出一定的社交距离倾向。一些用户的心态是，在虚拟环境里信息甄别存在难度，如涉及合作与信任等情境时，还是倾向于选择认识或熟悉的人。从元宇宙发展角度来看，其变革的方向之一便是建立更好的信任机制与 P2P 交易机制，借助区块链技术的发展，可以促成更多的"陌生人"之间的合作。预计在 Web 3.0 的相关技术更加成熟、应用更为普及之后，此类群体特征有可能出现变化。

此外，也有一定比例的玩家对于元宇宙游戏的经济系统有所期待。他们认可"边玩边赚"（Play-to-Earn）的模式，希望在娱乐的同时能够得到一份虚拟环境下的工作，并获得真实的回报。根据相关的研究报告，许多新生代网络原住民对虚拟空间更为熟悉，反而不习惯真实社交，他们更倾向在网络环境中找个工作并养活自己，元宇宙的发展能够在一定程度上满足这种需求。

玩家对于元宇宙游戏的发展也存在诸多担忧，主要包括以下方面。

（1）游戏依靠"氪金"模式发展，对持续性游玩造成压力。玩家担忧元宇宙游戏同以往建立在互联网上的游戏类似，存在中心化的管理与运营，"庄家"可以随时制定或调整游戏收费规则，而玩家并无话语权保障自己的权益。

（2）游戏设备升级过快，特别是VR、MR与体感方面的外设，直接影响到游戏体验。如果需要频繁升级更换的话，相关的消费过高，许多玩家可能会望而却步。从现有价格水平看，基础的便携VR设备基本在3 000元上下（区间：2 500~5 000元，部分国外品牌更高），周边外设的支出在2 000~3 000元，如需辅助计算，还要购买台式机或外部主机，关联消费较高。

（3）玩家担心个人信息存在泄露风险，进而遇到网络诈骗、网络攻击等问题。元宇宙环境下，玩家将会在网络上留存更多的个人信息与关联信息，因而信息被盗的概率明显增加。加之在去中心化模式下，信息执法难度增加，如果安全机制不完善，信息泄露将会造成严重后果。

（4）联网速度对游戏体验造成障碍。虽然当前固网与移动网络的传输能力及传输算法升级很快，但对于元宇宙游戏应用来说还不是很宽裕。一方面，大量终端需要3D显示，仅依靠终端的实时渲染难以完成全部运算，通常需要云端或平台分发部分基础数据，类似3D场景"烘焙"。另一方面，针对海量用户同时在线的刷新问题，需要使每一个用户的微小动作所带来的变化高频体现在场景中，这对某些特定类型的游戏（如FPS、ACT等）尤为重要。

（5）建模与刷新率引起的3D晕眩问题。导致"晕3D"的因素很多，包括建模与渲染质量低下，分辨率与刷新率偏低，以及物理引擎设计失准等，这在一些低质量3D引擎的作品中表现得比较明显。当然，也有一些玩家由于体质原因会不适应3D场景，或不适宜长时间游玩3D游戏。当前的一些VR游戏受到开发成本限制，或为了保障流畅度而牺牲了部分显示优化，因而容易造成玩家的不适感。而元宇宙游戏需要玩家长时间沉浸在环视3D场景下，必须解决晕眩问题。

（6）经济系统缺陷问题。毕竟不同于现实环境，游戏内经济系统出现问题的概率较高。例如，代币发行遇到上限导致用户增长后体系内流通量相对不足，多代币共存还将带来相互兑换差价问题，以及对稀有 NFT 的囤积与炒作等。从体系建设来看，元宇宙游戏内部必然存在信息失衡，优势玩家与劣势玩家之间可能存在巨大的信息落差。具有信息优势的玩家（通常也是游戏内的老玩家）能够利用资金等方面的便利，赚取大量的虚拟物差价，通过投机获利，而新玩家则有很高的概率被"割韭菜"。

（7）游戏内容简单或游戏机制不佳。许多玩家目前不愿意购买 VR 设备的原因之一是游戏内容问题，很多 VR 游戏只有少数的游戏场景，关卡设计缺乏吸引力，或游戏机制不够合理，这导致 VR 游戏本身存在缺陷。因此，玩家对未来的元宇宙游戏也存在类似的担忧。厂商在开发元宇宙游戏时，应达到至少不低于现有游戏的娱乐标准。

（8）深度玩家担心元宇宙游戏的架构过于庞大，可能会影响其维护、升级的频率与质量。在中心化管理模式下，单一公司很难支撑大规模元宇宙游戏的运营。特别是当游戏不能给公司带来持续稳定的收益时，就可能引发 BUG 积累、速度下降，甚至宕机等问题。在去中心化模式下，需要形成自发的参与及维护机制，但是在缺乏经济激励的情况下，也很难保证服务的稳定性。

（9）玩家对于沉迷游戏的担忧。这是许多优质游戏存在的负面影响，会使玩家花费大量时间与精力。在全球通行的元宇宙游戏由于存在不同的接入口，很难像现在的网游一样设立防沉迷措施，自组织模式也不适宜设定统一的标准，只能依靠玩家的自律。

（10）去中心化游戏应有极高的自由度，许多玩家担心无法登录外服，获得全部的游玩及交易权限。在不同的板块上可能有不同的子游戏，玩家需要能够便利地访问，并参与相关活动。在代币使用方面，玩家也需要能够在通行平台上进行兑换。这些均需要外服的支持。

（11）在线人数不足削弱游戏的体验效果。对于许多玩家来说，元宇宙游戏的现实效果应高于现有的 MMORPG 游戏，需要有大量的玩家在线才能形成良性的互动，实现游戏设定的娱乐效果。但是，由于元宇宙游戏规模的庞大并拥有众多子板块，不同游戏区域的玩家密度会存在差异，低密度区域的游戏效果会有明显衰减。

图 4-14 直观地展示了玩家对元宇宙游戏的担忧。

元宇宙：游戏产业升级
——下一个游戏世代的机遇

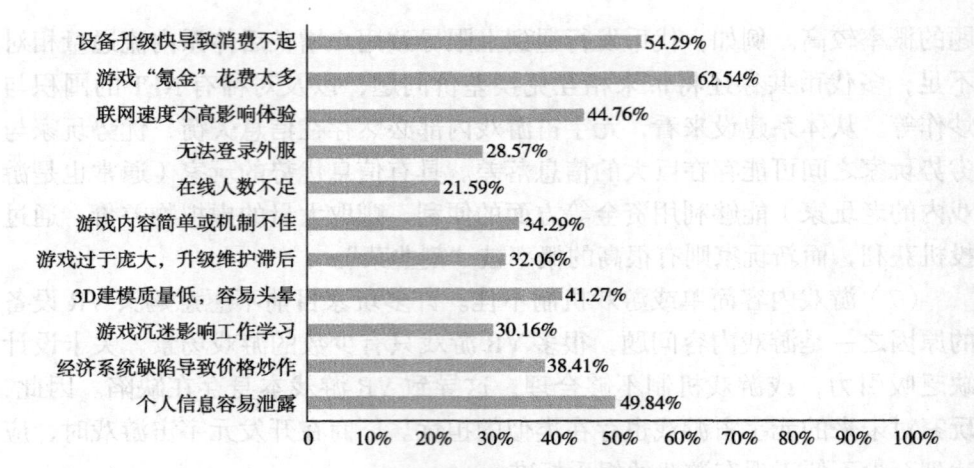

担忧	比例
设备升级快导致消费不起	54.29%
游戏"氪金"花费太多	62.54%
联网速度不高影响体验	44.76%
无法登录外服	28.57%
在线人数不足	21.59%
游戏内容简单或机制不佳	34.29%
游戏过于庞大，升级维护滞后	32.06%
3D建模质量低，容易头晕	41.27%
游戏沉迷影响工作学习	30.16%
经济系统缺陷导致价格炒作	38.41%
个人信息容易泄露	49.84%

图 4-14 玩家对元宇宙游戏的担忧

5 元宇宙游戏产品

元宇宙游戏产品是支撑元宇宙游戏产业发展的基本元素，没有吸引玩家的游戏作品，就不会有理想的游戏及社群参与度，也就失去了产业赖以成长的基础。优质的元宇宙游戏开发并不是一件容易的事情，许多游戏从业者看到了 Decentraland 或 Roblox 的成功，认为只要在 VR 或 AR 设备上做出类似的产品就会取得成功。这种想法过于简单，如果不能够以超前的视野看待元宇宙游戏，那么很容易导致在游戏产品竞争领域处于落后的状态。

5.1 元宇宙游戏产品的特征

开发元宇宙游戏产品需要首先了解玩家的偏好，对产品特征进行分析与定位，使游戏设计在可行的技术条件下符合玩家的需求。

5.1.1 玩家对元宇宙游戏的理解

元宇宙游戏产品应该是什么样子？应该具备哪些特征？目前尚无明确的界定。这就需要游戏厂商根据元宇宙行业的发展，以及游戏玩家的偏好去不断地尝试，并在反馈中对产品进行调整与完善。在这一过程中，站在玩家的角度去理解元宇宙游戏可以有效地避免一些风险。

一项基于玩家对元宇宙游戏理解的调查结果如图 5-1 所示。从图中可以看出，AR 与 VR 游戏两项合计达到了 30% 的认可比例，主要原因是此类型游戏在形式上最接近玩家认知的元宇宙游戏。可以设想，如果一家游戏厂商在近期推出的所谓元宇宙游戏不是运行在 AR 或 VR 设备上，将有相当比例的消费者不予认可。在单项上，用户认为沙盒游戏最接近元宇宙游戏的比例最高（占比 18%），许多玩家对于沙盒游戏所提供的自由游玩模式非常欣赏，他们不仅能够参与游戏，还能够创作部分游戏，这明显提升了玩家的游戏融入感，并延长了游戏的在线时间。开放世界（占比 16%）在游戏场景与环境方面较为符合玩家对元宇宙游戏的预期，玩家总是希望能够获得更多的空间，而不是被局限在某种固化的路径下。开放世界所提供的探索性是其主要的优势，未来元宇宙游戏的开发需要具备多维的探索领域，玩家可以在这种模式下探索不同的游戏剧情。当然，开放世界模式也可以与其他游戏类型结合，如典型的 RPG 大类别〔如 ARPG（Action RPG）、JRPG 等〕，以及 FPS 或 MMO 类型等。体感互动模式（占比 10%）可作为元宇宙游戏的主要功能性特征，为玩家提供丰富的操控体验，并包含更多的游戏反馈效果。类似于电影《头号玩家》中所展示的效果，玩家可以在使用 VR 设备的同时，享受到全面的动作体验效果，这也是许多玩家对元宇宙游戏的期待。目前，一些非家庭娱乐设备已经提供了类似的功能，并且还在不断升级与完善。预计在相关设备小型化之后，玩家将可以在家中配置丰富的游戏套装。

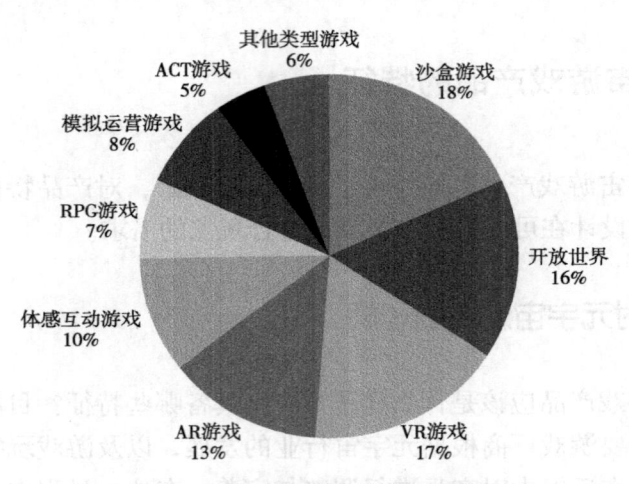

图 5-1 玩家对元宇宙游戏的理解

其他类型游戏 6%
ACT游戏 5%
模拟运营游戏 8%
RPG游戏 7%
体感互动游戏 10%
AR游戏 13%
VR游戏 17%
开放世界 16%
沙盒游戏 18%

此外，模拟运营游戏、RPG 游戏及 ACT 游戏标签也获得了一定程度的认可，这些游戏中的部分机制与特征也可以引入元宇宙游戏环境，并在技术加持下进一步发挥其优势，为一些传统玩家带来"升级版"的游戏效果。作为游戏开发者，也不应忽视一些未入选的小游戏类别，其中一些类型甚至有可能成为未来元宇宙游戏的支柱。例如，基于区块链开发的一些游戏，虽然目前的效果还略显简陋，但其机制中蕴含着广阔的拓展前景，以及可支持游戏持续发展的正反馈循环，游戏厂商对于这些特征都需要加以研究，并在适当的条件下整合到自己的产品中。

5.1.2 元宇宙游戏特征的提取

根据游戏玩家主要的关注领域，本书列选出 16 项指标进行因子分析，采用五级量表偏好度测量。在数据方面，对小范围样本进行补充调查，共获得数据 283 笔，样本得分统计结果及综合加权后的影响程度分别如表 5-1 和图 5-2 所示。可以看出，玩家对于元宇宙游戏中角色的多样性与可切换性非常在意，这是影响许多玩家是否选择元宇宙游戏的关键因素。他们期待的元宇宙游戏不同于以往的游戏环境与架构，个体可以根据自己的优势或偏好，选择适宜的位置。多角化的游戏内生态不再要求玩家只具备一种能力（如操控、射击或运筹等），而是让玩家感受到一种社会化的状态，可以自由选择社会角色并实现自己的价值。这种价值感受对于许多元宇宙原住民来说，其带来的成就感将更为真实。同时，大部分玩家还期待游戏平台具备优质的管理且有较长的寿命。这表明，大家在参与元宇宙游戏的时候，没有把它当作一款标准化的游戏，只刷一遍内容或在热度过后就转换到其他领域，而是期望能够长时间地沉浸其中，既体验游戏的乐趣，也可以参与游戏社区的建设与管理。

表 5-1 样本分布统计概况

编号	指标内容	1	2	3	4	5	合计
1	游戏开放程度高	9.6 %	8.6 %	14.1 %	28.2 %	39.5 %	100 %
2	玩家角色多样性	4.8 %	10.1 %	15.9 %	27.2 %	42.0 %	100 %
3	玩家角色切换	3.0 %	6.3 %	11.3 %	31.5 %	47.9 %	100 %
4	玩家可导入装备	19.4 %	14.3 %	16.1 %	21.2 %	29.0 %	100 %
5	玩家可参与游戏建设	34.8 %	14.6 %	12.6 %	16.1 %	21.9 %	100 %
6	游戏画面精美	23.9 %	9.8 %	14.9 %	21.9 %	29.5 %	100 %
7	游戏互动效果好	13.9 %	10.1 %	15.1 %	24.9 %	36.0 %	100 %
8	游戏场景宏大	13.8 %	5.5 %	13.9 %	28.0 %	38.8 %	100 %
9	游戏沉浸体验感真实	5.5 %	10.1 %	15.6 %	31.7 %	37.1 %	100 %
10	游戏有丰富的玩法	9.3 %	9.3 %	13.3 %	27.5 %	40.6 %	100 %
11	玩家可自由交易	20.9 %	15.1 %	18.7 %	25.4 %	19.9 %	100 %

续表

编号	指标内容	1	2	3	4	5	合计
12	玩家有定价权	15.4%	14.1%	16.9%	22.9%	30.7%	100%
13	玩家可获得合理回报	14.1%	11.1%	11.3%	27.0%	36.5%	100%
14	游戏能维持较长的时间	6.8%	6.8%	15.4%	24.7%	46.3%	100%
15	游戏平台有优质的管理	8.3%	8.5%	13.1%	27.5%	42.6%	100%
16	游戏有好的维护与升级服务	33.5%	15.2%	12.8%	18.9%	19.6%	100%

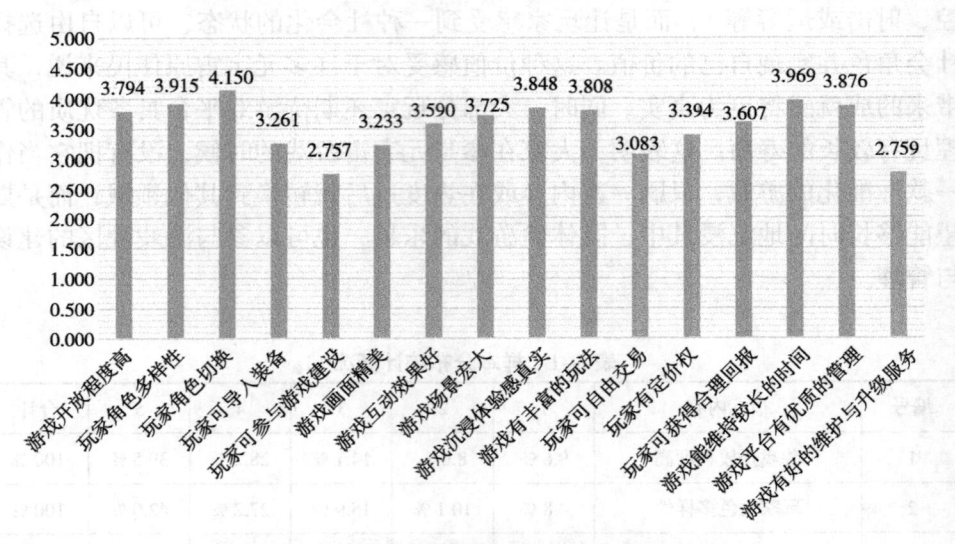

图 5-2　各指标加权后的影响程度（5 分制评分）

为更好地服务玩家的关注点，游戏厂商在构建元宇宙游戏架构的时候，需要全面考虑这些诉求，使最初的底层框架设计能够符合玩家相应的要求。在技术层面，最为关键的是如何保证游戏平台在去中心化的模式下具备较为理想的可升级特性。比如，在元宇宙游戏中，预计玩家的平均游玩时间会明显高于现有的各种网游，玩家的资历将会以年计算，很有可能出现十年以上，甚至数十年的玩家群。那么，当游戏需要在显示、建模、地图、道具甚至机制层面进行更新时，如何保护这些玩家的权益，以及如何使游戏平台能够流畅地切换，这些都需要提前设计并做好测试工作。较为理想的状态是把元宇宙游戏（或平台）建设为一种自组织、模块化，并且可以自由拓展的社区。在游戏的导入阶段，以开发方（游戏厂商）为主导，随着玩家数量的增加以及游戏业务的增长，开发方应逐步弱化自己的角色，玩家群体应掌握游戏的发展走势，并形成某种机制的社区管理模式。这种设想目前已经在一些区块链社区实现了，特别是在一些联盟链中，注册用户可以通过投票机制对某些重要问题进行决策，如是否开通一个侧链或算法的升级等。

因子分析前进行相关检验，计算 KMO 值为 0.819（>0.8），呈现出较强的关联性，适宜进行因子分析。同时，Bartlett 球度检验（1 332.762）的 P 值小于 0.01，同样支持因子分析。在因子分析过程中，对应的初始特征值、提取平方和载入及旋转平方和载入指标如表 5-2 所示。在非旋转成分矩阵（见表 5-3）中，采用了 0.4 作为基准线。其中，1 号因子的承载较重（12 个指标），基本上覆盖了大部分玩家的诉求点，不适宜进行特征归类。其余四个因子的承载量过少，特别是 5 号因子仅体现了一个指标，且与 3 号因子重叠，总体分解效果不佳。

表 5-2　各指标解释的总方差

成分编号	初始特征值 合计	初始特征值 方差的%	初始特征值 累积%	提取平方和载入 合计	提取平方和载入 方差的%	提取平方和载入 累积%	旋转平方和载入 合计	旋转平方和载入 方差的%	旋转平方和载入 累积%
1	4.210	26.314	26.314	4.210	26.314	26.314	2.194	13.711	13.711
2	1.465	9.157	35.471	1.465	9.157	35.471	2.158	13.487	27.198
3	1.293	8.082	43.552	1.293	8.082	43.552	1.946	12.161	39.359
4	1.167	7.297	50.849	1.167	7.297	50.849	1.538	9.614	48.974
5	1.106	6.914	57.763	1.106	6.914	57.763	1.406	8.789	57.763
6	0.938	5.863	63.626	—	—	—	—	—	—
7	0.780	4.877	68.503	—	—	—	—	—	—
8	0.754	4.710	73.212	—	—	—	—	—	—
9	0.730	4.563	77.775	—	—	—	—	—	—
10	0.619	3.870	81.645	—	—	—	—	—	—
11	0.610	3.815	85.460	—	—	—	—	—	—
12	0.565	3.534	88.994	—	—	—	—	—	—

续表

成分编号	初始特征值 合计	初始特征值 方差的%	初始特征值 累积%	提取平方和载入 合计	提取平方和载入 方差的%	提取平方和载入 累积%	旋转平方和载入 合计	旋转平方和载入 方差的%	旋转平方和载入 累积%
13	0.486	3.036	92.030	—	—	—	—	—	—
14	0.467	2.918	94.949	—	—	—	—	—	—
15	0.425	2.654	97.602	—	—	—	—	—	—
16	0.384	2.398	100	—	—	—	—	—	—

表5–3 非旋转成分矩阵

编号	成分主题	成分1	成分2	成分3	成分4	成分5
1	游戏开放程度高	0.588	—	—	—	—
2	玩家角色多样性	0.635	—	—	—	—
3	玩家角色切换	0.535	—	—	—	—
4	玩家可导入装备	0.526	—	—	—	—
5	玩家可参与游戏建设	—	0.425	—	0.474	—
6	游戏画面精美	0.600	—	—	—	—
7	游戏互动效果好	0.561	—	—	—	—
8	游戏场景宏大	0.553	—	—	—	—
9	游戏沉浸体验感真实	0.637	—	—	—	—
10	游戏有丰富的玩法	0.452	−0.558	—	—	—
11	玩家可自由交易	0.403	−0.602	—	—	—
12	玩家有定价权	0.604	—	—	—	—
13	玩家可获得合理回报	—	—	—	0.607	—
14	游戏能维持较长的时间	0.569	—	—	—	—
15	游戏平台有优质的管理	—	—	0.530	—	0.547
16	游戏有好的维护与升级服务	—	—	0.435	—	—

由于非旋转成分分解的分离度不佳，再次使用方差法进行运算，新的结果（见表5–4）在因子承载方面较为合理，可进行归类与总结。

表 5-4 旋转成分矩阵

编号	成分主题	成分1	成分2	成分3	成分4	成分5
1	游戏开放程度高	—	0.709	—	—	—
2	玩家角色多样性	—	0.608	—	—	—
3	玩家角色切换	—	—	0.583	—	—
4	玩家可导入装备	—	0.546	—	0.499	—
5	玩家可参与游戏建设	—	—	—	0.727	—
6	游戏画面精美	0.531	0.403	—	—	—
7	游戏互动效果好	—	0.527	—	—	—
8	游戏场景宏大	0.577	—	—	—	—
9	游戏沉浸体验感真实	0.788	—	—	—	—
10	游戏有丰富的玩法	—	—	0.638	—	—
11	玩家可自由交易	—	—	0.794	—	—
12	玩家有定价权	—	—	0.492	0.464	—
13	玩家可获得合理回报	—	—	—	0.578	—
14	游戏能维持较长的时间	—	—	—	0.719	—
15	游戏平台有优质的管理	—	—	—	—	0.832
16	游戏有好的维护与升级服务	—	—	—	—	0.706

5.1.2.1 成分1：可归类为"游戏的场景与呈现效果"

该结论与前文的分析及常识性判断相一致，元宇宙游戏带来的第一直观印象就是沉浸式游戏场景及高品质的 3D 画面效果，这是任何元宇宙游戏都需要具备的基本条件。对于厂商来说，在开发中实现理想的场景效果并没有很高的技术门槛，主要取决于投入的资源与时间。现有的一些 VR 游戏（包括个人 VR 设备端与公共场所的大型设备）之所以给玩家留下不好的印象，主要原因就是在画面及场景制作上过于粗糙，厂商明显没有认真进行开发。元宇宙游戏如果给用户的画面印象不理想的话，就谈不上对游戏机制、剧情、交互及经济系统之类的感受，会有一大批玩家选择退出。画面效果的实现需要两方面的保障：一是游戏开发方需要在建模及渲染方面进行精心的设计；二是需要在网络传输中尽量减少优化所带来的损失。比如游戏实际显示的帧率效果，这通常不是原始设计问题，而是由终端图形运算能力及网络串流速率所决定的。

5.1.2.2 成分2：可归类为"游戏有较高的可玩性"

对于较高的可玩性存在不同维度的理解，一般来说，玩家都希望一款游戏不单调，有充足的游戏内容，或在游戏中能够体验到不同的变化。对于单调性问题，很多游戏通过设置不同的操作模式以及不同的难度等级，将玩家逐步带入看似熟悉却又未见过的场景之中，使玩家总能够有新的发现。在游戏内容方面，可以通过增加主线、支线剧情体量等方式，延长玩家的游玩时间，使他们不至于过快结束游戏，从而失去兴趣。而对于游戏内变化问题，则需要有随机函数的存在，比如利用玩家相互之间的关联与互动去产生许多不确定的结果，从而提升游戏的游玩感受，MMO类型游戏就是这方面的典型。对于元宇宙游戏开发者来说，仅依靠自身的资源与创作能力，无法有效地满足海量玩家对于可玩性的要求。只有在引入创作机制后，元宇宙才能够提供某种程度上的无限可能，这方面可积极借鉴Roblox的成功经验。

5.1.2.3 成分3：可归类为"游戏内约束较少"

简化约束是元宇宙游戏的内在要求，严格来说，元宇宙游戏并不是一个单纯的游戏，而是一个开放的游戏框架或平台，厂商、玩家及其他相关角色（机构）都可以参与其中，他们可以根据自己的特点与需求，选择贡献较大的领域，共同维护好元宇宙游戏生态。过多的约束通常意味着存在某种管理角色，这种角色的权限会高于其他的群体，他们可以干预或控制游戏中的资源，甚至调整游戏规则。这种状况是与元宇宙去中心化的理念相悖的。较少的游戏约束本身也具备可玩性特征，玩家可以从多个角度参与游戏，他们并不一定要成为游戏中的竞技者，也可以选择成为裁判、管理者、服务人员，乃至高级NPC（过客）等不同的角色。

5.1.2.4 成分4：可归类为"开放且稳定的经济系统"

优质的经济系统是元宇宙游戏保持长期运转的关键，毕竟各类角色参与元宇宙需要进行可持续的资源交换，且能够获得合理的回报。元宇宙游戏中的经济系统需要具备开放与稳定两个特征。首先，开放性能够保证元宇宙体系不是简单的内循环模式，而是能够与外界进行资源与信息的交互，在流通中保持元宇宙生态的健康与活力。良好的开放性特征能够吸引更多的资源流入元宇宙，虚拟环境有了实体支撑后，其市场价值才能更好地体现出来。比如，当前一些知名品牌都在积极入驻元宇宙环境，这种传统实体商品的影响力能够进一步扩大元宇宙经济的规模。其次，稳定性能够保证元宇宙生态的增长趋势，使用户基数群不断扩大。许多传统网游对玩家最大的打击通常来自经济系统的调整，比如调整资源（装备）价格，大量增发资源，币值波动，乃至资源归零等极端措施。这种操作会明显侵害玩家的利益，造成核心玩家的流失。因此，元宇宙游戏在开发及运营过程中，需要避免此类问题的出现，或设置好相应的控制机制。就算在虚拟世界中，用户也不希望遇到通货膨胀、资产贬值这种状况，特别是对于一些在元宇宙中从事工作的玩家，这会直接影响到他们的收入与生活水平。

5.1.2.5 成分5：可归类为"游戏的后台保障品质"

这一特点可能并不符合元宇宙游戏的发展方向，因为好的元宇宙游戏理论上应该由玩家自治与自管。但是，对于诸多现有玩家来说，他们概念中的网络游戏还是中心化的，需要有一个公司或公司联盟运营与维护，对于游戏的保障存在明显的依赖性。随着元宇宙游戏的发展，这种特征将会逐渐弱化，比如许多区块链或链游中的极客都倾向于信任某种机制，而非某个商业主体。他们愿意参与网络活动的前提是有极高的自主权与自由度，不希望个人的行为被记录或被管制。可以设想，一款成熟的元宇宙游戏应该是无需某一个体（公司）提供保障的，而是由社群中的每一个主体共同参与维护。因此，厂商在原始开发阶段需要设置某种共同维护的机制与端口，使玩家最终可以实现相应的操作。

从各项成分的影响排序来看，可以对游戏厂商开发元宇宙产品的路径提供一定的参考。

（1）厂商首先需要在视觉层面满足玩家对元宇宙的期待，不论是VR、AR或是整合后的MR，要能够明显超越现有的游戏视觉效果，在建模、渲染、分辨率及刷新率上实现全面的升级。当然，想达到这种效果并不能仅依靠游戏厂商，还要得到显示芯片、传感芯片、边缘运算等技术厂商的支持。游戏厂商需要将这些技术与服务整合到游戏产品中，并使其具备较好的性价比。

（2）游戏厂商应充分利用元宇宙所提供的技术可行性，并在游戏开发中积极地进行尝试，使游戏的娱乐外延进一步扩展。这通常需要开发者拥有丰富的想象力，并且深谙电子娱乐的本质，任天堂与微软等传统大厂在此方面有明显的优势。但是在元宇宙世代，我们也不应忽视独立游戏开发者的力量，它们有着极低的试错成本，在创新方面几乎没有禁锢，这从其在区块链游戏方面取得的成果可见一斑。

（3）厂商在强化游戏可玩性的同时，还要不断提升游戏及游戏环境的开放度，体现去中心化的娱乐特征。对于许多游戏厂商来说，要做到这一点并不容易，传统的游戏开发与运营思维大都是封闭的模式，对于专属资源有着极强的保护意识，这种思维并不适合元宇宙世代的游戏规则。厂商需要明确，在未来的游戏领域，它们需要让渡一部分权力给玩家、供应商及相关的参与者，需要在开源的基础上吸纳更多的资源进入游戏，在利益分配方面也要更具合理性与公平性。

（4）游戏经济系统的设计需要有足够的前瞻性，因为该领域一旦上线，并以去中心化模式运营后，对其进行根本性修复的成本将会很高。如果厂商成为未来运营主体的话，很难承受相应的成本，特别是由于经济系统的变化而造成的信誉损失，将会使元宇宙游戏失去大量的核心客户。现有网络游戏或单机游戏都不具备元宇宙所要求的经济系统模式，企业很难找到可以直接模仿的样本，这需要企业在设计阶段具备较为扎实的虚拟经济与虚拟要素的管理知识，甚至需要掌握足够的经济学知识，从而全面地理解元宇宙经济系统。这项工作并不简单，目前一些链游产品已经迈出了第一步，后面还需要不断尝试与完善。

（5）根据前述分析，游戏保障体系的建设应该构建在元宇宙理念之上，厂商应该采用开放的模式，将其打造为一种虚实资源与要素可自由流通的体系。游戏保障体系的发展与建设不仅需要整合之前的经济系统特征，还涉及元宇宙游戏的诸多方面，为参与者提供充足的接口资源与标准。当然，从现有元宇宙游戏的发展速度来看，许多厂商尚不需要考虑这些问题，它们主要的关注点还是放在如何用好技术、如何做好游戏。但有远见的开发者会意识到，在元宇宙环境下，它们的产品最终需要交给大众去继续开发与维护，企业的角色会逐渐淡化。

5.2　元宇宙游戏开发模式升级

元宇宙游戏在开发模式选择方面具备更多的可能性，厂商可充分利用元宇宙虚拟环境及去中心化等诸多新特点，优化开发流程并提升开发过程的品控能力。厂商具体的开发实践应结合产品特征、运营方式、市场策略等因素选择适宜的模式或模式组合。

5.2.1 传统开发模式的特点与局限

　　游戏产品开发可以选择传统的模式。传统软件开发流程主要基于瀑布模型，其特点是流程简单，基本以直线形态呈现，主要包括问题界定与开发计划、需求分析、软件总体设计、程序（代码）编写、综合测试以及后期的运行维护，过程中无需过多的折返路径。这种线性模式对于绝大部分项目实施来说都非常简单明确，无论开发规模的大小，遵循该路径都可以较好地保证进度与质量。对于具体的游戏开发项目，瀑布模型有利于开发小组成员较好地理解项目的各阶段目标，清楚自己的任务职责及需要达成的效果，并通过相应的里程碑管理进度。同时，在进度控制中还会留存大量的记录与文档信息，便于后期对软件产品进行修复或更新。因此，一些游戏开发团队，特别是规模适中或偏大的团队更愿意使用该模式进行开发，以使项目的开展更有条理。在项目选择方面，如果有明确的游戏开发目标及相应的原型，则该模式能够很好地适应全过程项目管理的需求。

　　但是，瀑布模型自身也存在一定的局限，自上而下的路径缺乏足够的反馈，有可能导致设计错误的累积，并最终造成严重的问题。比如，有些游戏开发项目在设计阶段的想法与思路很好，拥有一个较为宏大的场景目标，也进行了开发模块的切分。但各部分完成后，发现拼合出现了问题，场景切换或加载时缺乏优化机制，超出了预设硬件支持设备的能力范畴，降低了游戏的适应性。这给玩家的感觉就是该游戏很"吃"资源，高配设备也不一定能保证游戏流畅地运行。此外，瀑布模型在游戏开发中容易形成僵化的路径，不利于产品临时调整需求或变更设计思路。一些从事游戏开发的人士谈到，"现代游戏产品需要紧跟时代与市场的变化，比如一个产品从立项到上市可能会跨越1~2年，大型项目还会花更多的时间，这中间会有硬件的升级、网络传输的提升，以及许多竞品的出现，玩家的选择偏好不一定同开发之初的设想相一致，很有可能出现变化"。因此，游戏产品在开发过程中往往需要及时调整，以更加灵活的模式向前推进，而这一点正是瀑布模型的短板。

　　表5-5所示是基于瀑布模型的游戏开发。

表 5–5　基于瀑布模型的游戏开发

阶段划分	阶段内容	阶段关键点	游戏开发适用性说明
问题界定与开发计划	确定游戏产品的基本开发方向，并考虑产品设计在技术方面与市场方面的可行性	（1）对于产品形成预测性判断。 （2）潜在时间消耗有时过长。 （3）通常会形成大量相关（文字）文档	主要解决产品目标与预算问题。许多厂商在以往产品开发中通常将该步骤同第二阶段整合，尽量缩短开发周期
游戏需求分析	游戏属于非定制化产品，需求分析需要基于详细的市场调查，并形成相应的需求规范。重点在于掌握消费者的偏好变化，以及对应的市场规模与潜力	（1）可遵循市场信息采集的标准化流程。 （2）需求调查环节耗时，可使用外包模式。 （3）形成较为明确的需求分析文档	游戏项目团队可参考市场上类似的产品，也可以开辟全新领域。游戏软件需求分析明显不同于商业软件。一些开发者的个人直觉通常也很重要
游戏软件设计	形成基本的游戏框架，对游戏机制、游戏模式、经济系统、游戏数据管理等进行设计	（1）完成游戏架构的抽象设计。 （2）可以供基本的 Demo 用于检视或内测。 （3）完成（基础）设计文档供后续代码阶段使用	游戏软件在设计阶段涉及的问题很多且杂乱，根据不同的游戏类型，其繁简度差异很大。大厂的模式还是倾向于采取规范化流程，但这并不一定能保证产品的质量
编写游戏程序	进行合理的系统或功能模块划分，并将设计语言转化为程序语言。各个模块在调试成功后，进行系统的整合，形成一个游戏功能完备的产品	（1）游戏中的创意部分编程难度较高。 （2）功能（要素）模块间的衔接存在难点。 （3）需要完成基本的单元测试工作。 （4）需要留存关键文档信息	该阶段通常在游戏开发中占用大量的时间。对于一些大型项目，该阶段时间控制难度很高，通常会发生多次逾期
游戏综合测试	进入系统整合测试阶段，由项目开发组完成 Alpha 测试，并选择客户群参与 Beta 测试，部分产品的 Beta 测试还可分为多个阶段	（1）白盒与黑盒（程序性）检验。 （2）完成（网络）游戏的压力检验。 （3）修复典型的程序问题。 （4）探知潜在问题。 （5）测试文档的留存	游戏测试是游戏开发的重要环节，许多游戏都会存在大量的 Bug，需要经过多轮次测试识别并修复这些问题

续表

阶段划分	阶段内容	阶段关键点	游戏开发适用性说明
游戏运行维护	良好的运行维护可以延长游戏产品的寿命，包括例行维护、适应性维护以及修复型维护等	（1）采取适当的维护频率。 （2）有效控制维护成本。 （3）关注维护更新所造成（用户层面）的影响	通常维护会占据软件开发50%~60%的成本，虽然游戏产品该项指标略低，但维护不当会造成玩家的流失

5.2.2 几种适用性更强的开发模式

鉴于传统开发模式的局限性，游戏产品在实际开发中可以更加灵活，选择适用性更佳的流程或模式。实际的游戏开发项目或工程本身就具备极强的创新与试错的特征，开发团队通常可以根据开发目标、游戏特征、产品规模、开发时限，以及团队自身具备的资金、人员等进行平衡。另外，从游戏品控的角度看，不需要像工业软件或商业软件那样达到极高的标准，一些小的 Bug 通常是可以接受的，后期可以随时进行修复。而有些游戏产品也不需要一步到位，可以通过 DLC（游戏内可下载内容）等形式不断补充额外的内容。因此，游戏产品的软件工程管理有着极高的弹性，工程实施更为灵活。

5.2.2.1 快速原型模式

快速原型模式要求开发者以较快的速度先建立起一个能够在某种环境（计算机或手机）中运行的基础软件，可视为软件的原始版。开发团队可以在原型的基础上，根据对用户需求的分析，结合相关的代码特征、功能特征或接口特征等，逐渐扩充软件的功能，并最终形成一个完整的软件版本。快速原型模式在开发过程中拥有较高的灵活性，开发者可以优先选择较为明确的需求（功能）进行开发，像拼图一样不断补充软件内容，但开发并不遵循某种顺序，在管理方面呈现出略显"混乱"的状态。对于游戏开发来说，快速原型模式有着较高的适用性，特别是对于一些小型游戏项目的开发，在不需要进行严格开发周期管理时，该模式能够避免设计阶段的纠结与争论，使项目快速进入实质编写阶段，再通过多轮测试进行完善。从游戏行业的调查结果来看，采用快速原型模式的项目不在少数，根据游戏类型的差别，各自可以有不同的原型起点。比如，一些 FPS 游戏可以先完成移动与射击机制的设计及原型开发，再逐步强化动作的真实感官，并扩充地图、NPC等内容。一些线性剧情游戏可先完成任意简单关卡的原型，然后再考虑如何设置不同的难度等级。极端情况下，也有一些独立开发者先把游戏背景音乐选定，再根据音乐节奏与风格的变化搭配不同的游戏内容。

5.2.2.2 增量模式

增量模式也称为渐进增量模式，同快速原型模式类似，也属于非整体开发模型。增量模式在进度控制方面表现为线性增长，将软件产品视为一组增量的架构，并重复设计－代码－测试－集成的循环流程。采用该模式时，开发者可通过组件形式开发，以分批的形式进行交付，不断满足客户的需求。对于一些大型软件开发项目来说，增量模式能够有效平衡风险与成本，根据市场（或客户）反馈逐步实现完整的软件功能。一些游戏产品可借助早期版本培养起核心玩家，再根据玩家的需求与偏好决定下一步的开发方向。例如，《无人深空》（No Man's Sky）于2016年发行，游戏背景设定为广袤的架空宇宙空间，允许玩家自由探索各个领域。早期的1.0X版本系列仅提供了少量的探索路线与场景，并多次追加了补丁与资料。至1.3版本，产品扩充了游戏时长，包含了随机生成任务系统，优化了交易系统与经济系统，使玩家在游戏中可以体验到更丰富的活动，进而增加了游戏的滞留时间。2022年，在Switch上发布的版本进一步强化了自定义游戏模式，增加了无缝自动保存功能，改善了库存视觉效果等辅助功能，使玩家可以更好地管理自己的游戏成果。当然，增量模式也存在一定的缺陷：其一，开发之初缺乏完整、明确的功能定义，最终产品有可能极大地偏离原始的设想。比如有些游戏预设为开放世界，最后却做成了一款线性剧情游戏，这会让部分了解游戏开发构想信息的玩家感到失望。其二，新组件的加入不能破坏或影响原有的游戏系统，这让很多升级资料的更新较难处理。比如一些游戏在后续关卡（场景）中调整相关系数，如何同此前的内容保持合理的升降差值，不至于形成过大的跨度而使玩家明显感觉到难度（或其他方面）的不连续，这在增量模式下很难控制；同时，对于存在前后剧情反馈的部分，也是增量模式处理的难点。其三，需要在初代版本预留好所有需要的接口，在后续的追加升级中，很难在不间断的情况下对接口进行相关开发。比如有些游戏的早期版本不涉及复杂的经济系统，但后期有可能用到某种玩家开发或自由定价模式，那么最好在初始的设计中就预留好相关参数与函数的接入方式，避免在颠覆性升级中造成用户数据的混乱或丢失。

5.2.2.3 喷泉模式

喷泉模式的核心思维是以用户需求为主线，以用户为出发点，自下而上地进行迭代式开发。喷泉模式的主要特点是迭代过程中的无间隙化，各项开发活动之间没有明确的边界，可以从概念、定义、分析、表达、实现等多维度同时切入开发流程，以实现对象效果为最终的目标。喷泉模式通常与面向对象开发有高度的契合，在面对分散性需求的状态下，该模式能够不断地贴近用户的理想目标，并保证软件内在逻辑的合理性。喷泉模式多用于商业软件的开发，在游戏成品开发中的应用范围有限。但是，在游戏基础软件开发中也有一定的市场。例如，在游戏引擎开发方面，通常需要考虑多领域的功能定义与复现，且一款成熟引擎需要不断扩充关联性功能，喷泉模式能够更好地适应这种开发情境，在反复的单元测试、集成测试及系统测试中强化相关的功能。综合来看，喷泉模式在有限范围的软件开发中有着较高的效率，相关模块的复用性很高，特别适用于"递进"的开发流程。但该模式的缺点在于，过程之间的重叠特性有可能导致部分内容存在潜在冲突，且过程文档的管理较为麻烦，中小型项目尚可，大型项目不利于后期的维护与升级。

5.2.2.4 螺旋模式

螺旋模式整合了瀑布模型与快速原型模式的特点，在风险管理的控制下，以螺旋推进的形式开发产品。螺旋模式一般包括计划制订、风险分析、工程实施、客户评估与反馈四个步骤。在计划制订中，可以只形成概要的描述，或关键指标的参量，并基于此形成相关的阶段原型；在风险分析中，需要对阶段原型进行预评价，主要考虑技术及成本方面的可行性，该步骤是螺旋模式的关键环节，通常会花费相当长的时间，对于不符合风控标准的原型要及时调整，保证最终原型的可靠性；在工程实施的多个轮次中，需要进行反复的技术验证，最终进入编码与测试阶段；在客户评估与反馈中，需要实际使用者确认各个阶段的设计或开发成果，包括产品概要功能、产品生命周期、开发方案以及具体的测试标准等。在游戏项目开发中，使用螺旋模式将会增加相应的成本，特别是每一轮风险评估及客户评估都需要有额外的付出，资金本不充足的中小项目确实负担不起。对于大型项目，这种反复确认的形式也不一定能保证项目的最终质量。原因在于，游戏产品的实际用户一般是不确定的，厂商很难在每个阶段找到"准确"的玩家参与评价，该环节的价值将会大打折扣。因此，在实际游戏开发中，只有极少的项目采用这种模式。

如图 5-3 所示，从开发者的角度考察不同开发模式对游戏的适用性，可以看出单机游戏普遍适用于各种模式。单机游戏由于不涉及频繁的更新以及对联网性能的优化，其开发周期可以根据项目进度灵活调整，与传统的瀑布模式及螺旋模式有着极高的匹配度。一些小规模的单机游戏使用快速原型模式，同样可获得理想的开发效率，并更好地发挥创作者的想象力。而网络游戏的开发模式适应性则相对较弱，许多网络游戏需要考虑玩家的累积信息以及玩家之间的交互关系，在开发周期需要周全考虑。相比之下，大部分开发者认为元宇宙游戏的综合适应性最低，一方面是由于元宇宙游戏在分散化信息管理下的特殊性，要求在游戏开发过程中更加谨慎，且须具备足够的前瞻性；另一方面是由于元宇宙游戏目前还没有明确的概念框架，很难了解不同模式的匹配效果。根据调查结果可知，增量模式在现有条件下更加适合网络游戏与元宇宙游戏。至少目前来看，元宇宙游戏与网络游戏有极高的相似度，其开发过程通常较长，增量模式能够满足阶段开发、分步发布的要求，使游戏在运营过程中不断充实内容，并根据营收状况进行项目的优化。在网络发布渠道不断完善的环境下，许多单机游戏也倾向于选择增量模式进行开发，从而更好地平衡自己的现金流。

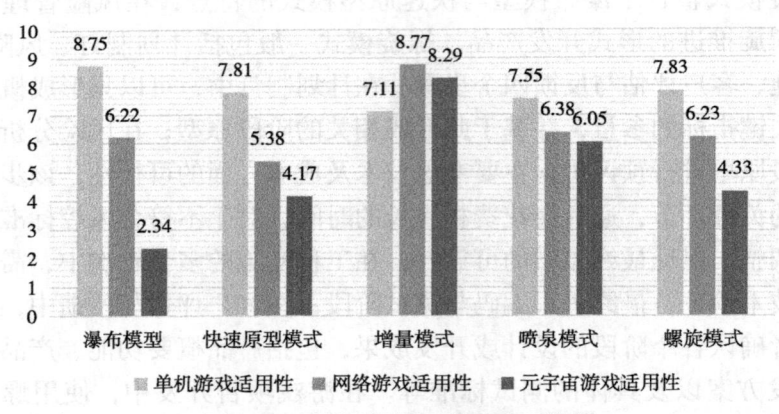

开发模式	单机游戏适用性	网络游戏适用性	元宇宙游戏适用性
瀑布模型	8.75	6.22	2.34
快速原型模式	7.81	5.38	4.17
增量模式	7.11	8.77	8.29
喷泉模式	7.55	6.38	6.05
螺旋模式	7.83	6.23	4.33

图 5-3 不同开发模式对游戏的适用性

5.2.3 元宇宙子游戏开发模式

对于元宇宙游戏来说，其中的子游戏开发数量预计会达到极高的规模，这为中小厂商及个体开发者提供了机遇。他们在项目开发中可以遵循某种路径，除了前述的一些经典模式外，一些灵活且简易的开发模式也可作为备选项。

5.2.3.1 大爆炸模式

大爆炸模式是最传统、最简易的软件开发模式，许多人将其视为一种"粗暴"的开发模式，其开发过程没有明确的方案与计划，基本上凭借主导者的个人意志展开，开发结果通常存在极高的不确定性。在软件工程理念形成以前，大部分软件都是基于这种模式编写出来的。大爆炸模式对于资源有限的项目开发较为适宜，因为在该模式下，个人或团队的全部精力几乎都放在软件实现方面，即进行代码的编写与调试，能够直接得到最终成果，虽然该成果并不一定符合预期（有时可能会取得超出预期的意外效果）。大爆炸模式的明显缺陷是未经过系统的测试，很难发现软件潜在问题，上线后有可能暴露出来，并导致大量差评，影响游戏的口碑。但不可否认，许多经典小游戏都是在这种模式下开发出来的，并且很好地体现了开发者的创意。虽然有些产品存在不少 Bug，但游戏本身带给玩家的乐趣与享受还是得到了认可。就像当前的 Roblox 一样，独立小游戏并不一定完美，但可以依靠玩家的探索与反馈共同完善。在元宇宙游戏环境下，预计这种开发模式将会成为众多业余爱好者的首选。

5.2.3.2 边写边改模式

边写边改模式比大爆炸模式有一定的提升，关注了阶段性测试与反馈，对开发过程进行了一定的步骤划分，具备相应的管理模式，品控能力已有所保障。边写边改模式通常适合小规模的开发团队，一般在十人以下，每个角色都会承担多项工作内容，相互之间没有明确的上下级关系，大家共同参与设计、编写、测试及修改等工作。这种开发模式特别适合合作创业小组，以及对于一些新概念软件的尝试性开发活动，理论上同元宇宙游戏有较高的匹配度。边写边改模式在过程管理中的主要问题是，由于缺乏系统的阶段划分，测试带有极高的随机性。为了验证相应的设计目标，许多开发项目在过程中会频繁进行测试，遇到问题就进行修改，会形成大量的中间（测试）版本，软件的版本管理较为混乱。同时，许多测试与修改只针对具体问题，缺少系统观念，在后期有可能会累积出更严重的问题而不得不全部返工，浪费了更多的资源与时间。从实际应用情况看，如果想充分发挥边写边改模式的优势，需要开发团队拥有极高的默契度及合作精神，成员之间能够相互信任并承担责任，并愿意在产品开发中作出贡献。例如，一些基于合伙模式或由同学组成的团队，利用该模式也能够做出高质量的游戏产品。

5.2.3.3 敏捷开发模式

敏捷开发模式是一种综合性的开发思路，开发的重心由面向规范设计转向了面向应用需求，在理念及部分操作层面类似于快速原型模式。敏捷开发模式的主要特点包括：其一，更加关注软件应用环境的变化，认为开发过程无须固守计划，而应紧跟变化。其二，轻视过程及工具化的管理模式，开发内容以应用交互为核心，优先保证用户的使用体验。其三，在需求采纳方面依赖用户的深度合作，而非简单的列表式需求清单。同时，敏捷开发通常采用迭代模式推进，可以由粗至细逐渐明确产品的功能，保证产品与用户的预期相一致。基于这些特点，敏捷开发模式能够更好地适应激烈的市场竞争，将产品特性前移，最大限度地满足用户的可见需求，通常可以获得较好的反馈评价。敏捷开发团队一般需要具备一定的规模，包括产品负责人（经理）、流程经理及人数适中的开发队伍。游戏产品开发本身就需要不断调整计划吸引受众，以更敏感地捕捉玩家的偏好，因此同敏捷开发模式的匹配度较高。当一款游戏的开发周期较长时，敏捷开发模式能够兼具灵活性与项目管理的优势，更好地实现任务推进及品控管理。

如图5-4所示，从不同规模游戏厂商的关注点来看，对开发模式分别有不同的需求。大公司最为注重开发速度、进度控制与品控等级，它们的产品大多属于大项目，更适合程序规范、严谨的开发模式，可以有效地协调大团队甚至跨部门的开发合作。中小公司通常更加务实，关注成本控制与可见收益，它们在项目选择中需要有精准的定位，并保证资金使用的可持续性，阶段性开发与市场尝试相结合能够达到理想的效果。而独立开发者则更关注简洁化流程、开发自由度以及创意效果，他们通常基于个人爱好进行开发，喜欢将个性化元素融入作品中，不过多在意项目的商业化管理，可以采用简单且不受约束的开发模式。在元宇宙游戏时代，预计各种类型的开发者会共同参与甚至产生多方协作的关系，对开发模式的采纳将会更加多元化。在去中心化的开发与管理需求引导下，也有可能衍生出新的开发模式。新模式需要适应松散架构的开发任务，以及总开发周期较长的项目，能够更好地保障项目横向间的协调，使互不相识的角色有机整合到一个具体的开发活动中。在纵向层面，增量模式与螺旋模式有可能成为理想的模板，便于大型项目逐步、逐级推进与完善。

5　元宇宙游戏产品

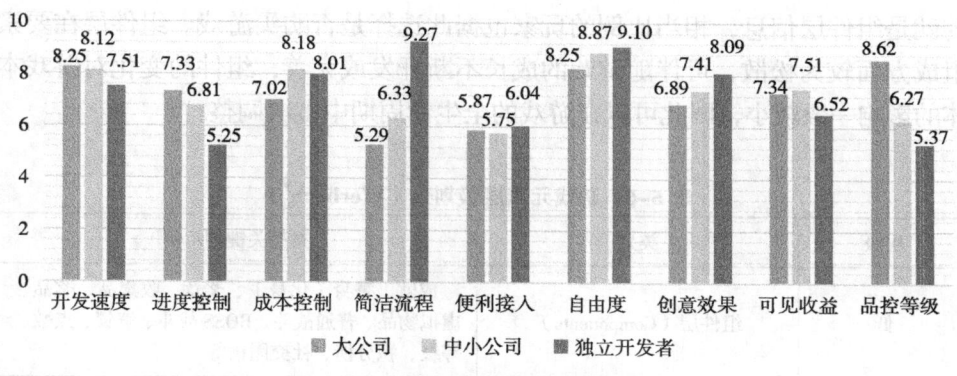

图 5-4　不同开发主体的关注点评价

5.3　元宇宙游戏机制升级

元宇宙技术的实现及其同游戏产品的结合，能够带来游戏机制的全面升级，这是促进游戏产业演进的关键，也是游戏产品创新的底层动力。元宇宙游戏之所以在理论上能够促进增量市场的出现，在很大程度上得益于游戏机制的革新。新机制的导入会增加产品开发的维度，进一步丰富产品的类型。只要开发者有足够的想象力，就会不断孕育出新的游戏产品，满足多样化玩家的需求，并不断拓展游戏领域的前沿。

5.3.1　游戏机制的功能

游戏机制作为一款游戏的中枢，是玩家在游戏中游玩的核心。好的机制设计能够支撑并充分调动起各方面的游戏要素，使其构成有机的整体，从而给玩家带来完美的游戏体验。

根据 Werbach 的研究成果，常见的游戏组成元素包含三个层级（见表 5-6）。

（1）组件层。组件层是构成一款游戏的基本要素，该层级包含的内容非常广泛，涉及了玩家在游戏中的化身、成就、奖章、收集品等。组件层内容的丰富度通常决定了一款游戏的外在效果，如果组件类型多样且结构合理，就能够对玩家产生较为直接的吸引力。比如，许多游戏的宣发广告（海报）主要展示的就是组件层信息,相当比例的玩家也据此选择是否购买游戏。组件层在要素组成方面较为松散,可伴随游戏的成长不断开发或完善,组件的变化对游戏本体的影响一般较小,因此可以在游戏的全生命周期中多次调整。

表 5-6 游戏元素层级划分(Werbach[*])

层级	类别	典型关键词示例
低	组件层(Components)	成就、替身(化身)、奖章、收集品、奖品、虚拟物品、普通战斗、BOSS 战斗、解锁、点数、等级、积分榜、社交图谱等
中	机制层(Mechanics)	挑战、竞争、机遇、合作、反馈、资源采集、奖励、交易、角色转换等
高	动态层(Dynamics)	情感、叙事、约束、关系、进阶等

注:根据 Werbach 研究整理。

(2)机制层。机制层是支撑一款游戏运转的关键,游戏组件要素均需要依托游戏机制才能体现出相应的价值。游戏机制的主题一般会涉及挑战、竞争、机遇、合作、反馈等内容。游戏机制设计的优劣会直接影响游戏的可玩性,好的游戏机制并不需要非常复杂,而是应能够将玩家很好地带入其中并获得极强的参与效果。游戏业界普遍认为游戏机制是产品开发的核心,一些早期经典游戏,其组件内容看似简陋,但由于可玩性很好,因此游戏具有极强的生命力,比如俄罗斯方块(Tetris)。游戏机制设计需要开发者具备极强的创新能力,能够深入理解玩家对于娱乐的需求,并利用现有的技术手段加以实现。

(3)动态层。动态层建立在组件层与机制层之上,达成对游戏内容设计的延伸及社会化的扩展。动态层能够将游戏的基础元素整合到系列化的过程之中,通过叙事、情感、关系、约束等形式表现出来,使玩家获得理想的代入感。在早期的游戏设计中,动态串联一般与游戏机制、组件相分离,相应的故事情节被嵌套在游戏的外层,玩家虽感觉脱离了情节但并不影响游玩过程。而现代游戏设计则强调动态过程与基础元素的融合,玩家如果脱离情节则很难推进游戏,或无法获得完整的游戏体验。

Werbach 建立的模式为系统性的游戏开发提供了参考,一款作品的设计可以依动态层、机制层、组件层的逻辑顺序展开,由大至小将不同的元素拼合起来,形成最终的游戏产品。在开发的阶段控制中,应注意不同层级之间的关联性与相互匹配(见表 5-7)。不同的机制类别在运转中需要调用不同的元素属性。例如，奖励机制需要与成就、奖章、奖品等静态要素高度关联，还需要同各类战斗等动态要素关联，并形成点数积累与解锁等效果。采取这种形式，更便于团队在产品开发时管理大量的基础数据与信息，并构建出具体的映射关系，帮助其检查项目的完整性或快捷地进行平衡性调整。

表 5-7 游戏元素层与机制层的匹配关系

匹配关系	挑战	竞争	机遇	合作	反馈	资源采集	奖励	交易	角色转换
成就	★★☆	★★☆	★☆☆	★★☆	★☆☆	☆☆☆	★★★	★★☆	★☆☆
替身	☆☆☆	★☆☆	★☆☆	★★☆	★☆☆	☆☆☆	☆☆☆	★☆☆	★★★
奖章	★★★	★★★	★★★	★☆☆	★★★	★☆☆	★★★	★☆☆	☆☆☆
奖品	★★☆	★★★	★★★	★☆☆	★★☆	★☆☆	★★★	★☆☆	☆☆☆
收集品	★☆☆	★☆☆	★★☆	★★☆	★★☆	★★★	★☆☆	★★★	☆☆☆
虚拟物品	★☆☆	☆☆☆	★★☆	★★☆	★☆☆	★★★	★★★	★★★	★★☆
普通战斗	★★★	★★☆	★★★	★★☆	★★★	★★★	★★★	☆☆☆	★☆☆
BOSS 战斗	★★★	★★★	★★★	★★★	★★★	★★★	★★★	☆☆☆	★☆☆
解锁	★★☆	★☆☆	★☆☆	☆☆☆	★☆☆	★★★	★★★	★☆☆	★★★
点数	★★☆	★☆☆	★☆☆	★☆☆	★★☆	★★☆	★★☆	★☆☆	★☆☆
等级	★★☆	★★★	★☆☆	★☆☆	★★☆	★★☆	★★☆	★★☆	★★☆
积分榜	★★★	★★★	★☆☆	★★☆	★★☆	★☆☆	★★☆	★★☆	★☆☆
社交图谱	☆☆☆	★☆☆	★☆☆	★★★	★☆☆	☆☆☆	★☆☆	★★★	★★★

需要指出的是，游戏设计与开发过程并不一定依游戏元素的层级顺序展开。一些大型团队有可能采用同步推进的方式，同时在各个层级进行开发，然后在阶段性控制点进行横向的协调与对接，这主要是为了缩短项目的进程。而一些独立（小型）团队或开发者，则有可能根据自己的构思与偏好，任意选择开发的切入点。例如，一些独立项目以剧情作为主线进行开发，或以角色建模作为起始点，甚至优先开发游戏音乐作为铺垫。不过，从软件工程管理的角度看，以游戏机制作为开发主线通常能够更好地控制总体进度，并保障游戏作品的质量，从而更能适应中大型项目的管理需求。

从行业调查的结果来看，游戏机制在不同类别游戏中的受关注度存在一定的差异（见图5-5）。RPG游戏得分最高，超过了9分。RPG游戏由于在机制演化方面历时最长，机制设计的优劣已成为产品竞争的关键。优质的RPG游戏需要建立在良好的机制基础上，结合好的剧情与元素，具备更强的用户黏性，不断延长玩家的游玩时间。因此，许多厂商在开发RPG游戏时，会优先考虑如何优化游戏机制，即使不能作出颠覆性的创新，至少也要在局部做出自己的特色，实现一定程度的差异化。同时，成功的RPG游戏机制还会不断向其他游戏领域扩散，许多游戏也存在RPG化的倾向，如ACT、RTS、开放世界等类型，其中许多耐玩的作品也都吸收了经典的RPG机制要素。

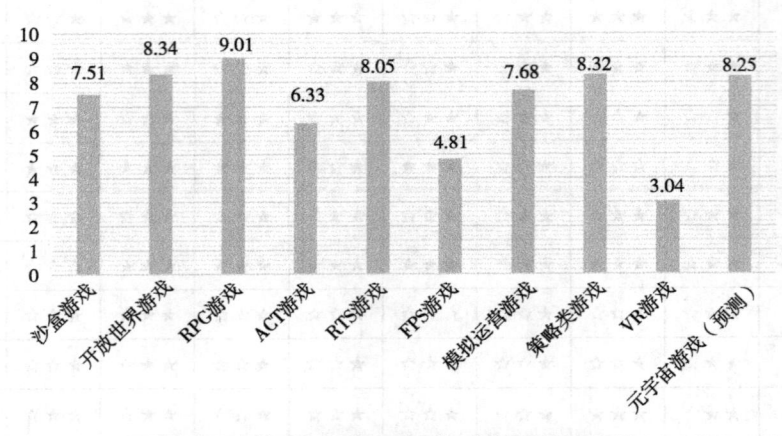

游戏类型	分值
沙盒游戏	7.51
开放世界游戏	8.34
RPG游戏	9.01
ACT游戏	6.33
RTS游戏	8.05
FPS游戏	4.81
模拟运营游戏	7.68
策略类游戏	8.32
VR游戏	3.04
元宇宙游戏（预测）	8.25

图5-5 游戏机制在不同游戏类型中的重要性

此外，8分以上的游戏类别有开放世界游戏、RTS游戏、策略类游戏，以及基于预测的元宇宙游戏。这些游戏为了获得更多的玩家在线（游玩）时长，也努力通过机制层面的优化增强游戏的可玩性与耐玩性。比如，一些游戏在剧本方面并无优势，但是通过难度升级机制重复简单场景，使玩家不断进行挑战，极大地延长了游玩时间。又如，RTS游戏在机制平衡性方面需要有更为精准的调校，以增强游戏的内在协调性，让玩家可以持久地探索游戏并尝试新的对战策略。平衡性机制的典范是暴雪公司的作品《星际争霸》，1.X时代三个种族经过多个版本的升级，兵种相互间的攻防及属性达到了近乎完美的平衡，这让使用不同种族的玩家都可以通过个人技术的提升而战胜对手，不会形成一家独大的局面。目前，元宇宙游戏虽然还没有成型的游戏模板，但大部分业界调查显示，如果想维持游戏的生命力并不断扩大用户群，游戏机制设计同样非常重要。

5.3.2 元宇宙游戏机制创新方向

元宇宙游戏将会拥有比现有游戏更加庞大的架构，相应的游戏机制复杂度也会更高。为了更好地吸引并滞留大量不同类型的玩家，需要精心地设计元宇宙游戏机制，在分层次的结构下，以创新的模式发挥出诸项新技术的优势，并提高产品及子产品的可玩性。

在九个项目的调查中，有六项的玩家关注度高于游戏厂商的关注度，分别是教程清晰度、新手友好程度、是否容易进阶、信息获取与筛选、成就感获得以及弱势补偿机制。其余三项厂商的关注度较高，分别是理解游戏目标、理解完整的体系设计以及正负反馈设计（见图5-6）。

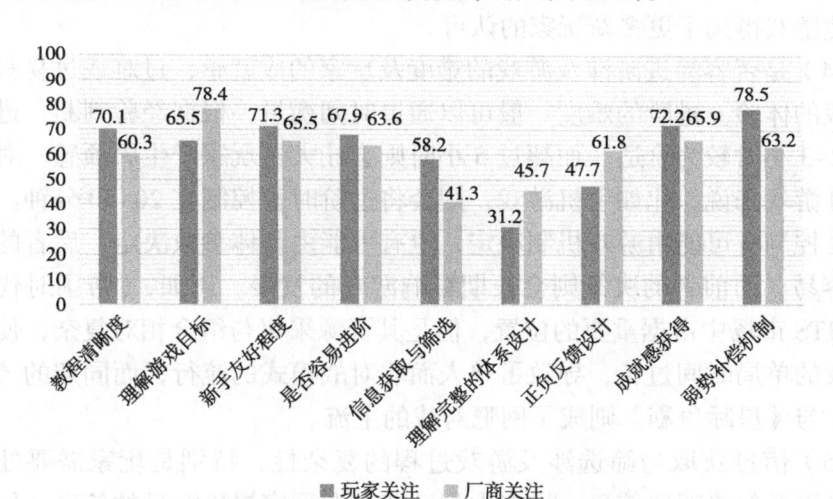

图5-6 玩家与厂商在游戏机制创新方面的关注差异

（1）清晰且简单的教程可以帮助玩家快速进入角色并开始游玩。当前许多游戏的机制较为复杂，玩家即使是完成一些基本的操作也需要一定时间的练习，才能逐渐熟悉游戏环境。对于一些硬核游戏来说，轻度玩家通常会被拒之门外。因此，如何设计出优质的教程关卡对于新概念游戏切入市场非常关键。理论上，元宇宙游戏包含复合的游戏机制，玩家需要逐一掌握相应的规则，教程的开发也应体现出进阶的特征。

（2）理解游戏目标可以避免玩家迷失在复杂环境中，找到明确的游戏方向。玩家在元宇宙游戏中可以扮演多种类型的角色，因此所依赖的目标体系也不尽相同，关键点是厂商需要帮助玩家理解自己所属体系的目标方向。从游戏的导入路径来看，一般都是由简至难，游戏可引导玩家先完成一些简单的目标，在配合完成教学环节后，再给予玩家充分的自由探索空间。

（3）新手友好程度对于扩大用户群有重要影响。许多优质的游戏用户覆盖范围很窄且增长缓慢，均受限于新手友好程度。比如，《暗黑破坏神2》无疑是美式RPG游戏的经典，但是新玩家上手有一定的难度，特别是对于从未接触过此类游戏的玩家。暴雪公司也意识到了这个问题，在类似游戏充斥的环境下，新作的市场竞争会显著增加。因此，在《暗黑破坏神3》的开发中大幅降低了多项操作的难度，达到了对于新手非常友好的状态。虽然这种变化受到了不少老玩家的批评，感觉游戏缺乏足够的挑战，但毫无疑问这种调整使游戏得到了更多新玩家的认可。

（4）是否容易进阶涉及游戏的难度及玩家的成就感，过难或过易都会影响游戏的体验。进阶的难度一般可以通过时间衡量，根据经验判断，进阶时长在2~3小时较为合适，而超过5小时则会让大量玩家产生厌烦感。对于一些轻度游戏来说，比如手机游戏，则会将进阶时长控制在20~30分钟。进阶难易度控制有可能由游戏机制决定，也有可能由具体参数决定，后者的调整相对容易，而前者的决策则会长期影响游戏的发展。比如，《帝国时代》系列在RTS市场中占据重要的位置，但是其资源采集与组合相对复杂，使该系列游戏的单局时间过长，导致了单人而非对战模式的流行，而同期的《红色警戒》与《星际争霸》则成了网吧对战的主流。

（5）信息获取与筛选涉及游戏过程的复杂性，特别是玩家需要处理哪些信息以及忽略哪些信息。许多大型游戏会向玩家提供海量的信息，但这些信息对于不同玩家来说并不都具有价值，有些玩家只关心主要目标及故事主线，一旦被大量信息淹没，将会产生挫折感，并选择提前退出游戏。而一些深度玩家则希望通过丰富的信息完成更多的支线内容，或获得一种纯粹的游戏生存体验。针对这种现象，一些大型在线游戏尝试开发额外的信息处理工具，帮助不同玩家进行信息归类及过滤，从而提供更好的游戏体验。元宇宙游戏的预期信息量将会非常庞大，游戏机制需要与信息管理机制很好地结合，在必要的时候可以尝试开发面向玩家的信息数据平台或类数据库，并提供简单易用的 UI，方便玩家管理所需的信息。

（6）理解完整的游戏体系设计通常是开发者所关注的项目，他们期望构建一套逻辑严密、结构完整的作品，并将其传递给目标玩家。但是大部分玩家不会长时间反复游玩同一款产品，或不能在理论意义上完整体验游戏的全部内容，所以很难认知完整的游戏体系。对于机制较为复杂的游戏产品，只有在全局理解的基础上才有可能体会到游戏设计的精妙，或感知设计者所要传达的内涵。

（7）正负反馈设计能够引导玩家向着游戏设计的方向前进。在初始游玩阶段，不同的反馈类型能够辅助教学关卡并帮助玩家形成某种动作记忆。良好的正负反馈需要有明确的指向性，且与设计者所要达到的目标实现精准匹配。元宇宙游戏由于采用了复合的感知与输出模式，各类体验层面的反馈将会构成游玩的浅层体验，这方面的反馈设计需要与物理世界基本一致，或至少不应存在明显的差异。在游戏内容等深层次的反馈方面，元宇宙游戏将会处于多角化的状态，开发者需要对不同类别之间的反馈关系进行协调与平衡，力求达到总体感知一致的效果。

（8）成就感获得效果在理论上受到反馈机制的支撑，是一种玩家能够直接感受到的效果。在元宇宙游戏中，成就感获得可以基于非物质及物质两种激励方式，前者同现有大部分游戏的设计相一致，而后者则具有明显的元宇宙特点。一旦具备独立的经济系统，元宇宙游戏平台就能够向表现优异的玩家提供更为有价值的奖励，这些奖励能够在平台上甚至平台之外兑换为代币或现金，从而用于真实的消费活动，该模式带来的成就感是传统游戏所无法比拟的。除此之外，由于元宇宙所具备的社会属性，一些非物质激励同样会很受欢迎，比如一些排名、冠名、Title 等形式，也会让玩家感受到极强的成就感与荣誉感。

（9）弱势补偿机制是一种挽救低水平玩家的方式，通常有助于控制游戏的用户流失率。弱势补偿机制的设计需要非常谨慎，一旦机制设计过度，则会导致游戏内的玩家"躺平"，玩家会尝试通过保持弱势而获得额外帮助，并据此赢得竞赛。也就是说，弱势补偿机制的设计原则是绝不能通过该机制让玩家得到明显的优势，不能抢占游戏核心机制的地位。例如，《马里奥赛车》的弱势补偿机制设计得恰到好处，可以在一场比赛中短暂帮助落后的玩家获得相对高等级的道具，从而提高其完成追赶的概率。但获得游戏胜利的关键还是玩家的驾驶技术及对道具的使用时机。

这些关注点体现了玩家在游玩过程中的普遍需求，而厂商在游戏开发中需要给予同等的重视。特别是进阶难易度、成就感获得以及弱势补偿，这些都直接与游戏机制设计的优劣相关。厂商需要在产品开发中充分考虑并最大限度地贴近玩家需求，在机制创新层面支持元宇宙游戏的发展。

元宇宙游戏机制创新的基础是实现多样化的组合，因为元宇宙游戏本身可视为多类型游戏的集合，其内在机制必然多样。传统小游戏的机制设计只需考虑单一的模式，比如在经典的 8 位机游戏中，许多游戏的核心机制就是跑动与跳跃，或者是匀速的移动与射击，再者是撞击与简单的物理反馈。而在元宇宙游戏中，仅 VR 一项技术的引入，便会带来极其丰富的机制衍生，使玩家动作可以获得更为复杂且真实的感受。以简单的"人－物"互动（见图 5-7）来说，在置身模式下，需要考虑玩家及虚拟环境（含虚拟物品）的空间坐标，以及时间轴线的影响，虽然时间轴线在大部分游戏内容中并不一定会显现出来。在此基础上，玩家的动作信号输入，首先会影响虚拟动作主体在游戏中的参量，比如其在某种打击动作下的力度、速度与角度等，当然还有可能包含加速度等指标。这些信号将会通过响应系统传递至目标客体，并通过客体本身的位置信息，影响其加速度、移动方向等参数，最终改变其位置。如果仅做到这些，那么游戏会显得很生硬，为此还需要加入玩家的

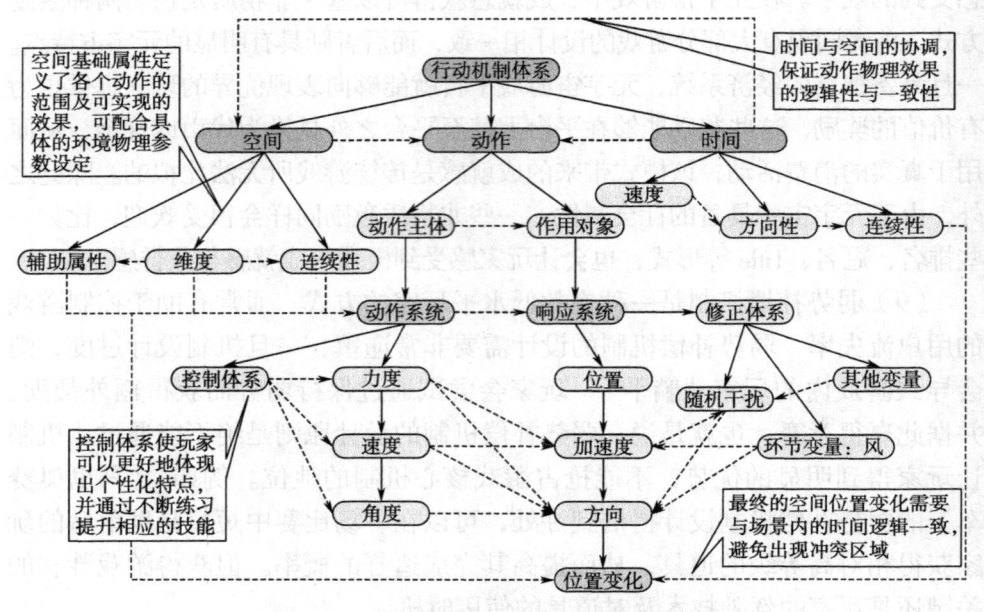

图 5-7 一个简单的"人－物"行动机制示例

控制体系模型与响应系统中的各类修正模型，从而使物理活动显得更加真实。这就像在许多狙击游戏中，玩家打开瞄准镜后，会有随机的呼吸效果一样，增加了精准射击的难度。从这一点即可看出，要打造完美的元宇宙游戏环境，设计者需要考虑的机制类别与属性将会非常复杂，在开发前必然需要一个蓝本的描述，并预先论证其可行性与效果，以及相互之间是否存在逻辑冲突。

5.3.3 元宇宙游戏生态机制的创新趋势

元宇宙游戏生态机制的创新存在于多个层面，分别是元宇宙核心平台机制、创作与分享机制、经济系统及机制、游戏内容机制、动作与感知机制。各个层级之间存在由内而外的支撑关系，其中元宇宙游戏的核心平台是基础，底层的机制创新都需要建立在该平台之上，并逐级影响或演化出对应的应用机制，在逻辑上应具有极高的连贯性（见图5-8）。

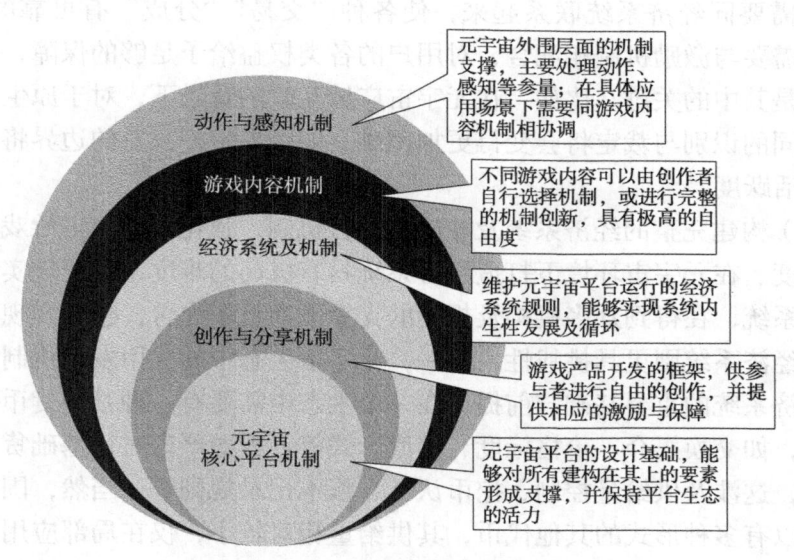

图5-8 元宇宙游戏生态机制的复合

（1）平台机制创新的思路是构建起元宇宙游戏生态的基本规则，可将其视为元宇宙中的"宪法"，其他机制创新应符合该体系规则的要求。其一，元宇宙游戏发展伴随 Web 3.0 技术背景的变迁，机制创新应超越传统的互联网思维，改变以平台为核心的发展模式，更多体现出以关系、内容、资产为核心的创新形式。其二，创新机制要提供广泛开放的空间与接口，给不同类型的厂商以及游戏爱好者创造机会，让他们能够根据自身所长参与底层开发活动。其三，为保障元宇宙游戏生态的活力，需要营造出可持续发展的架构体系，达到"自生长、自强化"的状态。在此，应更多借助 Web 3.0 的特点与优势，以去中心化模式调动广泛的资源，弱化中心化平台的影响力。

（2）创作与分享机制是元宇宙游戏生态扩充的基础，在底层创新的支撑下，需要有源源不断的内容生成，才能维持元宇宙健康发展。其一，构建分层级的内容创作体系，提高内容创新的开放度。现有的许多游戏或内容平台，虽然提供了创作接口，但仅限于外围应用开发，并不能满足所有用户的需求。元宇宙生态应向 UGC 开放更多的创作接口，包括引擎、原始素材、剧本编写等领域。其二，对于内容创作与分享要设置可行的激励机制，形成良性的正反馈，鼓励优质内容的生产。从长期来看，物质性激励是必不可少的，这需要同经济系统联系起来，使各种"交易""分成"有可靠的保证。其三，需要与激励机制相配合，对用户的各类权益给予足够的保障，内容版权保护是其中的关键。比如，在元宇宙广域互联的背景下，对于原生创意与细微雷同的识别与裁定将会变得更加困难，能否界定好权益的边界将会影响创新的活跃度。

（3）构建完整的经济系统及相应的运行机制，强化对元宇宙游戏生态的支持力度。在元宇宙环境下打造经济系统具有极高的难度，对照现实环境下的经济系统，在得到众多机构及规则的支撑下尚且不完善，想要实现完美的元宇宙经济系统则更具挑战性。其一，元宇宙生态中的代币发行机制设计是构建经济系统的重要基础与前提，在一个生态中需要有一种基础货币代行多种职能，如交换媒介、价格标度、储值形式等。需要严谨对待基础货币的生成机制，这涉及供给量控制、挖币认证、账本记录规则等。当然，围绕主货币也可以有多种形式的其他代币，其供给量相对较小，仅在局部应用环境下发挥相应职能，如在具体游戏中使用的代币。其二，设计出可行且全面的要素交换体系，满足各类资源的交易需求。这方面目前还没有形成共识，也就是在去中心化的互联网形态下，每一个节点究竟以何种方式进行交易。采用完全的去中心化结构，还是以小型化的平台作为媒介，抑或是仍然依赖规模较大的元宇宙游戏平台,这需要在实践中不断尝试并识别相应的问题,从而找到一个理想的方案。其三,一些受访者谈到了虚拟环境下的税收问题,即如果在社群完全自治的模式下运营,那么相应的支出由谁来承担,这必然出自社群本身,从而需要某种形式的"税收"。对此,也有一些反对的声音,比如有一类观点是,自治社群的维护可以由爱好者组成,他们会不计报酬地参与各类工作,这种形式自 Web 1.0 时代起就大量存在,并发挥出较理想的效果。

(4)游戏内容机制创新是捕获玩家并获得玩家支持的关键。从行为模式来看,大部分玩家介入元宇宙游戏生态的第一步都是被某个具体的游戏所吸引,并逐渐融入元宇宙相关的各类活动之中。同时,在游戏产业全面演化的过程中,游戏产品的机制创新也理应成为引领产业发展的核心与枢纽。其一,厂商或独立开发者均需要关注游戏产品核心机制的创新,力求在游戏机制层面引入新的玩法与娱乐形式,并提供新的游戏体验。一些业内人士认为,游戏机制也可进一步细分为多个层次,而核心机制属于最为基础与抽象层面的元素,可类比为某种形式的函数,并以公式的形式表达游戏的运作原理。一旦具备好的内核,加上外层机制的放大效果,就能够塑造出好的游戏产品。其二,对于元宇宙游戏来说,应避免过于复杂的行动机制。由于元宇宙技术体系拥有极高的丰富度,一些开发者有可能盲目地认为只要不断做"加法"就会改善游戏机制,这存在明显的偏误。好的游戏并不等于复杂的游戏,玩家在游戏中首先需要获得乐趣,而不是内容或技术学习,高复杂度很容易成为阻碍玩家参与的门槛。其三,促进广泛关联性机制的形成,强化玩家相互之间以及同元宇宙生态的深度结合。达到这种效果并不容易,在基础层面,开发者要充分拓展虚拟物品交换协议(VXTP),强化程序之间的横向关联;在应用层面,要扩展用户与资源标识系统的联系,促进各类标识码的关联使用。为配合关联机制效能的发挥,一些专业人士谈到,应同步开发元宇宙(专属)搜索引擎,使其具备多元化、跨平台、高效率、实时性特征,并以超元形态呈现导航、索引、排序及个性化推荐等信息。其四,注重游戏反馈机制设计,提升玩家的体验感。虽然许多人认为反馈机制设计较为容易,只要增加函数与基础数据即可,但在元宇宙环境下,反馈机制应实现自优化的工作模式。这方面效果的提升需要全面利用 AI 的发展成果,比如让 NPC 通过神经网络学习获得更多的素材积累与反馈模式,这在元宇宙这种海量信息的环境下能够更快速地实现,且效果比人工编辑更为真实。

（5）动作与感知机制属于外围层面的要素，在产业发展中处于先行的位置，有可能成为元宇宙游戏产业演进的有效切入点。据行业发展预测，许多元宇宙概念游戏会首先出现在 VR 或 AR 领域，主要卖点就是动作与感知效果。这方面的技术应用将集中在位置识别、手势识别、体位识别方面，并提供除视觉反馈外的多种反馈效果，诸如震动反馈、声音反馈，乃至温度与嗅觉等生物反馈。在动作与感知机制优化方面，需要关注以下几点：其一，在校准体系基础上，通过反复的人机训练，提升动作与操作感知的精准程度。这是制约现有 VR 与 AR 游戏的瓶颈，但是在技术上并无很高的门槛，预计在元宇宙游戏大量出现后，各个知名周边设备厂商的应用水平会有明显的提升。其二，动态操作形式的多样性发展，会让玩家有更多的操作组合。动态操作的理想形式应该是一种结合玩家特质的自由组合，比如有些玩家擅长手部动作，有些玩家则倾向使用注意力（眼动），还有些玩家则会瞬间调动全身的动作，这方面应提供更好的适配。其三，关键动作识别是重要的过滤器，许多游戏并不需要记录每一个动作信号，这样会增加游戏开发的难度。对于元宇宙里的一些轻度娱乐游戏，可以通过智能识别的方式放大并保留关键动作信号，为外围机制适当地减压。其四，动作与感知机制优化的终极目标是实现互动体验与游戏过程的深度结合。开发者需要将动作感知系统与游戏玩法、游戏内容整合起来，充分利用互动元素与社交元素，回归游戏过程的本源，而不是只停留在强调 VR 等效果的层面。

综合来看，在元宇宙游戏生态中进行机制创新涉及多个层面和丰富的内容，这项任务仅靠少数厂商是无法实现的，或者很难在短期达到理想效果，需要不同角色贡献自己的智慧与创造力。当然，也有一些观点认为，元宇宙游戏世代的机制创新有可能超越人的界限，人工智能将发挥重要作用。AI 已经被应用于许多游戏开发中，参与生成式设计，如地图生成、游戏元素生成、剧情填补等。同时，基于深度学习优化情感识别，进行自适应调整，并向玩家提供智能化服务。这种应用趋势如果持续深化，AI 将能够帮助完善游戏机制，甚至进行独立的创新。毕竟，游戏机制也是一种函数，这是 AI 所擅长的领域。

表 5-8 所示为元宇宙游戏生态机制层级与创新点。

表 5-8　元宇宙游戏生态机制层级与创新点

机制层级	机制设计关键点	典型描述语句示例
元宇宙核心平台机制	（1）基于 Web 3.0 的互联网逻辑。（词频强度：中） （2）基于广泛开放的创新模式。（词频强度：高） （3）构建可持续循环的架构体系。（词频强度：中）	大规模的元宇宙建设将建立在 Web 3.0 技术基础上，因此元宇宙游戏的发展也要充分结合 Web 3.0 的特点，在机制层面需要与之接轨…… 　　在平台构建方面，创新的自由度是最为重要的，我们需要提供开放的创新环境，允许用户在底层提供好的创意，一些好的机制也可被用于其他层面的应用开发…… 　　总体来说，要打造一种可持续的、能够循环发展的架构，元宇宙游戏的发展需要内外部多方面资源的支撑
创作与分享机制	（1）构建分层级的内容创作体系。（词频强度：低） （2）如何鼓励内容创作与分享。（词频强度：高） （3）如何识别原创与雷同等版权问题。（词频强度：低）	在元宇宙上的创新是比较复杂的，可以分为多个层面或层级。比如，开发游戏会用到底层的函数与模块，使用各种开发引擎，或通过驱动使用相关的外设等。因此，内容创作体系需要在多个层面开放，大家都可以参与进来…… 　　创作机制设计的关键是能够有效激发大家的兴趣，愿意投入精力开发好的作品。比如在 Roblox 上我们也能看到很多制作粗糙的内容，这是我们要尽量避免的…… 　　在全球互联模式下，我们还得注意版权的问题，力求保障每一位参与者的权益。其中雷同问题是比较难处理的，比如开发者借用了某个想法，外观和售品很像，但自己编写了代码，这在保护原创方面就非常棘手
经济系统及机制	（1）完善元宇宙代币发行机制。（词频强度：中） （2）复杂的要素交换体系及机制。（词频强度：高） （3）是否需要建立税收机制？（词频强度：低）	在独立、完整的经济系统中，完善代币发行的规则很重要。这跟在现实环境中一样，谁掌握了发行权，那么就会对整个系统的运行有极大的影响…… 　　我们需要考虑到各类资源的交换，既涉及代币，也涉及"物品"，总之就是要模拟真实的经济活动，让参与者能够获益。同时，一些资源的二级市场建设也不能忽视，比如各种 NFT…… 　　有一个问题也需要思考，那就是是否需要模拟真实世界，建立相应的税收机制？如果建立的话，能够给用户提供什么样的服务？因为相关的运营维护也是不小的成本支出，哪家企业能够一直免费做这个工作呢？

续表

机制层级	机制设计关键点	典型描述语句示例
游戏内容机制	（1）（具体）游戏产品核心机制创新。（词频强度：中） （2）避免过于复杂的行动机制。（词频强度：中） （3）形成广泛关联性机制。（词频强度：高） （4）反馈机制设计。（词频强度：中）	元宇宙上的游戏应该是多样化的，每一个具体的游戏产品应该有独具特色的核心机制，差异化才能吸引更多的玩家进入元宇宙…… 有人觉得元宇宙游戏就是要不断加入各种行动模式，越多越好，这种观点并不合适。有些游戏做得过于真实、复杂，导致玩家数量很少，比如《模拟飞行》…… 元宇宙游戏的乐趣之一就是广泛的关联，玩家的任何一个操作都有可能被记录，并影响到其他用户，这会增加玩家的存在感，让他们觉得自己很重要…… 反馈机制是任何游戏设计的重要部分，元宇宙游戏也是这样。简单地说，就是你要让用户全面感受到行为的结果，这种结果来自系统、环境、NPC 或其他玩家
动作与感知机制	（1）精准的动作与操作感知。（词频强度：低） （2）动态操作形式的多样性。（词频强度：中） （3）有效识别并保留关键动作。（词频强度：高） （4）互动体验与游戏过程的深度结合。（词频强度：高）	现有的 VR 游戏在动作感知方面还不是很精准，有些操作还有很大的误差，有时需要多试几次才行。这种状态表明，许多技术的使用还处于实验性阶段，后续肯定会有明显的改进…… VR 给我提供了更多的机会，比如通过眼动、手动等形式控制相关的变量，实现快速的信号输入，这可以显著超越手柄与键盘带来的效果…… 感知机制的关键是如何判断哪些动作是有意义的，需要加以保留或进行信号放大，甚至借助 AI 进行辅助支持…… 引入各类感知操控的目的是为了更好地让玩家融入游戏，让他们专注于游戏本身，而不是具体的按键或鼠标轨迹。理想的状态是让玩家在互动过程中无缝衔接，完全沉浸在游戏之中

5.4 元宇宙游戏引擎升级

系统化的游戏开发需要依托游戏引擎，元宇宙游戏开发在此方面将有更高的标准与更强的需求。游戏引擎升级的速度与质量会影响到游戏产业产出的品质，以及能否容纳更多类型的创作者，使元宇宙具备更友好的创新生态环境。

5.4.1 游戏引擎发展过程与分类

　　游戏引擎是一种软件框架，它提供了游戏开发所需的各种工具和功能，使游戏开发者可以更快速、更有效地开发游戏。到目前为止，游戏引擎的发展大致经历了四个阶段。

　　（1）20世纪70年代至90年代初期，该阶段游戏引擎还没有成为一个独立的概念，游戏公司通常都是自己开发游戏底层（支持）软件，可视为原始形态的游戏引擎。该阶段引擎软件的复用性较差，一般只支持少数作品，有些公司甚至为每一款产品开发不同的底层软件。因此，有人将其形容为作坊式的游戏制作年代。

　　（2）20世纪90年代中期至2000年，是游戏引擎的起步阶段。随着软件开发的工业化，一些游戏公司制作出了有较强通用性的底层软件，比如id Tech引擎、Quake引擎等，游戏引擎成为一个独立的概念并开始流行。使用引擎开发游戏不仅可以节省大量的时间与成本，还有利于保证产品的质量，这让当时的许多大公司受益匪浅。但是，该阶段的游戏引擎只能支持部分开发工作，主要集中在2D/3D图形处理和物理运动方面。

　　（3）2001年至2010年，是游戏引擎的集成化阶段，引擎包不断加入更多的开发功能，比如动画、声音、脚本、网络等，能够进一步降低开发者的使用难度，使其更加专注于游戏内容的设计。该阶段游戏引擎的开发变得更加专业化，通常需要强大的开发团队，业务难度甚至高于许多游戏项目的制作。Unity、Unreal（虚幻）等现代游戏引擎正是出现在这个阶段，被大量用于第三方游戏的开发，并通过授权模式获益。

　　（4）2011年至今，被认为是游戏引擎的现代化阶段，引擎开发已成为少数大公司的竞争领域。现代游戏引擎属于非常复杂且庞大的软件系统，它们能够处理更加复杂的图形、物理、人工智能等方面的问题，并拥有更好的跨平台能力及（开发）社区支持。同时，现代游戏引擎的使用也愈发便利，开始具备更好的可视化编辑界面，以及更强的VR/AR支持功能。

　　当代典型的游戏引擎通常包括以下类型（见表5-9）：渲染引擎，用于将游戏世界中的对象渲染并投射到屏幕上，包括物体、角色、地形、环境等。物理引擎，用于模拟游戏世界中的各种物理效果，如重力、碰撞、摩擦等现象。音频引擎，用于处理游戏中的音效和音乐，包括音频播放、混音和特效等。网络引擎，用于处理多人在线游戏中的网络通信、数据分布存储及协同问题。脚本引擎，用于处理游戏逻辑、脚本编写和相关反馈效果，可基于多种编程语言开发。游戏编辑器，属于偏应用端的开发工具，用于快速创建和编辑游戏中的对象、场景和关卡等内容。

表 5-9 典型游戏引擎的分类与说明

引擎分类	功能说明	典型示例
渲染引擎	游戏引擎的重要组成部分，负责处理 2D/3D 场景的渲染、灯光、阴影、材质、粒子等方面的效果，以实现游戏场景的真实度	Lightweight Render Pipeline（LWRP）、Deferred Renderer、CryEngine V、Godot 3 等渲染器，能够提供拟真的环境光照效果，部分工具还支持实时渲染、粒子特效
物理引擎	游戏物理引擎是一种计算机程序库，用于模拟物理系统，包括物体的运动、碰撞和重力等。物理引擎被广泛应用于游戏开发中，以模拟物理行为并提供更真实的游戏体验	PhysX、Havok、Bullet 等开发包，可提供逼真的物理效果，如刚体动力学、碰撞检测和布料模拟等
音频引擎	处理游戏中声音效果的软件工具，主要用于游戏内音频编辑、播放和处理。游戏音频引擎在处理实时音效效果的同时，还需要保持游戏的高速运行和稳定性	主流的游戏音频引擎包括 FMOD、Wwise，以及 Unity、Unreal 内整合的音频引擎。许多音频引擎可以通过插件、模块等方式进行扩展，从而满足不同项目的开发需求
网络引擎	主要负责游戏中的网络通信、协议解析、数据同步等功能，可以让众多网络玩家在不同环境下达到实时协同的效果	Quake、Half-Life 引擎在早期弱网络环境下实现了优化。Unity、Unreal Engine 4 等进一步提升了相关技术，如数据序列化、帧同步、预测性同步等技术
脚本引擎	用于编写游戏逻辑和控制游戏对象的行为，并实现游戏的交互和动画效果等	脚本引擎多基于 Lua、JavaScript 等轻量化语言开发，Python 由于其简洁易读的语法也成为开发选项，能够在 Unreal Engine 和 CryEngine 中使用
游戏编辑器（引擎）	游戏编辑器是一种用于创建游戏场景、关卡、素材等的工具，也可视为一种引擎，通常包括场景编辑器、素材库管理器、物体属性编辑器、动画编辑器等组件	大部分主流引擎均自带编辑器，并支持场景编辑、素材库管理和流程图编辑等工作。Construct Editor、Godot Editor 等编辑器还提供了可视化便捷模式，适合 HTML 游戏及移动游戏的开发

5.4.2 元宇宙游戏引擎发展趋势

当前，对于元宇宙游戏引擎的需求是复杂且多元化的，其发展领域也是开放性的。本研究通过网络邀请调查，得到了一个引擎发展趋势的思维导图（见图5-9），共归纳为八个领域及具体的细节描述。

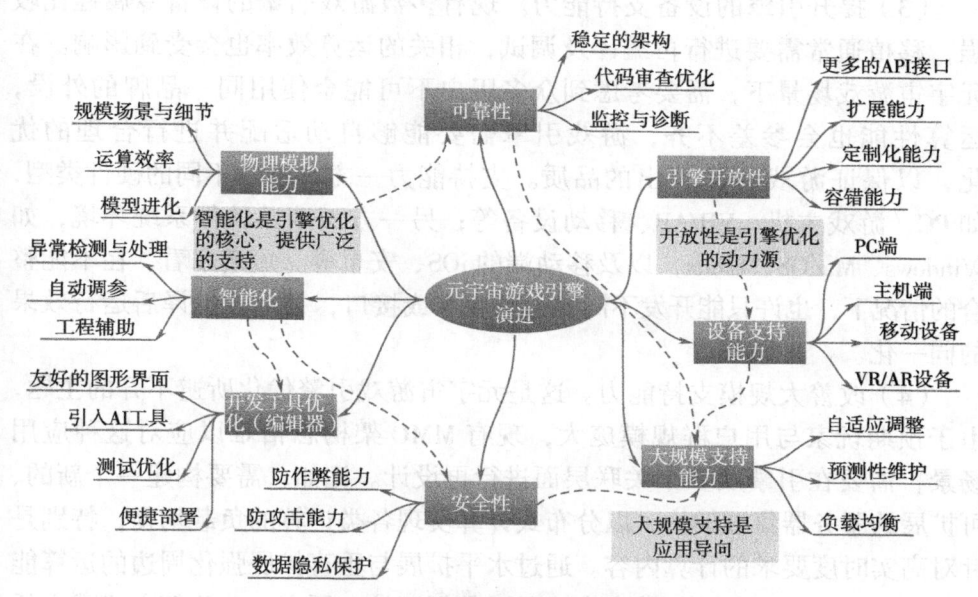

图5-9 元宇宙游戏引擎演进的领域

（1）物理模拟能力拓展。未来元宇宙游戏引擎的物理模拟能力将会更加强大。新的物理算法和技术将会被应用于游戏引擎中，以实现更加真实的物理效果。例如，基于深度学习的物理引擎可以根据物体的外观、质量和其他特征来预测它们的物理行为，从而更加精确地模拟出所需效果。同时，随着虚拟现实和增强现实技术的不断发展，元宇宙游戏引擎还需要支持更加复杂的细节物理模拟，比如模拟真实世界中的重力、空气阻力、声音传播和光照等物理效应，以实现更加逼真的虚拟现实体验。

（2）强化游戏引擎的开放性。引擎层级的开放可以让开发者自由地修改和定制引擎，通过自己的代码或者插件来扩展游戏引擎的功能和特性，从而促进引擎的创新和进步。在开放环境下，开发者可以更方便地进行协作和分享，同时还可以通过网络与云服务来实现更高效的开发流程管理和更好的

（开发）用户体验，这对于中小规模及独立开发者有着极强的吸引力。此外，社区支持是引擎开放性的重要组成部分。需要为引擎开发与使用建立完善的社区支持体系，提供开发文档、教程、示例和论坛等资源，帮助开发者更好地使用引擎。而不同类型的开发者及中小用户也需要积极参与社区讨论和交流，听取他人的反馈与需求，不断支持引擎的改进和优化。

（3）提升引擎的设备支持能力。现有多数游戏引擎的设备专属性比较强，移植通常需要进行再编译及调试，相关的运算效率也会受到影响。在元宇宙游戏场景下，需要考虑到众多用户不可能全使用同一品牌的外设，运算性能也会参差不齐，游戏引擎需要能够自动适配并进行合理的优化，以保证游戏所呈现出的品质。支持能力一方面涉及不同的硬件类型，如 PC、游戏主机、VR/AR、移动设备等；另一方面涉及软件系统环境，如 Windows、MacOS、Linux，以及移动端的 iOS、安卓等。短期来看，在不能整合的情况下，也许只能开发不同的引擎版本或接口，并保证编译后运行效果的同一化。

（4）改善大规模支持能力。这是元宇宙游戏引擎优化所避不开的主题，由于预期玩家与用户群规模庞大，现有 MMO 架构恐怕难以应对这种应用场景，需要在引擎及多个关联层面进行再设计。比如，需要构建一个新的、可扩展的服务器集群架构，以分布式计算实现各类运算的负载均衡，特别是针对高实时度要求的计算内容。通过水平扩展与垂直扩展强化周边的运算能力，更好地驱动引擎及相关内容，通过数据压缩、缓存、分片等方式减少低效游戏资源的传输量，降低服务节点的压力。同时，配合网络拓扑结构及通信协议层面的优化，抵消延迟和丢包等问题的影响，提高边缘节点的响应速度。

（5）游戏引擎智能化。引擎智能化是元宇宙游戏开发的重要基础，能够对多个相关领域形成强力的支撑，如促进开发工具优化，保证引擎及组件的安全性与可靠性等。AI 技术的逐渐成熟为引擎智能化创造了条件，在开发过程中可以极大减少简单、重复性工作，通过标准化模型训练快速生成各类随机性元素，并进行自我调试。从应用趋势看，引擎智能化不仅要处理各类线性问题，还要借助神经元等模式尝试解决非线性问题，最终目标是形成自适应系统与复合智能体系，让玩家很难识别出 NPC 与真实玩家的行为差异。

（6）游戏引擎可靠性。引擎可靠性是支持大规模支持能力的重要保障，在元宇宙生态中可靠性将面临极大的挑战。可靠性提升应完善底层代码的质量，借助 AI 进行充分的测试与纠错，避免低级别错误的出现。要改善技术选型与模式选型能力，即处理好编程语言、通信协议、数据存储、服务框架之间的关系，并通过相关的验证与压力测试。同时，要强化各类例外处理的能力，如内存溢出、非同步等问题，保证在网络协同开发环境下各方能够顺利参与工作。

（7）游戏引擎安全性。引擎安全性是游戏安全性及用户安全性的基础，可以预先在本体代码层面避免一些风险，如程序漏洞或后门预留等。一般来说，游戏引擎在脚本层面的"健壮性"相对较弱，容易被侵入或修改，可以使用过滤器和编码技术来避免脚本层面的攻击，确保外部（有意或无意）输入的信息不会被解释为代码。在开放的开发环境下，元宇宙游戏引擎还要提升对第三方组件（程序包）的安全性侦测，避免不完善甚至恶意程序片的进入。

（8）引擎开发工具优化。引擎编辑器是游戏开发者高频使用的工具，需要提供简洁、友好、高效的工作界面。其中，UI 的可视化编辑是最为重要的，用户可通过框选、点击、拖拽等操作方式实现快速编辑，在显著提升开发效率的同时避免一些低级错误。在 UI 层面应积极引入 AI 辅助，打造开发助手之类的工具，帮助完成基础工作或给出一些开发建议（引导）。此外，开发工具还应具备多平台支持、通用性与扩展性等特点，以更好地适应元宇宙游戏的工作环境。

元宇宙游戏引擎的升级需要结合不同用户（开发者）的偏好，他们对不同领域的关注热度存在一定的差异（见图 5-10）。综合来看，大型游戏开发者对于各方面的要求均比较高，尤其关注游戏引擎的大规模支持能力、物理模拟能力、可靠性和设备支持能力，因为其需要将游戏引擎与自己的工作流程和工具集成，打造高品质产品，并且需要支持大量的在线用户。中小型游戏开发者更关注游戏引擎的综合性能，各方面需求差距不大，同样关注物理模拟能力与可靠性，其所开发的产品同样需要保证品质，并且游戏后期运维的难度并不亚于大型开发者。独立游戏开发者普遍更关注游戏引擎的易用性、学习成本、快速迭代和快速开发等功能，对于开发工具（编辑器）有较高的依赖。独立开发者很可能没有完整的开发团队，许多游戏内容的创建需要依靠外部资源或自动生成，从而快速地实现想法并推向市场。

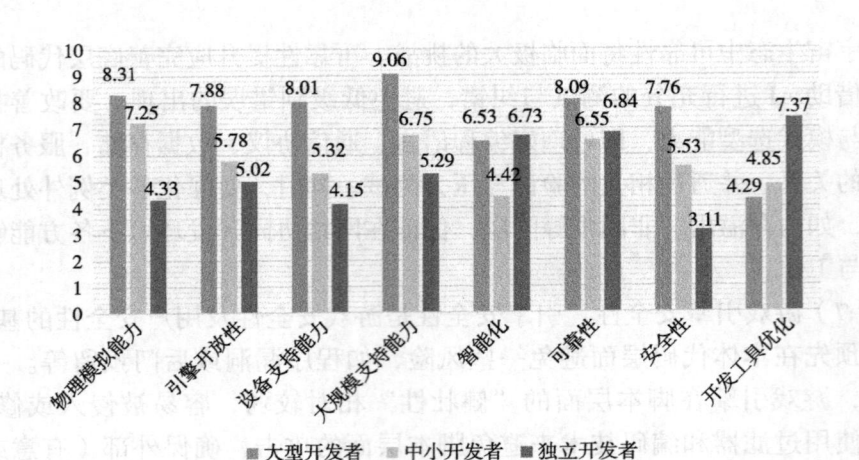

图 5-10 开发者对元宇宙游戏引擎演进的关注度

因此，元宇宙游戏引擎的发展方向总体上应优先满足大型游戏开发者的需求，从而实现向下兼容，覆盖大量的中小开发者与独立开发者。在这一过程中，不断升级引擎核心技术与品质是发展的主线，其中大规模支持能力、物理模拟能力、高可靠性以及广泛的设备支持能力是竞争的关键。掌握核心引擎技术的主体将会在元宇宙游戏领域具备一定的标准影响力与话语权。

我国目前在游戏引擎领域的实力相对较弱，虽然也有诸如 Cocos 这种应用广泛的引擎产品，但是在物理模拟、大规模渲染与网络支持方面很难支撑 3A 级作品，同时在插件库与技术社区方面也存在不足。在未来的产业发展中，不应只关注游戏产品而忽视游戏引擎的重要性，对此，众多国内游戏大厂应肩负起相应的使命。

6 元宇宙游戏产业升级趋势

元宇宙游戏产业的发展趋势虽被业界看好,但其具体发展模式与路径尚不明确。在元宇宙技术创新的推动下,游戏产业内会衍生出新的生产与消费领域,生态指标将随之变化,产业内的技术关联与经济关联会呈现出新的特征,产业协同也将有别于 Web 2.0 时代的游戏产业。本部分主要从元宇宙游戏产业生态环境切入,系统梳理产业演进的逻辑框架,进而分析产业升级的演进路径及相应的政策指引。

6.1 元宇宙游戏产业生态环境

元宇宙游戏产业的生态环境当前正处于酝酿与发展阶段,完整意义上的元宇宙生态尚未形成,很难系统评价生态对行业发展所起到的作用。但是,从各个核心及周边领域发展来看,都或多或少会对元宇宙游戏产业的变革产生影响。技术体系与基础设施的快速发展,开放性和互操作性设计的融合,数字资产使用规模的扩大化,广泛社交与合作理念的形成,以及元宇宙相关经济模型的提出……这些都会深刻影响游戏行业的演进。在游戏行业发展的同时,也将面临越来越多的挑战,如信息安全、隐私保护、游戏沉迷、社会心理、法律监管等问题。因此,在考察元宇宙游戏产业发展的过程中,首先要深入了解产业所处的生态环境特征,从生态视角理解产业演进的模式与路径。

6.1.1 元宇宙游戏产业生态概况

在理论上,元宇宙游戏生态包含丰富的概念及宽泛的边界,会形成由核心(电子游戏)娱乐向泛娱乐及社会化娱乐的转变。因此,元宇宙游戏所涉及的生态领域将超出传统游戏产业,同社会、经济、产业、科技、文化、政策等形成广泛的联系,其核心产业的发展与增长也将受到多方面因素的影响。当然，在现有条件下还无法准确地预测元宇宙游戏生态对产业发展的具体作用，许多影响参数的选择与测算还有待产业生态的进一步成熟。

6.1.1.1 元宇宙游戏产业生态概念

目前，对于元宇宙游戏生态的概念，很多细节还比较模糊。元宇宙本身就是一个新概念，元宇宙游戏生态的定义和范围确定则更加困难。不同的人或组织对于元宇宙游戏及生态的理解和描述存在一定的差异，对元宇宙游戏产业生态或环境的关注点也各不相同。比如，有观点认为元宇宙游戏产业生态应该以技术为基础，有人认为应该依从市场与玩家的需求，还有人则认为需要依托良好的政策。这些观点都有合理之处，在随后的研究中将加以整合考察。

从元宇宙游戏产业生态的形成与演化来看，主要有以下几个关注点。

6.1.1.1.1 产业生态的初始条件

形成一个完整生态的过程通常始于一种特定的经济与社会环境，该状态会受到原有（先行）行业、新技术、资本及市场方面的影响，不同国家或地区在初始状态方面可能存在较大差异。元宇宙游戏产业需要依赖先进的技术及基础设施，需要考虑技术现状及技术获得途径，因此自研能力较强的国家自然会占据有利的初始点位。但这并不意味着缺乏研发能力的国家或地区就没有参与的机会，它们也可以根据资源或某些特质融入元宇宙游戏产业中，这与在现实环境中参与国际产业链分工非常类似。同时，创新和创业环境对于生态塑造也很重要，这是元宇宙游戏产业形成的机制保障。开放、自由的创新创业条件能够激发参与者的热情，使具有创新愿景的创业者和企业家不断推动新技术和新模式的出现，并带动初创阶段的资本投入，快速孕育产业发展的胚胎雏形。此外，第一代玩家（用户）的态度也很重要。玩家的广泛参与和互动，以及对于虚拟现实和增强现实等新技术的兴趣、接受程度和使用意愿是产业生态形成的关键因素。玩家对于元宇宙游戏的好奇和需求，能够促使开发者和企业投入更多资源和精力。

6.1.1.1.2 "物种"的适应性

"物种"适应是新生态形成的第一步。在初始条件下，一些"物种"通过环境适应，能够调整自身的状态，如创新模式与经营模式，从而保持在行业中的活力。对于元宇宙游戏产业生态来说，开发者、投资方、玩家等"物种"都需要在新生态系统中明确自己的角色并找到适宜的位置。对具体的适应性问题，有几个方面需要关注：其一，技术适应。元宇宙游戏产业涉及多种技术，如虚拟现实、增强现实、区块链等。开发者需要不断跟进和适应新的技术进展，掌握和应用相关技术，以确保游戏在元宇宙环境中的顺利运行，而玩家也需要适应相应的操作模式与特点。其二，经济模型适应。元宇宙游戏中的虚拟货币和经济体系需要仔细设计和平衡。开发者需要考虑货币的发行、交易机制、资源分配等方面的问题，以确保游戏内部经济的稳定性和可持续性。其三，安全与治理适应。元宇宙游戏中存在大量虚拟资产和数字货币的交易，安全和有效治理是基础保障。开发者及相关运营方需要建立安全防护措施，保护其他开发者、投资方、普通用户的账户和财产安全，同时还需要制定有效的规则和机制来预防或管理游戏中的不良行为和冲突。

6.1.1.1.3 "物种"间相互作用

在元宇宙游戏生态中，不同的参与者之间存在着相互作用，这些关联塑造了"物种"之间的关系网，并影响着整个产业生态系统的平衡和发展，产业内存在广泛的关联。其一，玩家与游戏开发者。玩家和游戏开发者之间的相互作用是元宇宙游戏生态中最基本的关联。游戏开发者通过为玩家创造游戏环境并提供游戏内容来满足他们的需求，而玩家则通过游戏的参与和反馈来影响游戏生态的发展进程。其二，玩家与玩家。元宇宙游戏提供了广泛的社交和互动功能，玩家之间可以进行更加丰富的交流、合作与竞争。玩家之间的互动可以促进游戏社区的形成，激发创造力和合作精神，甚至形成某种元宇宙游戏文化。其三，玩家与虚拟世界。玩家通过虚拟现实技术进入虚拟世界，与虚拟环境中的物体、场景和角色进行互动。玩家的行为和决策会影响虚拟世界中的状态和演化，同时也受到虚拟世界的限制和规则约束。其四，游戏开发者与第三方服务提供商。在元宇宙游戏生态中，游戏开发者需要与第三方服务提供商合作，获得各种增值服务和功能，如虚拟资产交易平台、社交媒体集成、线上线下商业推广等。这种合作可以丰富游戏的功能和体验，为玩家提供更多选择和便利。

6.1.1.1.4 生态内资源分配

在元宇宙游戏生态中，资源分配是一项重要的任务，涉及如何合理分配游戏内的各种资源，以满足用户需求、维持游戏平衡及推动产业发展。其一，技术资源分配。元宇宙游戏的开发和运营需要大量的技术支持和资源投入。游戏开发者需要合理分配技术资源，包括服务器、网络带宽、数据存储等，以确保游戏的稳定运行和用户体验。其二，游戏内容分配。游戏开发者需要根据用户需求和市场反馈，合理分配资源用于开发和提供游戏内容。这包括游戏剧情、关卡设计、任务系统、角色设定等方面的内容，以确保游戏的丰富性、差异性和可持续性。其三，虚拟资产分配。元宇宙游戏中存在各种虚拟资产，如道具、装备、土地等。游戏开发者需要设计相应的获得途径和分配机制，使得玩家能够通过游戏内活动或交易获得所需的虚拟资产，避免资产过度集中。其四，社区资源分配。元宇宙游戏中的社区是用户互动和交流的重要场所，游戏开发者需要为社区提供相应的资源，如自由社交、论坛、自定义活动等功能，以促进各类用户之间的互动和社区建设。

6.1.1.1.5 "物种"多样性

随着元宇宙游戏生态的发展，会有更多的"物种"加入生态系统，不同"物种"的存在和相互作用会进一步丰富生态系统的结构与功能。其一，游戏开发者。游戏开发者是创造和设计元宇宙游戏的主要参与者，他们来自不同的领域，如程序员、设计师、艺术家、作家等，拥有不同的专业知识和技能，能够为元宇宙游戏的开发和创新作出多元化的贡献。不同类型的游戏开发者会带来不同的创意和风格，丰富元宇宙游戏产品的多样性。其二，游戏玩家。作为最直接参与游戏的人群，游戏玩家具有多样性的特点，他们来自不同的地域，具有不同的文化背景和兴趣爱好。玩家对于元宇宙游戏有不同的游戏偏好和目标，从竞技型玩家到探索型玩家，从社交型玩家到创造型玩家，各类玩家都能在元宇宙游戏中找到适合自己的体验。其三，投资者和赞助商。元宇宙游戏产业中的投资者和赞助商来自不同行业，如风险投资家、游戏发行商、科创公司、品牌商户等。他们的参与能够为元宇宙游戏的开发、运营和营销提供资金和资源方面的支持。其四，社区管理者和社交参与者。元宇宙游戏产业中的社区管理者和社交参与者负责维护游戏社区的秩序，促进玩家互动并建立社交联系，可以是社区管理员、版主、社交媒体管理员，甚至普通用户。他们的多样性和社交技能有助于建立积极和多元化的游戏社区。

6.1.1.1.6 生态内能量流动

生态系统中的能量流动是维持生态发展及平衡的关键，在元宇宙游戏生态中，最典型的能量流动是经济交易和各类市场活动。元宇宙游戏中存在虚拟经济系统，各类角色可以通过创作、出售或购买虚拟物品来获取利益，这些经济活动能够使资源和价值在参与者之间流动，保持游戏生态内的经济活力和促进玩家之间的互动。除此之外，还有几点值得关注。其一，创意与创造力的传播。元宇宙游戏产业中的创意和创造力可视为一种能量的流动形式。玩家和创作者通过设计虚拟环境、角色、故事等展示自己的创意和才华，这种创意和创造力在游戏社区中的传播和分享，能够激发其他参与者的兴趣和灵感。其二，知识和经验的共享。在元宇宙游戏产业中，玩家之间的知识和经验共享也是能量的一种流动方式。玩家可以通过交流、分享和指导来传递游戏技巧、策略和经验，帮助其他玩家提升游戏水平、享受更好的游戏体验。其三，社交影响力与广泛合作。在元宇宙游戏中，玩家之间的社交影响力也是能量流动的一种形式。通过社交互动、团队合作和社区活动，玩家可以相互影响并共同创造，形成社交网络和互助关系，这种能量流动可以提升游戏社区的凝聚力和参与度。

6.1.1.1.7　产业生态演替

生态演替是生态系统发展过程中的一个重要阶段。随着时间的推移，技术、参与者、模式等的类型和组成可能发生变化，一些"物种"可能消失而新的"物种"加入，这种演替会引起生态系统的结构和功能发生某些变化。元宇宙游戏产业的生态演替可能涉及几个方面。其一，技术的演替。元宇宙游戏生态中的技术也会不断发展和进化，新的技术可能取代原旧有技术，为游戏体验和内容创造带来新的可能性。例如，VR 和 AR 技术的发展有可能超越现有边界，为玩家提供更加沉浸和交互的游戏体验，在真实感方面达到前所未有的水平。可以说，底层技术的演替对游戏产业的创新和发展具有重要的影响。其二，内容和游戏类型的演替。随着行业的发展，元宇宙游戏产业中的内容和游戏类型也可能发生演替。新的游戏类型可能兴起，受欢迎的游戏主题和风格可能会发生改变。这种演替可以源于市场需求的变化，也可以基于玩家口味的改变，抑或来自技术进步的影响等。其三，商业模式的演替。元宇宙游戏产业中的商业模式和运营方式也可能发生演替。在技术和市场等因素的影响下，新的商业模式可能出现并逐渐取代旧有模式。例如，传统依靠游戏销售的模式可能被基于订阅、道具交易或广告收入的模式所替代。商业模式的演替对游戏开发者、发行商和玩家都会产生深刻影响。

6.1.1.1.8　产业生态平衡和稳定

理论上，开放的产业生态系统会自发趋于平衡和稳定。随着"物种"之间的相互作用以及资源分配达到一种相对稳定的状态，生态系统能够维持稳定的结构和功能。其一，技术发展和创新方面。元宇宙游戏产业的稳定性和发展依赖于技术的新鲜度、稳定性和安全性，鼓励相关新技术的引入和应用，可以持续推动产业的进步和创新，维持生态系统的活力。其二，参与者利益平衡方面。元宇宙游戏产业中的不同参与者，如游戏玩家、开发者、创作者、投资者等，拥有不同的利益和目标。保持参与者之间的利益平衡是维持产业生态平衡的基础，这可以通过公平的游戏规则、透明的经济机制、有效的沟通渠道、合理的利益分配而实现。其三，资源管理和分配方面。在元宇宙游戏产业中，虚拟货币、虚拟空间、道具、技术衍生品等资源具有重要的作用。合理管理和分配资源是维持生态平衡的关键，这同管理真实的生态环境类似，涉及各类资源的供需平衡、经济机制的稳定性和公平性，以及对资源合理分配与利用的原则。其四，市场竞争和规范方面。元宇宙游戏领域是一个竞争激烈的市场，保持市场竞争的公平和规范对于维持生态平衡至关重要。透明的市场规则、有效的监管机制和行业标准可以防止垄断和不正当竞争，维护市场的健康和可持续发展。

图6-1直观地展示了元宇宙游戏产业生态演化逻辑。

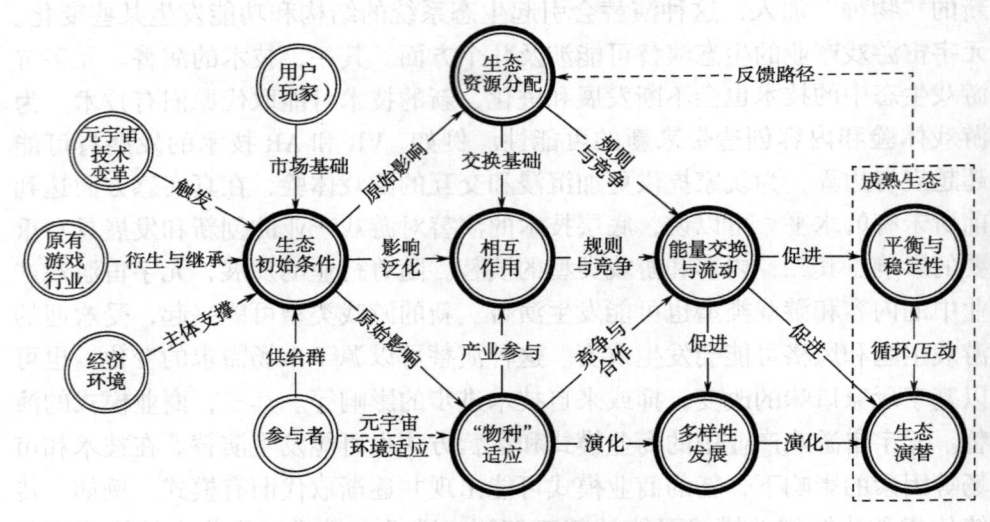

图6-1 元宇宙游戏产业生态演化逻辑

6.1.1.2 元宇宙游戏产业的发展

元宇宙游戏产业生态发展可分为三个阶段，即酝酿期、成长期、成熟期。在各个发展时期，产业会表现出不同的特征。

6.1.1.2.1 酝酿期（Incubation Stage）

在酝酿期，元宇宙游戏产业的参与者和产品数量相对较少，多样性程度较低，游戏内容和体验可能还不够丰富多样。此时，游戏开发者和相关参与者正在适应和探索元宇宙游戏的概念、技术和商业模式，他们可能需要学习新的技能和知识，并适应新的创作和经营方式。在能量流动方面，酝酿期总体能量流动相对较少，甚至在局部可能存在资金和资源的短缺，该阶段下投资者和合作伙伴的支持对于推动能量流动至关重要。在相互影响方面，游戏开发者、技术供应商、投资者等参与者之间的相互作用相对较少，合作和协作的机会比较有限。综合来看，酝酿期尚不会出现明显的生态演替现象，新的参与者可以自由进入市场，相互间还没有形成明确的竞争关系，或仅处于低度竞争的状态。该阶段下完整的生态平衡尚未形成，市场供需还不稳定，需要持续地完善商业生态系统。

6.1.1.2.2 成长期（Growth Stage）

在成长期，元宇宙游戏产业的多样性开始增加，出现更多不同类型的游戏和服务产品，游戏内容和体验变得更加丰富多样。随着元宇宙游戏产业格局的完善，游戏开发者和各类参与者逐渐适应了新的技术和市场需求，他们已习惯于不断更新的技术应用，善于调整策略以满足不断变化的用户需求。在能量流动方面，随着市场规模的扩大，能量流动速度明显提升，资金和资源的供给相对增多，外围投资者和合作伙伴的支持及投入增加，推动产业能够持续发展。在相互影响方面，不同参与者之间的相互作用显著增强，合作和交流更加密集，但行业内的竞争也随之加剧。综合来看，成长期将伴随激烈的生态演替现象，一些较弱的参与者可能被快速淘汰，而新的参与者会积极地涌入市场并竞争相应的份额。在成长期，生态平衡会逐渐稳固，参与者会在市场竞争中保持动态的平衡发展，市场则呈现出健康且可持续的特性。

6.1.1.2.3 成熟期（Mature Stage）

在成熟期，元宇宙游戏产业将具有更高等级的多样性，涵盖各种类型的游戏和服务，用户可以自由选择更加个性化和定制化的游戏体验。元宇宙游戏产业的各类参与者已经适应了技术变迁和市场需求，他们将具备丰富的知识和产品管理经验，善于应对不断变化的市场环境。在能量流动方面，市场供给和需求相对平衡，能量流动较为稳定，参与者之间的合作和资源配置也相对稳定。在相互影响方面，不同角色之间的相互关联更加密切，包括合作、竞争、资源共享等，行业内将形成动态且稳定的合作与竞争格局。综合来看，成熟期的生态演替可能呈现出相对较少的现象，市场份额分配相对稳定，大型参与者拥有市场优势，而小型参与者也有生存空间，生态内形成理想的"共生"局面。

相关领域专业人士及用户的主观评价结果如图6-2所示，基本上，与生态理论分析相一致。因此，可以根据不同阶段的关注点引导产业发展，为产业生态的建设与维护提供一定的参考，在酝酿期、成长期、成熟期分别制定不同的生态策略，支持元宇宙游戏产业顺利成长。

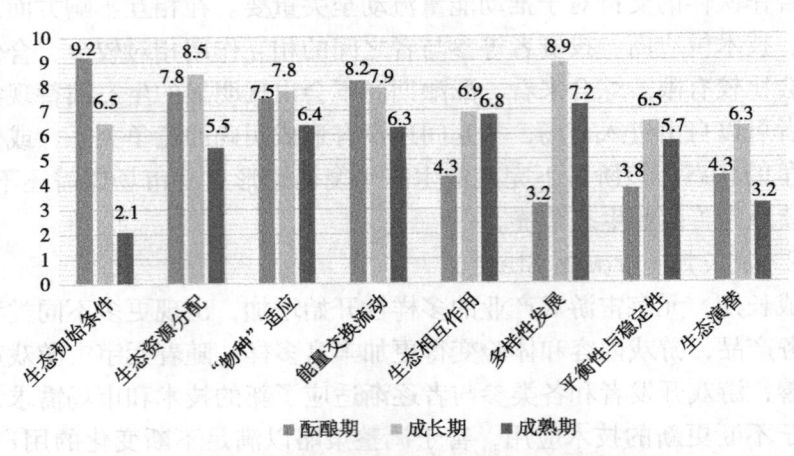

图 6-2 各阶段元宇宙游戏生态演化指标关注度

数据（酝酿期/成长期/成熟期）：
- 生态初始条件：9.2 / 6.5 / 2.1
- 生态资源分配：7.8 / 8.5 / 5.5
- "物种"适应：7.5 / 7.8 / 6.4
- 能量交换流动：8.2 / 7.9 / 6.3
- 生态相互作用：4.3 / 6.9 / 6.8
- 多样性发展：3.2 / 8.9 / 7.2
- 平衡性与稳定性：3.8 / 6.5 / 5.7
- 生态演替：4.3 / 6.3 / 3.2

6.1.2 元宇宙游戏产业生态评价

元宇宙游戏产业生态评价以游戏产业发展为主线，结合产业发展的基础、发展的可持续性、内容创新性、经济与社会属性，综合考虑元宇宙技术带来的影响。本书结合产业生态领域的研究文献，进行文本梳理，共形成六个一级指标，具体分解与内容如表 6-1 所示。

表 6-1 元宇宙游戏产业生态评价指标体系

一级指标	二级指标	三级指标	编号
经济基础（A）	经济静态指标（A1）	人均 GDP	A11
		人均可支配收入	A12
	经济增长指标（A2）	GDP 增长率	A21
		可支配收入增长率	A22
		高科技服务业占比增长（结构优化）	A23

续表

一级指标	二级指标	三级指标	编号
产业基础（B）	硬件基础条件（B1）	互联网普及程度	B11
		移动互联网等级（5G覆盖）	B12
		玩家（用户）终端设备保有量	B13
		元宇宙周边设备（配件）制造能力	B14
	软件基础条件（B2）	通信服务质量	B21
		云服务能力	B22
		公共数据处理能力	B23
		区块链应用开发能力	B24
游戏开发能力（C）	行业（元宇宙）技术能力（C1）	基础技术研发能力	C11
		二次开发能力	C12
		技术转化能力	C13
		技术与终端设备整合能力	C14
	游戏设计与运营能力（C2）	游戏创新设计能力	C21
		游戏运营管理能力	C22
		游戏开发人才数量	C23
游戏市场需求（D）	玩家基数指标（D1）	玩家（用户）规模	D11
		玩家（用户）增长率	D12
		玩家（用户）游戏消费能力	D13
	玩家偏好指标（D2）	玩家（用户）对沉浸体验的偏好	D21
		玩家（用户）对交互模式的偏好	D22
		玩家（用户）对去中心模式的偏好	D23
政策条件（E）	一般性政策支持（E1）	产业扶持（培育）强度	E11
		对于游戏产业的政策导向	E12
		投融资支持政策	E13
		其他成本性关联政策	E14
	产权保护政策（E2）	出版/内容相关保护机制	E21
		侵权申诉及维权成本	E22

续表

一级指标	二级指标	三级指标	编号
文化条件（F）	公众认知状态（F1）	公众（成年群体）对于元宇宙游戏的认知与态度	F11
		公众（未成年群体）对于元宇宙游戏的认知与态度	F12
	行业氛围（F2）	元宇宙游戏消费氛围	F21
		元宇宙游戏就业氛围	F22

6.1.2.1 经济基础

宏观经济环境是各类产业发展的基础，主要经济指标对于市场规模、市场成长等有直接的影响。对于元宇宙游戏产业来说，消费的弹性变动范围极宽，当经济走势或预期较为理想时，核心产业与关联产业的增长将会更容易、更迅速。元宇宙经济能够有效推动相关产业链的发展，包括硬件制造、虚拟现实技术、云计算服务等，这些领域的发展将带动相关企业的增长，增加税收收入，并刺激整体经济的发展。本部分主要考虑经济静态指标与经济增长指标，结合受众消费的主要影响因素，以人均 GDP 及人均可支配收入作为主要考察变量。

6.1.2.2 产业基础

元宇宙游戏发展要依赖可靠的产业基础，需要获得比传统游戏更为扎实且全面的支持。例如，在 MMO 模式下，为达到顺滑的体验效果，各类图像的预处理及云端处理变得非常重要，这需要极强的网络传输支持。在串流服务方面，一些国外的博主进行了非标准条件的测试，发现现有的云串流服务比本地运算要低近一半的帧率，大部分游戏的效果会从 60 帧降至 30 帧以下，如果遇到网络流量高峰，则效果会更糟糕，出现明显的卡顿。为达到元宇宙游戏的高互动要求，需要硬件基础与软件（服务）基础相匹配，共同优化游戏的运行环境。这需要具备较全面的 IT 基础设施及相关的技术能力，资源投入规模很大，对于游戏市场体量偏小的国家（地区）通常有一定难度。

6.1.2.3 游戏开发能力

虽然元宇宙游戏开发的理想状态是无边界的，但是在游戏的起步阶段还会存在由谁主导或谁能占据市场强势地位的竞争。因此，各国或地区的游戏开发能力将会影响产业的切入状态，以及"起跑线"的位置，这种影响会延续至之后的产业格局划分及产业利益分配。元宇宙世代游戏开发的竞争主要有两个领域：一是传统游戏设计与运营基本能力的延续；二是对元宇宙范畴新技术的理解与创新以及如何融入新的游戏机制与模式。对于前者，传统游戏设计师和运营商可以延续并拓展相关能力（如关卡设计、角色设计、故事叙述等），以满足玩家的需求，并推动传统游戏向元宇宙游戏的过渡。对于后者，设计者需要关注玩家需求和期望的升级，结合虚拟现实、增强现实等技术的特点，以提供沉浸式和富有真实感的用户体验，从而创造出流畅、有趣、富有挑战性的游戏。

6.1.2.4 游戏市场需求

市场容量与增长率一直是影响游戏产业增长的关键，早期日本游戏产业的崛起就很好地收获了海外市场的红利，特别是北美市场的开放与发展。元宇宙游戏虽然在理论上具备跨越国界的优势，但在现有的视域下，很多国家或地区仍会设置一定的限制，如市场准入、运营与结算以及文化边界等。如果本国具有良好的市场基础与需求能力，元宇宙游戏在导入期将会获得较好的流量效果与资金支持。在关注市场基数的同时，还需要关注受众的偏好选择，毕竟元宇宙游戏将不同于传统游戏，玩家将会有更多的选择倾向。对于元宇宙游戏，应该以发展的视角看待市场容量的变化，需求创造将是行业发展的主基调。游戏开发者和运营商需要全面关注玩家兴趣、游戏体验、市场营销策略、社区建设、内容更新和用户口碑等领域，努力吸引用户、建立用户需求并留存用户，推动游戏市场的增量式发展。

6.1.2.5 政策条件

各国的产业政策对于产业发展通常存在硬性的影响与约束，有较强的刚性导向。在一般性政策方面，合理的政策导向及一段时期的适度扶持确实能够帮助产业快速成长，这在一些市场容量不高的国家尤其适用。比如韩国游戏产业在发展中得到了充足的政策支持，使得本国的游戏产品供需保持同步增长。同时，对于游戏产业来说，产权与版权保护政策的体系化与落实效果也有重要影响。虽然元宇宙自带产权保护的属性，但在庞杂的互联网游戏环境下，很难面面俱到，必然存在产权管理的真空地带，将为侵权等行为提供机会，进而损害原创者的利益。元宇宙游戏领域产权管理体系的构建需要相关法律的支持，期待更多学者能够跟踪虚拟数字资产法理及法律应用问题的研究，从而填补本领域法律规范的空白。

6.1.2.6 文化条件

文化是影响产业发展的软要素，会带来广泛且深远的影响。元宇宙游戏产业涉及的文化影响主要来自公众认知状态与行业氛围。目前，许多国家（地区）的受众对游戏的认知均存在正负两个方面：游戏玩家与爱好者认为游戏是娱乐产业的重要组成部分，有着不可替代的功能；而另一些群体则认为游戏会浪费大量时间与金钱，使人（特别是青少年群体）沉迷其中，总体弊大于利。如果后者占据舆论主流的话，显然会形成抑制游戏行业发展的社会性态度。在行业氛围方面，元宇宙消费与就业文化的渗透能够促进行业内UGC的发展，形成内生良性发展模式，在元宇宙游戏（平台）运营的中后期进入自组织与自发展的轨道。好的行业氛围将起到催化效果，使各参与方在守法守规的前提下，积极参与游戏产业发展的各类经济与社会活动，保持产业的健康与活力。

根据元宇宙游戏产业生态评价指标体系内容进行数据采集，本书有针对性地选择了定向问卷发放，共发出问卷200份，有效回收116份，有效回收率58%。在完成基本数据清理后，逐组进行一致性检验，下面以A组为例予以说明。

A组：针对A11、A12、A21、A22、A23总共五项构建五阶判断矩阵进行层次法分析，分析得到特征向量为（0.336、1.288、1.652、0.587、1.137），结合特征向量可计算出最大特征根为5.220，CR值为0.049（<0.100），判断矩阵满足一致性检验，计算所得权重具有一致性（见表6-2）。其余各组别分别采用此方法计算并通过检验。

表6-2 元宇宙游戏产业生态评价矩阵（A组示例）

A组	A11	A12	A21	A22	A23	特征向量	权重值	最大特征值	CI值	RI值	CR值
A11	1.000	0.312	0.242	0.407	0.332	0.336	6.73%				
A12	3.210	1.000	0.476	2.083	2.174	1.288	25.76%				
A21	4.140	2.100	1.000	2.857	1.099	1.652	33.04%	5.220	0.055	1.120	0.049
A22	2.460	0.480	0.350	1.000	0.357	0.587	11.74%				
A23	3.010	0.460	0.910	2.800	1.000	1.137	22.74%				

各组别的组内权重分布及检验结果如表6-3所示，各组的CR值（<0.100）均通过了一致性检验标准，元宇宙游戏产业生态评价指标体系总体上能够较好反映产业发展的境况。

表6-3 元宇宙游戏产业生态评价指标（组内权重及检验）

组别	二级指标	权重值	三级指标	权重值	CI值	RI值	CR值
经济基础（A）	经济静态指标（A1）	0.3249	人均GDP（A11）	0.0673	0.055	1.12	0.049
			人均可支配收入（A12）	0.2576			
	经济增长指标（A2）	0.6751	GDP增长率（A21）	0.3304			
			可支配收入增长率（A22）	0.1174			
			高科技服务业占比增长（结构优化）（A23）	0.2273			
产业基础（B）	硬件基础条件（B1）	0.6251	互联网普及程度（B11）	0.2997	0.044	1.41	0.031
			移动互联网等级（5G覆盖）（B12）	0.1906			
			玩家（用户）终端设备保有量（B13）	0.0375			
			元宇宙周边设备（配件）制造能力（B14）	0.0974			
	软件基础条件（B2）	0.3749	通信服务质量（B21）	0.0582			
			云服务能力（B22）	0.0602			
			公共数据处理能力（B23）	0.1074			
			区块链应用开发能力（B24）	0.1492			
游戏开发能力（C）	行业（元宇宙）技术能力（C1）	0.6923	基础技术研发能力（C11）	0.3481	0.129	1.36	0.095
			二次开发能力（C12）	0.1826			
			技术转化能力（C13）	0.0361			
			技术与终端设备整合能力（C14）	0.1254			
	游戏设计与运营能力（C2）	0.3078	游戏创新设计能力（C21）	0.0724			
			游戏运营管理能力（C22）	0.1035			
			游戏开发人才数量（C23）	0.1319			

续表

组别	二级指标	权重值	三级指标	权重值	CI 值	RI 值	CR 值
游戏市场需求（D）	玩家基数指标（D1）	0.646 2	玩家（用户）规模（D11）	0.378 2	0.081	1.26	0.064
			玩家（用户）增长率（D12）	0.209 3			
			玩家（用户）游戏消费能力（D13）	0.058 8			
	玩家偏好指标（D2）	0.353 8	玩家（用户）对沉浸体验的偏好（D21）	0.160 6			
			玩家（用户）对交互模式的偏好（D22）	0.097 4			
			玩家（用户）对去中心模式的偏好（D23）	0.095 8			
政策条件（E）	一般性政策支持（E1）	0.747 6	产业扶持（培育）强度（E11）	0.182 0	0.084	1.26	0.066
			对于游戏产业的政策导向（E12）	0.438 7			
			投融资支持政策（E13）	0.079 9			
			其他成本性关联政策（E14）	0.047 0			
	产权保护政策（E2）	0.252 4	出版/内容相关保护机制（E21）	0.157 0			
			侵权申诉及维权成本（E22）	0.095 4			
文化条件（F）	公众认知状态（F1）	0.691 9	公众（成年群体）对于元宇宙游戏的认知与态度（F11）	0.241 9	0.048	0.89	0.054
			公众（未成年群体）对于元宇宙游戏的认知与态度（F12）	0.450 0			
	行业氛围（F2）	0.308 1	元宇宙游戏消费氛围（F21）	0.117 4			
			元宇宙游戏就业氛围（F22）	0.190 7			

（1）经济基础。动态经济指标的影响权重较高，表明了宏观经济趋势性变化对于元宇宙游戏产业发展的影响程度。其中，GDP增长率能够对元宇宙产业环境产生全面的影响，除核心的产业体系外，周边的关联性与支持性也能在经济增长下得到强化。

（2）产业基础。从现有的评价结果来看，现阶段产业发展主要依赖硬件基础设施，特别是互联网及 5G（或更高等级通信服务）移动互联的覆盖，可以保证有更多的 UGC 角色参与到游戏开发与建设活动中。在软件层面，区块链应用开发能力与公共数据处理能力的重要性相对较高，主要服务于元宇宙游戏产品的开发与运营管理业务。

（3）游戏开发能力。元宇宙技术能力占据了近七成的权重，直接影响游戏设计与开发的效果。其中，元宇宙基础技术研发能力是产业发展的基础，国家（地区）需要有一定数量的游戏企业掌握相关的底层技术，如果技术完全采用舶来模式，产品开发活动将会始终落后，这将关系到产业的核心竞争实力及产业前沿所能够触达的高度。二次开发能力与终端设备整合能力也很重要，处于产业中游的一些中小厂商通常需要依靠这些模式实现产出，在依赖核心厂商的环境下实现某些局部创新。在游戏设计与运营能力方面，由于元宇宙游戏庞大的规模，人才数量是最重要的条件，这既包括专业的全职人才，也需要大量的非专业爱好者及玩家群体的参与。此外，随着元宇宙游戏架构的成型，游戏运营管理能力的重要性将逐渐高于厂商层面的创新设计能力，游戏内容将会有越来越高的比例依赖 UGC 的贡献。

（4）游戏市场需求。玩家基数对于近期元宇宙游戏产业的启动及导入非常重要，拥有足够市场容量的国家（地区）在发展元宇宙游戏的初始阶段有更多的试错机会，也会形成更多的元宇宙初创企业。很明显，中国与美国这样的大市场将有更高的概率成为未来元宇宙游戏的中心。从玩家偏好方面看，沉浸体验偏好是促进元宇宙游戏扩散的关键，毕竟大部分玩家与爱好者都是通过《头号玩家》这类电影了解元宇宙游戏的概念，认为戴上 VR 头盔才算是进入了元宇宙。但是从远期发展看，去中心化与综合交互才是元宇宙游戏机制创新的关键。

（5）政策条件。这方面，一般性政策支持占据了极高的比重，其中对于游戏产业的政策导向与态度的影响最为明显。例如，近些年游戏防沉迷机制的引入，以及社会层面对游戏的负面评价，都对游戏产业的快速发展造成了影响。在导入阶段，元宇宙游戏对宽松的政策环境有着较高的依赖。在产权保护政策方面，出版/内容相关保护机制是否健全也很重要。现有条件下，大中厂商的综合权益保护能力较强，相对地，众多独立开发者（或个人）的保护能力明显不足。

（6）文化条件。在公众认知状态中，未成年群体对于元宇宙游戏的认知与态度影响明显。元宇宙游戏将引领下个世代的游戏发展，未来用户才是产业的核心与焦点。目前，元宇宙原住民的边界还很难界定，但不可否认的是他们将会在元宇宙建设与创新中占据制高点，并将自己的游戏思想传递给其他群体。在行业氛围上，元宇宙游戏就业氛围的重要性要高于元宇宙游戏消费氛围，从中可以看出参与机制对于元宇宙游戏及平台发展的影响程度。元宇宙游戏已不仅仅是游戏，而是超出游戏的范畴，能够为参与者提供更多的机遇与挑战。

从一级指标组间分析来看，经济基础（A）权重为0.152 2，产业基础（B）权重为0.162 0，游戏开发能力（C）权重为0.198 2，游戏市场需求（D）权重为0.293 3，政策条件（E）权重为0.108 4，文化条件（F）权重为0.085 9。特征值为6.481，CI值为0.096，RI值为1.260，CR值为0.076，通过一致性检验。最终形成的权重分配如表6-4所示。

表6-4 元宇宙游戏产业生态评价指标（组间权重）

组别	二级指标	权重值	三级指标	权重值
经济基础（A）	经济静态指标（A1）	0.049 4	人均GDP（A11）	0.010 2
			人均可支配收入（A12）	0.039 2
	经济增长指标（A2）	0.102 8	GDP增长率（A21）	0.050 3
			可支配收入增长率（A22）	0.017 9
			高科技服务业占比增长(结构优化)（A23）	0.034 6
产业基础（B）	硬件基础条件（B1）	0.101 3	互联网普及程度（B11）	0.048 6
			移动互联网等级（5G覆盖）（B12）	0.030 9
			玩家(用户)终端设备保有量（B13）	0.006 1
			元宇宙周边设备(配件)制造能力（B14）	0.015 8
	软件基础条件（B2）	0.060 7	通信服务质量（B21）	0.009 4
			云服务能力（B22）	0.009 7
			公共数据处理能力（B23）	0.017 4
			区块链应用开发能力（B24）	0.024 2

续表

组别	二级指标	权重值	三级指标	权重值
游戏开发能力（C）	行业（元宇宙）技术能力（C1）	0.137 2	基础技术研发能力（C11）	0.069 0
			二次开发能力（C12）	0.036 2
			技术转化能力（C13）	0.007 2
			技术与终端设备整合能力（C14）	0.024 9
	游戏设计与运营能力（C2）	0.061 0	游戏创新设计能力（C21）	0.014 4
			游戏运营管理能力（C22）	0.020 5
			游戏开发人才数量（C23）	0.026 1
游戏市场需求（D）	玩家基数指标（D1）	0.189 5	玩家（用户）规模（D11）	0.110 9
			玩家（用户）增长率（D12）	0.061 4
			玩家（用户）游戏消费能力（D13）	0.017 2
	玩家偏好指标（D2）	0.103 8	玩家（用户）对沉浸体验的偏好（D21）	0.047 1
			玩家（用户）对交互模式的偏好（D22）	0.028 6
			玩家（用户）对去中心模式的偏好（D23）	0.028 1
政策条件（E）	一般性政策支持（E1）	0.081 0	产业扶持（培育）强度（E11）	0.019 7
			对于游戏产业的政策导向（E12）	0.047 6
			投融资支持政策（E13）	0.008 7
			其他成本性关联政策（E14）	0.005 1
	产权保护政策（E2）	0.027 4	出版/内容相关保护机制（E21）	0.017 0
			侵权申诉及维权成本（E22）	0.010 3
文化条件（F）	公众认知状态（F1）	0.059 4	公众（成年群体）对于元宇宙游戏的认知与态度（F11）	0.020 8
			公众（未成年群体）对于元宇宙游戏的认知与态度（F12）	0.038 7
	行业氛围（F2）	0.026 5	元宇宙游戏消费氛围（F21）	0.010 1
			元宇宙游戏就业氛围（F22）	0.016 4

元宇宙：游戏产业升级
——下一个游戏世代的机遇

结合最终的指标权重，本研究邀请多位行业人士对不同国家或地区的指标进行打分评测，综合（算术平均数）后的结果如图6-3所示。测评的样本主要是当前游戏产业发展较好，有代表性的国家与地区，包括中国、美国、日本、韩国、欧洲地区及东南亚地区。总体来看，我国的元宇宙游戏产业生态在多项指标方面位居前列，如经济静态指标、经济增长指标以及玩家基数指标，能够对产业发展给予足够的支持，元宇宙世代游戏的发展前景较好。但也应看到，我国在技术能力、游戏设计与运营能力、行业氛围方面的表现相对滞后，有可能阻碍下一阶段产业升级的品质。在技术能力方面，我国游戏企业或相关IT企业在基础技术研发与二次开发方面的表现不够理想，更多的是直接采用别人的开发包或引擎。我国游戏企业大多在技术转化及终端整合方面有相对充足的人才支撑，能够快速制作出产品。而在基础研发方面则存在明显差距，这有可能成为未来产业地位提升的主要瓶颈。在游戏设计与运营方面，我国游戏行业的短板在于游戏设计的创新，大部分的项目开发都是模仿国外游戏，在游戏机制与模式方面的相似度极高。虽然近些年我国也涌现出一些经典作品，但创新的幅度并不大，主要依靠中国文化元素及本土市场优势。同时，我国的游戏制作主要集中在手游领域，在开发桌面与主机等大型游戏作品上还缺乏竞争优势。在行业氛围方面，由于我国在应用以太坊等区块链方面较为不便，大众对于元宇宙底层特征的熟悉度较低，在消费氛围（如NFT等数字藏品）与就业氛围（参与去中心化创作）方面略显不足。这需要在网络生态方面获得更高的自由度，以及相关知识与技术的进一步普及。

在其他国家和地区中，美国各项生态指标的得分均较高，如软件基础、技术能力、游戏设计能力及行业氛围方面。其综合的游戏产品供给能力与需求能力较强，能够带动元宇宙游戏产业的持续发展，并在"滚动"发展过程中积累技术与资金，催生大批元宇宙创新企业或个人。同时，诸多的美国大企业已经率先布局，例如Facebook、苹果、Google、V社等，均提出了与元宇宙或元宇宙游戏相关的概念与发展方向，并策划了相关的软硬件开发项目，甚至提出了展望性的未来产品（服务）规划。

日本作为传统的游戏强国，游戏产业链高度完善，但是总体的前沿化程度不足，许多企业给人以保守的印象。即便像任天堂、索尼这样的企业，对待元宇宙游戏也不是非常积极。但日本游戏企业在传统游戏制作方面拥有诸多优势，这可以延续至元宇宙游戏领域。例如，在模式创新、剧情设计、游戏优化以及游戏开发品控方面，多家日本企业在行业内拥有极高的口碑。因此，在元宇宙游戏产业发展中，不应忽视日本所扮演的角色，许多掌握经典IP与开发技术的日本企业能够实现快速的转型，一旦元宇宙市场被成功激活，他们将会以极高的效率适应新的生态环境，并推出有极强竞争力的产品。

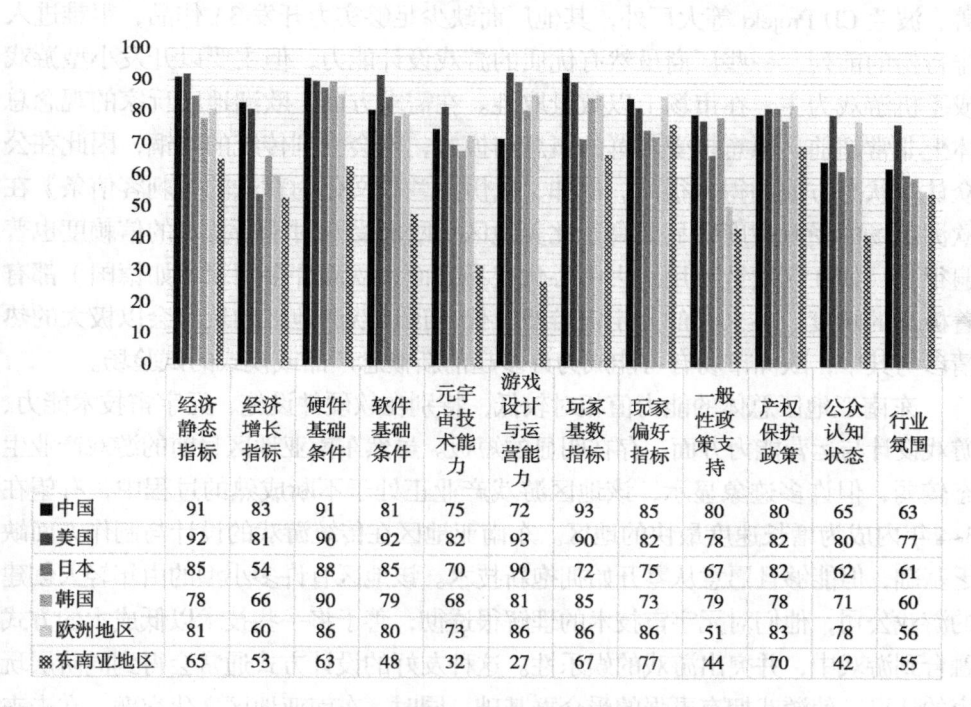

	经济静态指标	经济增长指标	硬件基础条件	软件基础条件	元宇宙技术能力	游戏设计与运营能力	玩家基数指标	玩家偏好指标	一般性政策支持	产权保护政策	公众认知状态	行业氛围
中国	91	83	91	81	75	72	93	85	80	80	65	63
美国	92	81	90	92	82	93	90	82	78	82	80	77
日本	85	54	88	85	70	90	72	75	67	82	62	61
韩国	78	66	90	79	68	81	85	73	79	78	71	60
欧洲地区	81	60	86	80	73	86	86	86	51	83	78	56
东南亚地区	65	53	63	48	32	27	67	77	44	70	42	55

图6-3 元宇宙游戏产业生态国别（地区）比较

韩国在游戏参与度方面的指标较高，但受限于本土的市场规模，游戏产业的聚焦程度很高。例如，韩国在游戏电竞领域处于强势地位，多次承办顶级的国际赛事，在国内拥有系统化的联赛组织，战队的数量与平均水平较高，电竞的受众群也具备极高的热情。在电竞行业的带动下，相关的直播内容、偶像商业化、周边销售等都发展得很快，产业的关联延伸效果明显。但韩国在游戏产业的全面性方面要弱于美国、日本及一些欧洲国家，在底层与前端开发方面缺少足够的人才。《2022年大韩民国游戏白皮书》数据显示，韩国游戏领域从业人员规模为8.1万人，但其中44.7%都集中在游戏流通领域，游戏产业的中下游竞争力较强，上游则相对较弱。

欧洲地区的游戏产业发展有鲜明的特点，在不同的世代都出现过经典的作品，但近十余年欧洲游戏的风格逐渐向美式靠拢，丢失了一些自身的传统。在游戏市场全球化的导向下，欧洲地区游戏厂商在规模上普遍偏小，除了法国育碧、波兰CD Projekt等大厂外，其他厂商缺少足够实力开发3A作品，很难进入排行榜的前列。一些厂商虽然有优质的游戏设计能力，但主要以开发小型游戏或手机游戏为主，在市场上以数量取胜。在需求方面，欧洲地区玩家的观念总体上非常超前，愿意接受新鲜的概念与模式，不会受到传统的禁锢，因此在公众认知状态方面的得分很高。例如，以伊斯兰教文化为背景的《刺客信条》在欧洲市场的受欢迎度明显要高于北美地区。欧洲受众对于新技术的信赖度也普遍很高，如在区块链应用、去中心化交易方面，欧洲许多国家（如德国）都有着极高的热度。在未来的元宇宙游戏时代，预计欧洲地区的玩家会以极大的热情参与其中，欧洲市场有可能成为许多超前新概念产品或模式的试验场。

东南亚地区总体的能力值相对较低，特别在软硬件设施、元宇宙技术能力、游戏设计与运营能力方面，存在明显的短板。虽然东南亚地区目前的游戏产业生态较弱，但许多迹象显示，该地区游戏产业正处于不断成熟的过程中，有望在3~4年内成为增长速度最快的地区。东南亚地区在传统游戏的设计与制作方面缺乏基础，但能够且愿意从零开始拥抱新技术。该地区有许多小型的由年轻人创建的游戏公司，他们对元宇宙技术的理解很透彻，善于将一些技术以低成本的方式融合到游戏中，并突出游戏的娱乐性。这种友好的设计方式通常会得到同阶层玩家的认可，使游戏拥有更强的受众群基础。同时，东南亚地区文化交融，在未来游戏无国界的趋势下，游戏产品的文化包容优势也会逐渐显现。

6.1.3 元宇宙游戏产业生态的外溢效应

元宇宙游戏产业的发展不仅会促进游戏产业自身的升级与革新，还会产生产业外溢效应，带动关联产业的发展，形成对周边领域的"反哺"，这对于技术、产业、社会等多方面发展都很重要（见图6-4）。

在技术层面，元宇宙游戏的开发会明显促进相关技术的商用化，并带来成本的快速下降。这一特征在以往游戏产业的演进过程中已经表现出来，主要集中在显示运算技术、存储技术与网络技术领域。根据IT领域专业人士的判断，虽然元宇宙拥有广阔的前景，但其发展过程却不是齐头并进的，元宇宙游戏将成为近期最有价值的切入点。其主要原因在于游戏领域的转化速度快、效果好，能够给相关技术创造足够的市场，保持技术的创新能力与盈利能力。这可以使技术进入良性成长通道，最终应用于关联领域，并创造出更大的效益。例如，增强现实与混合现实在娱乐领域的开发与应用能够形成相应的标准与模板，为工业元宇宙、医用元宇宙等应用提供基础的素材与函数包，并在数字孪生建模方面提供支持。同时，一些元宇宙技术可能还有更广泛的社会价值，如传感与辅助设备的发展可以在医疗领域帮助更多的病人康复或恢复正常生活。

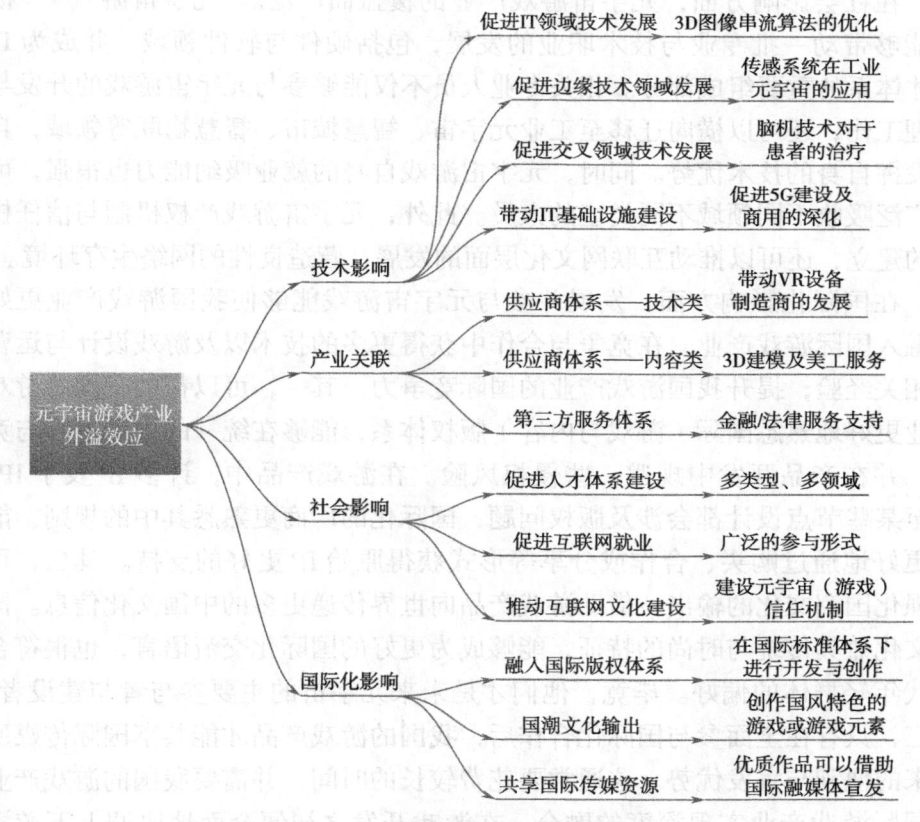

```
                        ┌─ 促进IT领域技术发展 ── 3D图像串流算法的优化
                        │                        传感系统在工业
                        ├─ 促进边缘技术领域发展 ── 元宇宙的应用
                        │                        脑机技术对于
              ┌─ 技术影响├─ 促进交叉领域技术发展 ── 患者的治疗
              │         │                        促进5G建设及
              │         └─ 带动IT基础设施建设 ──── 商用的深化
              │                                  带动VR设备
              │         ┌─ 供应商体系——技术类 ── 制造商的发展
元宇宙游戏产业 ┼─ 产业关联├─ 供应商体系——内容类 ── 3D建模及美工服务
  外溢效应    │         └─ 第三方服务体系 ────── 金融/法律服务支持
              │
              │         ┌─ 促进人才体系建设 ───── 多类型、多领域
              ├─ 社会影响├─ 促进互联网就业 ─────── 广泛的参与形式
              │         │                        建设元宇宙（游戏）
              │         └─ 推动互联网文化建设 ── 信任机制
              │
              │         ┌─ 融入国际版权体系 ──── 在国际标准体系下
              │         │                        进行开发与创作
              └─国际化影响├─ 国潮文化输出 ──────── 创作国风特色的
                         │                        游戏或游戏元素
                         │                        优质作品可以借助
                         └─ 共享国际传媒资源 ──── 国际融媒体宣发
```

图6-4　元宇宙游戏产业外溢影响

在产业关联层面，元宇宙游戏产业将拥有比传统游戏产业更为丰富的上下游结构。相关研报显示，未来元宇宙游戏行业每100美元产值有可能带动上下游150~200美元的产值，关联行业将会快速成长。在设备供应商领域，元宇宙相关外设存在稳定的需求，玩家对于各类设备品质的要求也会越来越高。特别是一些关乎沉浸体验感与操作的外设，其衡量标准不再

是"可用",而要达到"优秀"的等级,否则玩家在游戏活动中将会处于劣势。在内容供应方面,也会形成一批数字设计与美工方面的创作者,他们以专职或兼职形式参与相关工作。例如,大型元宇宙游戏场景内的建模工作量巨大,且随着游戏运营及发展需要不断升级或增加新的元素,这方面将会形成稳定、持久的市场。同时,在目前元宇宙游戏生态尚不健全的时期,还需要大量第三方服务的支持,包括金融服务、策划服务、法律服务等。

在社会影响方面,元宇宙游戏产业的覆盖面广泛。"元宇宙游戏+"模式能够带动一批专业与技术职业的发展,包括硬件与软件领域,并成为IT人才体系的重要组成部分。相关专业人员不仅能够参与元宇宙游戏的开发与管理工作,还可以横向迁移至工业元宇宙、智慧城市、智慧物联等领域,自由发挥自身的技术优势。同时,元宇宙游戏自身的就业吸纳能力也很强,可以广泛吸收不同领域不同类型的人员。此外,元宇宙游戏产权机制与信任机制的建立,还可以推动互联网文化层面的发展,营造良性的网络生存环境。

在国际化影响方面,发展并参与元宇宙游戏能够使我国游戏产业更好地融入国际游戏产业,在竞争与合作中获得更多的技术以及游戏设计与运营的相关经验,提升我国游戏产业的国际竞争力。其一,可以帮助我国的游戏产业更好地熟悉国际(游戏与内容)版权体系,能够在统一的规则下参与竞争,并在产品开发中规避一些侵权风险。在游戏产品中,许多IP及子IP,甚至某些节点设计都会涉及版权问题,国际化的厂商更熟悉其中的规则,能够更好地通过购买、合作或分享等形式获得原始IP更好的支持。其二,可以强化国潮文化的输出,借助游戏产品向世界传递更多的中国文化信息。国潮文化兼具传统与时尚的特征,能够成为更好的国际化交流语言,也很符合当代年轻群体的偏好。毕竟,他们才是未来元宇宙的主要参与者与建设者。其三,只有在全面参与国际化合作后,我国的游戏产品才能共享国际传媒所带来的便利与宣发优势。这通常要花费较长的时间,并需要我国的游戏产业同国际游戏产业实现深度的融合,在游戏开发之初便全面地协调上下游资源,并以全球合作的视野安排相应的开发工作及后续拓展业务。

目前,在元宇宙游戏产业还未成熟的状况下,其外溢表现是,技术影响非常显著,对于IT核心领域的建设以及周边技术发展的带动能力极强。许多投资者与研发机构看好元宇宙技术的应用扩散,在研发与商业开发方面涉猎广泛,许多技术成果(或模式)将会顺利迁移至其他领域,助力不同行业的发展,如智能工业制造、智慧城市建设、公共交通管理、远程医疗器械等。但是，现有的产业关联影响还仅限于邻近的上下游，主要是游戏设备制造及软件开发，延伸能力还有很大的拓展空间。而社会化影响及国际化影响尚处于萌芽阶段，外溢影响极其微弱。

如图6-5所示，元宇宙游戏产业外溢效应的发展趋势是：技术影响预计在近期（1~3年）得到进一步提升，增幅较为明显，但进入中期（3~5年）及远期（5年以上）后，技术性外溢影响将会逐渐弱化，除非出现具有革新性的技术创新，现有元宇宙技术体系将只在指标层面形成外溢，核心层面的传递基本在3年内完成。伴随元宇宙游戏的兴起以及周边配套需求的增长，产业关联影响将逐渐深化，预计在中期进入"爆发"阶段，5年以后会逐渐降温，但关联体系及经济联系将会长期存在。社会影响与国际化影响的走势基本一致，都会随着时间的推移而逐步加速，但影响的深度存在一定的滞后性，会缓慢地渗透并泛化。社会影响与国际化影响相互之间存在关联，社会影响在得到强化后，会传递至国际化影响领域，而国际化影响也会形成反向的传递效应。

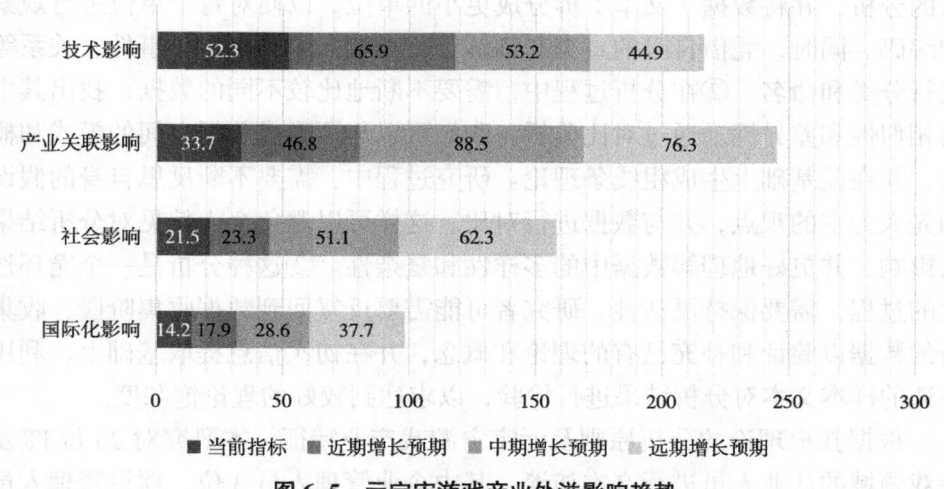

图 6-5 元宇宙游戏产业外溢影响趋势

6.2 元宇宙游戏产业演进的逻辑框架

元宇宙游戏产业的演进包含了技术、机制、模式等多方面因素，目前尚无完整、明确的演进逻辑框架，在现有条件下只能进行一定的预判性分析。由于产业发展刚刚起步，缺乏具体的产业演进数据与详细示例，可用的研究方法非常有限，本研究采用扎根理论对元宇宙游戏产业演进的基础逻辑框架进行梳理，依据三个阶段展开，分别是开放性编码过程、主轴译码过程、选择性译码过程。从定性角度探索元宇宙游戏产业演进逻辑架构，并据此进一步分析产业演化的路径及相关政策取向。

6.2.1 开放性编码过程

开放性编码过程旨在挖掘并确认样本中关于元宇宙游戏产业升级基本逻辑的相关描述，进而对所提取的基础概念进行收敛与聚类分析。该研究过程依自下而上的路径，不受已有概念及文献（含商业报告、论文）等成见的干扰，以开放的态度进行识别与标记。与元宇宙游戏发展相关的技术、管理与运营信息均可纳入分析，也可包含诸多主观的评价与预测性内容。开放性编码的分析原则与方法是：①对于收集到的数据，需要逐行、逐段地进行细致的分析，并将数据（文本）拆分成更小的单位，以便对每个单位进行观察和编码。同时，凭借自身的直觉和理解力，对数据中的概念、事件、关系等进行分类和命名。②在分析过程中，需要不断地比较不同的数据，找出其中的相似性和差异性。通过对比分析，我们可以逐渐形成数据之间的模式和概念，并在此基础上生成粗线条理论。研究过程中，需要不断反思自身的假设和先入为主的观点，并与数据进行对比。这样可以避免个人偏见对分析结果的影响，并更好地理解数据中的多样性和复杂性。③这种分析是一个循环迭代的过程，需要保持灵活性。研究者可能需要反复回到数据收集阶段，收集新的数据以验证和补充已有的理论和概念，并在初次信息提取基础上，利用备选的样本文本对分析结果进行检验，以求达到较好的理论饱和度。

根据扎根理论的分析原则及元宇宙游戏产业特征，本研究对23位IT及游戏领域的从业人员进行文本访谈，其中企业管理人员3位、项目管理人员5位、核心技术开发人员7位、运营管理与营销业务人员8位。访谈采用目的性抽样与开放性抽样相结合的模式，提出了涉及元宇宙游戏技术、机制、模式与未来发展四个方面的问题，以半结构化形式获取信息，并给予调查对象足够的发挥空间，可以就自己熟悉的领域展开不受限的讨论。

在文本转换及基本的信息清理后，本书对调查结果进行了三步整理：一是标签化；二是概念化；三是范畴化（见表6-5）。

（1）在标签化阶段，主要从原始文本素材中提取描述性短句作为信息元，为其中的每个具体元素或事件分配一个适当的名称或标签。在贴标签过程中，需要对过长的语句进行一定的压缩，用于识别和描述文本信息中的重要概念和现象。本研究共识别出 252 个产业发展标签，基本覆盖了元宇宙游戏发展的各个环节。

（2）概念化是将数据中的标签或具体事物提升到更高层次的抽象概念的过程。在概念化过程中，需要注意数据中的模式、相似性和关联性。在概念化阶段，对标签进行第一层级的归纳，主要基于类别与表述近似的原则，共形成 96 个核心概念。

（3）范畴化是将数据中的概念进行分类和组织的过程，需要识别数据中的共性和差异，并将相关的概念进行归类。通过将具有相似特征或性质的概念放置在同一类别中，可以更好地理解数据中的结构和关系。这些范畴可以形成一个分类系统，为进一步的理论构建提供基础。本研究在归纳所有核心概念后共形成 29 个范畴，如综合游戏技术的发展、底层区块链技术的支持、Web 3.0 生态体系的完善、其他相关技术的发展与支持等。

表 6-5 原始资料开放性编码过程（节选）

访谈原始资料（语句段示例）	标签化	概念化	范畴化
我们认为在元宇宙环境下物理引擎还需要进一步完善，用户如果长时间置身这种环境，好的物理引擎能够避免"不适感"…… 目前渲染的效率还不高，不一定能适应大场景元宇宙游戏的应用，渲染引擎需要进一步升级…… 为保证高效的并发效果，各类脚本引擎也需要精细的打磨与优化…… VR 设备中的分辨率必须足够高，不然消费者会感觉头晕…… 刷新率也是个大问题，高刷新会显得更流畅、更自然 手动控制与眼动控制目前发展得较好，能够比较准确地捕捉大部分操作指令，用起来也很方便…… 在手脚都占用的情况下，声音控制还有发展的空间，这方面也值得关注…… 在虚拟实境中，交互界面要更便于操作，特别是直接的操作，减少玩家的负担	（a1）游戏物理引擎的完善 （a2）渲染引擎升级 （a3）脚本引擎的优化 （a4）设备显示分辨率提升 （a5）显示刷新率提升 （a6）手动控制与眼动控制的优化 （a7）声音控制的发展 （a8）便捷的交互界面	A01 游戏引擎技术（a1、a2、a3） A02 游戏显示技术（a4、a5） A03 游戏交互技术（a6、a7、a8）	综合游戏技术的发展

211

续表

访谈原始资料（语句段示例）	标签化	概念化	范畴化
公有链目前在游戏领域的应用规模还不大，一些区块链游戏也只是在有限范围内使用…… 现有游戏只用到了极少的功能，公有链的许多功能还有待开发，比如虚拟文件的映射、数字合约的管理等…… 区块链应用成本是一个大问题，元宇宙游戏的潜在需求量非常大，每个用户可能都有数十甚至上百的游戏资产需要管理，经常性成本太高的话会限制游戏规模的增长…… 我认为在底层需要不断提升综合算力，同时配合体系的优化，尽量控制运算成本上升的幅度	（a9）公有链应用规模的扩大 （a10）公有链应用功能的拓展 （a11）经常性成本控制 （a12）算力提升及运算成本控制	A04 游戏领域公有链的发展（a9、a10） A05 区块链应用成本的下降（a11、a12）	底层区块链技术的支持
建构在 Web 3.0 环境下的各类游戏，特别是元宇宙游戏，在各项智能处理方面应该都很强，比如在语言处理方面，能够人性化地把握语义，并同玩家进行交互…… 自适应模式需要依靠更广泛的机器学习，元宇宙环境下不可能每个角落都依靠人工管理，这方面还有很大的提升空间…… 此外，结合人工智能的发展，Web 3.0 各技术服务环节的推理能力也在不断积累…… Web 3.0 环境下的各种虚拟活动将更具有真实的价值属性，这些产出将会得到普遍认可，比如通过 NFT 的一些创作与交易…… 基于区块链技术，虚拟资产的产权有了更好的保障，这对于许多独立开发人员会形成良性激励，使他们敢于且愿意参与元宇宙游戏的创作，也能从中得到回报	（a13）强化语言处理能力 （a14）广泛的机器学习 （a15）推理能力的积累 （a16）虚拟活动的价值属性 （a17）虚拟资产的产权保障	A06 Web 3.0 体系的智能服务（a13、a14、a15） A07 Web 3.0 对价值体系的影响（a16、a17）	Web 3.0 生态体系的完善
⋮	⋮	⋮	⋮

6 元宇宙游戏产业升级趋势

续表

访谈原始资料（语句段示例）	标签化	概念化	范畴化
现在各种传感设备发展很快，价格也很便宜了，比如眼动、手指等，我们可以在系统中放置更多，然后创作出更多的互动操作模式…… 我觉得AR在游戏方面还有进一步挖掘的空间，虚实在图像层面的结合比较容易实现，成本也很低，这个技术还可以在游戏设计中多尝试…… 很多主机已经配置了体感技术，用的也很不错，其实在综合体感方面还可以继续优化，比如精准度、灵敏度、反馈效果等…… 现在许多游戏厂商面临的问题就是如何适应元宇宙的规模，代码工作在持续性开发中会占用大量时间，一些新的底层技术，比如零编译代码模式就能在很大程度上缓解这个问题…… 当我们面对众多不一样的平台时，如何作有针对性的调试就很重要，同时还要增强部署方面的能力…… 现在我们掌握的开发素材越来越多，当然这是好事，但怎么把这些资源管理好呢？以前仅靠人工的方式，效率明显不行。我觉得应该在自实现以及跨平台资源管理方面有新的突破…… 根据现代营销的理念，我们也可以尝试以玩家为核心的游戏开发思路，让更多的受众参与进来，帮助我们拓宽视野…… 我觉得在元宇宙游戏中，由专业人员设计出框架，然后大家（玩家）都来创建内容是很好的方式，比如《我的世界》和Roblox这样的游戏……	（a21）传感设备增强了互动设计能力 （a22）AR技术的深度挖掘 （a23）综合体感技术的优化 （a24）零编译代码模式 （a25）跨平台调试与部署处理 （a26）跨平台资料管理能力 （a27）以玩家为核心的思路 （a28）玩家参与内容开发	A10 新技术带来的新选项（a21、a22、a23） A11 底层通用性优化（a24、a25、a26） A12 开发参与模式的变化（a27、a28）	游戏开发模式变革
游戏产品管理需要与玩家管理联系起来，面对海量用户时，我们要有办法捕获玩家各方面的信息，建立起可靠的数据平台，这样才能保证服务的质量…… 元宇宙游戏应该是什么样子？其实谁都没有概念，只能紧跟玩家的行为特征，及时分析并调整游戏模式与内容……	（a29）玩家信息捕获能力 （a30）玩家行为特征分析	A13 玩家信息管理与评估（a29、a30、a31） A14 产品维护模式（a32、a33） A15 去中心化的管理趋势（a34、a35）	游戏管理模式优化

213

续表

访谈原始资料（语句段示例）	标签化	概念化	范畴化
从产品设计与管理角度看，必须对用户群进行细分，对玩家价值进行有效评估，从而把产品定位做得更准确…… 元宇宙游戏不是一蹴而就的，一款产品可能需要多个开发阶段，这时代码管理就非常重要，比如使用什么语言、用了哪些算法、设计标准如何制定，需要有一套完整的代码管理体系…… 现在的游戏同其他软件一样，更新频率越来越快，DLC 的投放也要把握好节奏，让玩家感受到我们服务的存在…… 在 Web 3.0 的环境下，我们需要把握住去中心化的变革，涉及游戏产品管理的诸多方面，游戏设计架构预计会有很大的变化…… 去中心化的游戏运维将更加开放，原始开发者也会失去大部分权力，更多的是靠受众群共同参与其中	（a31）玩家价值评估分析 （a32）游戏代码管理优化 （a33）游戏更新与 DLC 开发 （a34）产品的去中心化管理 （a35）运维的去中心化管理	……	……
元宇宙游戏本质上是 MMO（大型多人在线）类型的扩展，大部分参与的玩家都是这种类型的爱好者，他们应该有相应的网游经验…… 个人认为，在元宇宙环境中，一些玩家不以游戏为目的，他们喜欢借助这个平台社交，这会比一般的社交平台更加简单，没那么多利益化的倾向…… 肯定会有一些玩家专注于网络交易活动，他们通过买卖各种装备、NFT、虚拟资产等赚钱，目的性很强…… 比如现在发展很好的几款游戏，战斗与对抗不再是主要的游戏内容，有人可能觉得没意思，但从效果看，确实吸引了更多玩家的加入，尤其是女性玩家和小朋友…… 元宇宙游戏需要大家共建，需要参与者在更广泛的层面开展合作，大家的分工会很明确，比如有些人擅长写剧本、有些人喜欢建模、有些人设计属性，也有些人参与测试…… 也可能会出现一些元宇宙"个体户"，他们开发并管理自己的子游戏或模块，并以庄家身份获得收益	（a49）大型在线类爱好者 （a50）社交属性玩家 （a51）交易属性玩家 （a52）战斗与对抗不再是主要内容 （a53）更广泛的合作模式 （a54）开发与管理员角色	A21 行为目的多元化（a49、a50、a51） A22 游玩方式的泛化（a52、a53、a54）	普通游戏玩家升级

214

6　元宇宙游戏产业升级趋势

续表

访谈原始资料（语句段示例）	标签化	概念化	范畴化
随着下一代玩家群体的崛起，将形成元宇宙原生玩家，他们会像初代网络原住民一样，熟悉新的、去中心化的网络环境…… 他们对于各种代币非常熟悉，也非常地信赖，善于管理这些账户并熟练地进行各种兑换…… 就像现在常说的互联网思维，下一个阶段说不准就会出现新的网络思维模式，这些人肯定会有他们的优势，比我们有更强的创新能力…… 当然也会存在一些问题，比如对网络或元宇宙更强的依赖，像在生活方面的购物、娱乐、社交等，都离不开元宇宙了…… 肯定会有一些人把元宇宙作为自己的工作领域，他们只熟悉代码与虚拟资产，在这方面会游刃有余，而一旦离开这个环境，就会感到窘迫或不适应	（a55）熟悉去中心化的网络环境 （a56）熟悉代币与兑换系统 （a57）形成新的思维模式 （a58）生活层面的依赖 （a59）工作层面的依赖	A23 天生具备元宇宙思维（a55、a56、a57） A24 形成元宇宙依赖（a58、a59）	原生玩家的行为模式
……	……	……	……
在一致化的元宇宙平台上，各种虚拟要素可采用标准化的开发框架，这能够便于大众的使用，尤其是一些非专业开发者，对他们更加友好…… 在大类别方面，要规范虚拟要素的应用属性，至少在基础属性方面实现该效果，这样可以省去很多后期调整的麻烦…… 为了防止跨游戏边界的冲突，还要设置好要素应用的范围，比如，不能将热兵器带入一个中世纪背景的游戏场景中并用于战斗，这样会显失公平，甚至破坏游戏的基本逻辑…… 同 NFT 的管理一样，元宇宙游戏要素也需要有可靠的存储位置，避免局部停服给玩家造成损失…… 分布式存储结构可能是最佳的选择，在元宇宙游戏中可采用类星际文件系统的模式	（a84）标准化的开发框架 （a85）规范应用属性的设计 （a86）要素应用范围的限定 （a87）虚拟要素存储位置 （a88）类星际文件系统的使用	A35 虚拟要素开发（a84、a85、a86） A36 虚拟要素的存储（a87、a88）	虚拟要素的创建

215

续表

访谈原始资料（语句段示例）	标签化	概念化	范畴化
MMO模式下用户规模庞大，各种游戏虚拟要素的管理压力巨大，体系内的铸造效率必须提升，不然难以应对这样的需求…… 激发用户创作的关键除了保护他们的权益外，有效控制成本也很重要，估计有相当比例的用户会因为"高昂"的铸造费而选择放弃…… 在元宇宙初始运营阶段，平台之间还是分隔的状态，各种游戏要素只能实现有限的去中心化…… 完全去中心化是一种理想的状态，这会随着游戏元宇宙的建设与发展逐步实现，届时游戏虚拟要素的价值也会随之提升	（a89）提升铸造效率 （a90）降低铸造成本 （a91）有限的去中心化 （a92）完全的去中心化	A37 游戏要素铸造（a89、a90） A38 去中心化赋权选择（a91、a92）	虚拟要素的赋权
……	……	……	……

6.2.2 主轴译码过程

主轴译码是将开放性编码中的各个概念和关系整合在一起，形成一个相对完整的理论框架。这个理论框架能够更好地解释文本数据中的现象和关系，并为进一步的理论发展和推导提供基础。在译码过程中，需要注意提取维度与主次概念关联，确定进一步编码的规则，并保持适度的灵活性。主轴译码过程主要依据关键词邻近原则，对已形成的概念范畴进行逻辑梳理，在范畴内对因果条件、互动影响及关联关系进行系统的描述。本过程共形成六个主范畴如表6-6所示。

表6-6 元宇宙游戏产业演进主范畴对照表

主范畴	对应范畴整理	范畴内（主要）关联及影响关系说明
游戏技术体系支撑（R1）	综合游戏技术的发展（R11） 底层区块链技术的支持（R12） Web 3.0生态体系的完善（R13） 其他相关技术的发展与支持（R14）	（1）（R12、R13）→R11：区块链技术及相关Web 3.0生态（体系）的完善对于游戏技术的发展有直接及间接的影响，能够丰富游戏技术的选项。 （2）R12→R13；R13→R12：区块链技术与Web 3.0生态体系存在相互促进的效果。 （3）R14→（R11、R12、R13）：相关潜在技术的发展会在多领域带来突破，对各项技术及未来元宇宙游戏产业的发展产生不确定的影响

6 元宇宙游戏产业升级趋势

续表

主范畴	对应范畴整理	范畴内（主要）关联及影响关系说明
游戏管理与运营模式（R2）	游戏开发模式变革（R21） 游戏管理模式优化（R22） 游戏发布渠道建设（R23） 游戏收益体系设计（R24）	（1）（R21、R23）→R22：游戏开发模式与发布渠道的升级与变化会对游戏管理模式带来影响，特别是在开放式的开发环境下，管理体系也将随之革新。 （2）R21→R24：游戏开发模式的变化会直接影响收益体系，涉及制作分成以及后期的运营分成。 （3）R24→（R21、R22、R23）：收益体系的优化会进一步促进各类开发与管理业务结构与流程的变化
游戏玩家模式与定位（R3）	普通游戏玩家升级（R31） 原生玩家的行为模式（R32） 建设型玩家的行为模式（R33） 交易型玩家的行为模式（R34） 管理型玩家的行为模式（R35） 玩家模式的转化（R36）	（1）R31→（R33、R34、R35）：普通游戏玩家在元宇宙环境下会分化为不同的类型，各子群体有明确的角色与功能定位，以立体化形式参与元宇宙游戏或平台的建设业务。 （2）R32→（R33、R34、R35）：原生玩家的分化与专业化具有自身的特点，并影响多个用户群的行为模式。 （3）（R32、R33、R34、R35）→R36：不同玩家在长期参与元宇宙游戏过程中会出现偏好转移，模式之间存在转化与重定位的可能性
游戏虚拟要素管理（R4）	虚拟要素的创建（R41） 虚拟要素的赋权（R42） 虚拟要素的使用（R43） 虚拟要素的二次开发（R44） 虚拟要素的使用单位与交易单位划分（R45）	（1）R42→（R41、43）：虚拟要素赋权的能力与机制能够为要素的创建带来便利，并影响要素的使用范围与深度。 （2）R41→（R43、R45）：虚拟要素创建的格式与存储位置会影响资源使用的效率，以及要素使用单位与交易单位的划分粒度。 （3）R42→R44：虚拟要素对具体权限的约束会影响到资源二次开发的可能性与开发程度，从而影响到元宇宙资源的复用效果
游戏交易体系的完善（R5）	点对点交易模式（R51） 跨游戏交易模式（R52） 交易信任机制（R53） 代币兑换机制（R54） 稳定的经济系统（R55）	（1）R53→（R51、R52）：交易信任机制的建立会促进跨游戏的要素交易，并增强点对点交易的安全性。 （2）R54→（R51、R52）：代币兑换机制将广泛渗透进各类交易活动，提供更好的中介服务。 （3）（R53、R54）→R55：信任机制与兑换机制的建立与完善，以及相应服务效率的提升，有利于元宇宙内部形成稳定的经济系统及经济循环

续表

主范畴	对应范畴整理	范畴内（主要）关联及影响关系说明
游戏平台的扩展与对接（R6）	开源模式引领（R61）	（1）R62→R61：区块链支持下的去中心化趋势将进一步促进开源模式的发展，形成元宇宙共建体系。 （2）R61→（R63、R64）：开源模式利于接口开发与转换，在部分领域促进要素的跨平台对接与应用。 （3）（R62、R63、R64）→R65：去中心化与要素适用性的提升会最终影响在线游戏的业务，在元宇宙游戏领域会形成广泛的互联
	去中心化趋势（Dapp）（R62）	
	要素跨平台对接（R63）	
	要素跨平台应用（R64）	
	广泛游戏互联的实现（R65）	

6.2.2.1 主范畴1：游戏技术体系支撑

技术体系是元宇宙游戏发展及产业升级的基础，同传统游戏相比，元宇宙游戏的卖点之一就是基于 VR/AR/MR 及 XR 等带来的综合沉浸式体验，以及更全面的游戏交互体验，该特征在调查信息中得到了反复的确认。业内人士及技术人员普遍认为，综合游戏技术的发展能够使元宇宙游戏脱颖而出，吸引到属于自己的特定玩家群体。对于游戏企业与开发者来说，通过立体、多元化的沉浸技术能够创造出更丰富的游戏模式与游戏场景，这会拓宽数字游戏开发的边界，在实质上促进游戏产业的进步，从而扩大游戏受众的规模。同时，专业人员还应该看到 Web 3.0 与区块链技术对游戏运营给予的支持。这些技术能够更好地适应 MMO 的环境，并形成较理想的治理机制，游戏要素能够实现价值保障并自由流通，使元宇宙游戏保持稳定的增长。此外，还应该以发展的眼光看待元宇宙游戏领域的技术变化，比如脑机接口的实现，以及更强的 AI 模式与 NPC 效果，这些均会影响到未来游戏的开发品质及游玩效果。

6.2.2.2 主范畴2：游戏管理与运营模式

在调查样本中，明显地表现出对于游戏开发与管理模式迎来变革的预期。专业人士根据现有的一些初具元宇宙游戏雏形的产品判断，未来会有更多玩家参与到元宇宙游戏的开发与维护过程中，游戏与平台本身的机制与特点即提供了这种机会，共建有可能成为常态模式。管理与运营模式的变化会广泛传导至游戏企业，它们的组织结构需要随之调整，在业务管理形态上也要具备更强的元宇宙思维。比如，对于游戏发布渠道的管理，在"元宇宙+Web 3.0"的环境下，游戏企业对渠道的控制难度会相应增加，但优质游戏的分发速度则会更快，专注于产品设计显得更加重要。同时，游戏收益体系的建立与优化对于产品项目或平台的持续运营非常重要，良性的收益模式能够促进产品开发并不断改善管理模式，一些游戏内分成设计还会很好地激励玩家参与，贡献出好的设计"点子"。预计这些变化将会伴随 Web 3.0 的发展而愈发明显。

6.2.2.3 主范畴3：游戏玩家模式与定位

元宇宙玩家内群会逐渐细化，元宇宙体系将更加社会化，形成由丰富角色组成的虚拟网络生态环境。在现有的互联网（Web 2.0）世代，虽然网民或网络游戏玩家众多，但相互之间处于分离或分隔的状态，各类活动之间不存在明显且广泛的交集。但是，在元宇宙游戏世代，这种状况将会发生显著的变化，众多虚拟化的活动将会在关联的平台或体系内相互影响，许多"业务"之间存在较强的技术联系或经济联系。在此背景下，玩家的模式与定位也更加清晰。例如，从现有的文本中可以提取出建设型玩家、交易型玩家及管理型玩家，每一类均具有典型的行为特征与价值取向，他们在元宇宙游戏中"就业"，并拓展出自己的职业成长路径。需要看到，元宇宙原生玩家在这个新出现的虚拟环境中会具有某种先天优势，他们熟悉这个环境中的游戏规则，具备较强的技术理解力与商业理解力，能够长时间沉浸其中而不感到疲惫。此外，一些调查样本指出，从长期视角看，不同角色的定位有可能是动态的，存在相互转化的概率。普通游戏玩家有机会提升自己的段位，或成长为某种类型的专业玩家。在去中心化的体系内，每个玩家个体都拥有平等的机会，能够在竞争与合作中得到他人的认可。

6.2.2.4 主范畴4：游戏虚拟要素管理

元宇宙游戏或体系将会产生大量的虚拟游戏要素，这是构成游戏主体内容以及保障游戏可持续运营的关键。在任何虚拟环境中，让玩家愿意投入大量时间与精力参与的关键是能够保证他们的任何付出与成果都有可靠的证据，且这些证据不会因为时间、运营主体、软件升级等因素的变化而消失。因此，游戏要素的开放式管理显得尤为重要。特别是对于玩家私有要素，要建立明确的产权机制，使要素的开发、使用、交易、分解等过程都遵循一定的模式，并与玩家的某种账户关联起来。有些开发人员谈到，一些游戏要素的设计与管理不同于经典的 NFT 模式，在属性上比 NFT 要更为复杂。比如，在有些游戏场景中，装备等要素存在磨损设计，如一些武器（枪支）的外观随着用户使用次数的增加，会出现颜色上的消褪，且这一过程是不可逆的，而 NFT 藏品是不存在这方面问题的。此外，游戏要素的可分割性也需要预先设定好，比如某种装备是否支持分拆并单独交易部件，或某类矿藏可切分的最小单位等。为了达到拟真的社会化元宇宙效果，这些细节问题都不能忽视。

6.2.2.5 主范畴5：游戏交易体系的完善

交易体系是元宇宙经济系统的基础，交易体系设计的优劣会直接影响虚拟经济的运转质量。在去中心化的网络环境下，点对点交易将成为常态模式，在元宇宙游戏中也会存在广泛的点对点交易需求。交易过程需要有开放式账本记录，以保证每位玩家交易的安全性；配置相应的仲裁平台或机构，以应对较难处置的纠纷；借用公有链或联盟链的管理模式，并综合考虑游戏网络环境中的算力水平，构建合理的管理流程。同时，还要考虑跨游戏交易的对接与实现问题，更好地扩展游戏要素的流通范围。当然，这方面的整合确实存在一些难点，比如哪些要素适宜进行这样的处理，哪些要素（或相应属性）需要加以控制，哪些要素不宜采用这种处理形式。对于可行的要素种类，在代码层面如何处理，在显示层面如何表示，以及在应用过程中如何体现其特征，这都需要不同的开发主体进行相互协调。最后，为了保证经济系统的稳定，还需要建立起交易信任机制与高效的代币兑换系统。许多专业人士认为，信任机制可以通过技术手段（如区块链）建立起来，现有的公有链运营已提供了较好的参考模板。而代币兑换系统的发展则需要不断地突破现有的模式，切实构建起能够连通虚拟世界与现实世界的桥梁。考虑到一些元宇宙游戏玩家将会以此作为职业，他们需要将虚拟收入折现并用于真实的消费，自然希望相应的代币体系至少应能与比特币、以太币等主流网络货币进行兑换，且不受汇率以外要素的限制。

6.2.2.6 主范畴6：游戏平台的扩展与对接

元宇宙游戏的典型特征是具有更强的开放性，游戏在全生命周期中需要广泛吸纳各类资源与要素，不同玩家群体也将获得深度参与的机会。元宇宙游戏平台的扩展与对接能力将会明显优于传统互联网游戏，任何与其相关的机构或个人都可以获得接口权限，并在开源的模式下进行开发与调试。传统厂商的思维模式是保护好自己的知识产权，防止竞争对手模仿。而在元宇宙环境下，游戏平台如果不能吸引到足够的外部参与者，那么他们肯定会转向竞争对手的平台。这些参与者不仅仅是普通玩家，还包括一些支持性机构，例如，提供网络金融服务的企业可以在开源模式下更好地设计产品并提供结算服务。综合来看，开源对于企业的运营收益利大于弊。同时，去中心化将在一定程度上激励企业与用户的创新行为，许多创新将具有发散性特征。在运营协调方面，需要促进这些创新成果的跨平台交互与实现，保障创新主体的合理收益。从长远发展来看，游戏平台对接的终极目标是实现广泛的游戏互联，用户所感受到的元宇宙游戏更像是一个游戏场所而非具体的游戏产品。当然，广泛的游戏互联并不意味着完全的无边界化，游戏与游戏之间仍会存在合理的门限，以保证每个游戏产品都有独立的游玩环境与个性化特征，从而表现出足够的差异化。

6.2.3 基于选择性译码构建逻辑框架

在主轴译码基础上，结合调研样本对于元宇宙游戏产业升级的描述及语言逻辑，以故事线形式对产业演化的主范畴进行关联描述，形成多个动态核心范畴，进而构建起产业演进的基础逻辑。梳理后的逻辑关系如图 6-6 所示。

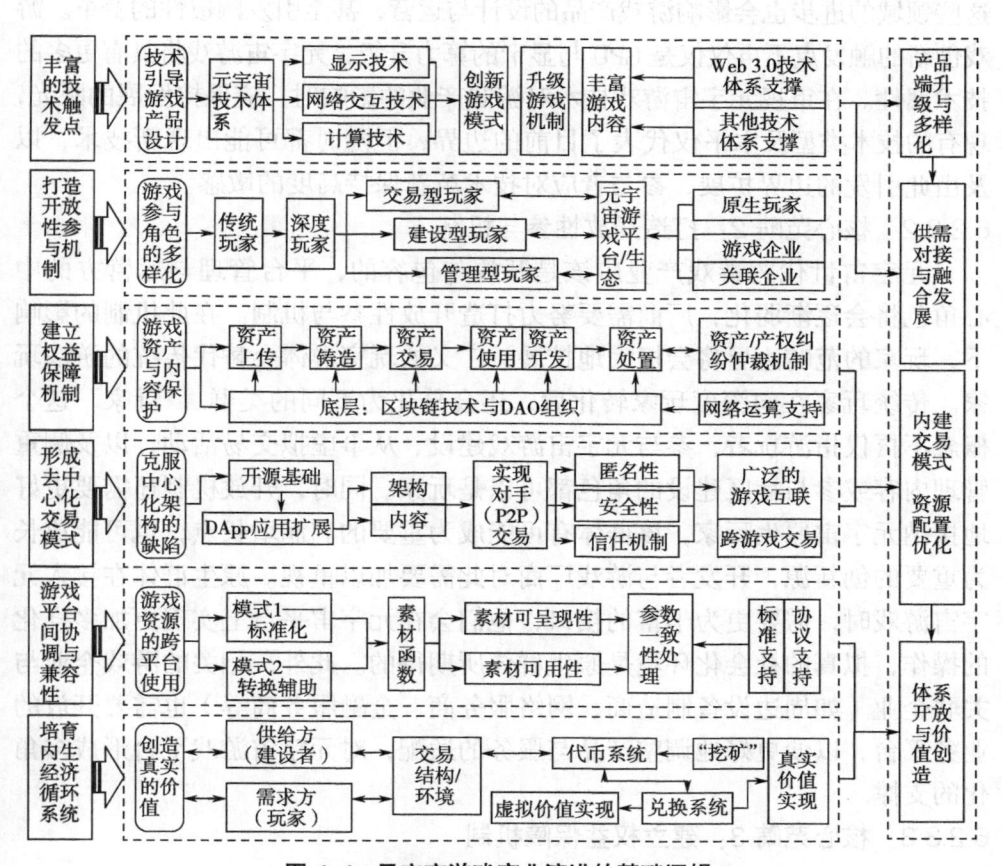

图 6-6　元宇宙游戏产业演进的基础逻辑

221

6.2.3.1 核心范畴1：丰富的技术触发点

技术触发是元宇宙背景下游戏产业升级的原始动力。在游戏创新遇到明显瓶颈后，传统的设计思路与模式很难给玩家带来耳目一新的产品。20世纪90年代中后期互联网的崛起，为互联游戏模式创造了机遇，使许多类型的传统游戏能够在新的平台上获得重生，并催生了一批新类型的网络游戏。与之相比，目前狭义的元宇宙技术体系是游戏产业升级的核心推动力，典型代表是虚拟现实与增强现实带来的新交互模式，这能够拓宽游戏内容的表达，使传统的"手–眼"游戏模式变为"手–眼–身"的互动模式，甚至是综合感官的参与模式，玩家的沉浸感显著提升。这将带来游戏模式的创新、游戏机制的升级以及游戏内容的丰富，只要相应的技术体验感达到一定的水准，必然会受到玩家的青睐。同时，也不能忽视元宇宙周边技术及底层网络技术的发展，这些领域的进步也会影响游戏产品的设计与运营，甚至引发颠覆性的变革。游戏创新的触发点不再仅仅是CPU与显卡的算力升级，元宇宙游戏将具有更多的技术属性。在审视元宇宙游戏技术对游戏产业的影响时，应保持发展的眼光，现有的技术类型及水平仅代表了目前的边界，但随时都可能出现新技术，以及由此引发的边界扩展，参与者应对技术革新保持高度的敏感。

6.2.3.2 核心范畴2：打造开放性参与机制

元宇宙世代的游戏产业应该是开放与包容的，平台管理与运营方的中心角色将会逐渐弱化，厂商需要努力打造开放性参与机制。在此机制的影响下，玩家的范畴边界将会极大地扩展，广义的玩家群体会替代传统的游戏玩家。传统玩家在向深度玩家转化后，还会分化为不同的类群。"玩家"这个概念不再仅指游玩者，参与元宇宙游戏建设、从事虚拟交易活动，以及侧重管理内容或参与社区建设的角色都可以是玩家。同时，开放机制还需要更好地接纳元宇宙原生玩家，该群体有可能成为重要的利润增长点，也可能成长为重要的创新源，开发者与游戏厂商对此需要加以重视。原生群体在接入元宇宙游戏时，需要更为丰富的接口，他们会在元宇宙平台上实现更加多样化的操作，拟真的社会化环境是原生群体所期待的。此外，相关的游戏企业与关联企业（如周边设备制造商、网络服务商、金融服务商等）也需要开放的业务平台，以便更好地调整产品与服务的适配，对元宇宙游戏平台形成多角化的支撑。

6.2.3.3 核心范畴3：建立权益保障机制

游戏资产与相关资料内容是元宇宙平台上的重要元素，与用户规模指标一起共同体现元宇宙游戏的市场价值。为保护相关资产的权益，需要建立起完整且完善的管理流程，这涉及虚拟资产的全生命周期。在资产上传方面，要考虑代码（文件）格式、文件存储位置、传输标准等。在资产铸造方面，要考虑文件与"链"的关系、"链"的类型，以及上"链"的铸造标准与算法。在资产交易方面，要考虑交易的流程与机制模式，以及交易链的可追溯性。在资产使用与开发方面，要考虑分拆、耗损、复用等问题，以及在广域内的共识模式。在资产处置方面，要考虑资产消亡及虚拟资源[1]回收的问题。相关的管理与业务流程需要得到底层区块链及去中心化组织的支持，并配套相关的服务模块或单元，如涉及资产纠纷、产权争端等，以及如何自动触发并进入处理流程。此外，上述这些业务均需要有效的算力保障，使资产管理能够在低成本状态下快速实现，从而适应大规模的应用需求。

6.2.3.4 核心范畴4：形成去中心化交易模式

元宇宙游戏的初始阶段有可能会延续现有网络游戏的模式，游戏运营的组织架构有可能是中心化或半中心化的。但随着元宇宙游戏及 Web 3.0 的发展，必然会形成去中心化的架构形态。与之配套的去中心化交易模式并不只涉及虚拟资产的交易，而是在广义层面形成去中心化的经济生态。这种去中心化结构需要以开源机制为基础，逐渐形成各类网络应用中的 DApp。DApp 运行在无级差的网格节点上，不依赖中心服务器，便于实现各种去中心化操作。建立在开源与自治基础上的 DApp 能够给用户提供可靠的资产保护与交易保障，任何个体都可以发布或接受智能合约并按照约定支付或获得收益，无须担心网络欺诈问题。去中心化模式在匿名性、安全性、可靠性方面有极高的保证，这种信任机制的泛化会促使游戏互联与游戏间交易的普遍化。在元宇宙游戏生态中，去中心化交易将成为玩家之间的主要交互基础。玩家在交易装备、买卖服务，以及发布相关"招标"信息时，都可以基于 P2P 模式进行，不会受到运营方等角色的监视，双方可以自由议价并灵活选择支付方式。当然，大部分交易都是在设定参数后自动匹配并实现的，玩家之间甚至不知道交易对手是谁。

6.2.3.5 核心范畴5：游戏平台间协调与兼容性

为实现平台间的协调与兼容，需要在接口与转化方面开展更多的工作。

---

[1] 此处的资源不仅是要素本身，还涉及其占用的相关网络资源，如存储位置、关联的文件、有限的编号等。

这种广泛的对接协调会涉及众多的厂商与开发者，在去中心化的环境下，通常可采用投票机制实现。这种形式在现有的区块链发展中已经多次使用，主要在标准制定与协议设计中发挥作用，并最大限度地照顾各使用方的需求。在元宇宙游戏网络中，兼容效果的实现需要在协议与标准方面得到广泛支持。特别是一些原始开发者需要预先考虑到相应的需求，这既涉及软件层面的开发与对接，也涉及相关硬件厂商的配合。比如，一些设备商的固化驱动与数据传输标准也会对跨平台处理的效率造成影响。对接与协调机制主要处理两个方面的问题：一是基础层面的标准化，涉及格式、代码、存储位置、管理体系等多方面的一致性；二是在大跨度下的转换问题，即如何在较少的算力消耗下实现相应的函数运算。在转换过程中，还需要考虑到不同素材（包含静态与动态内容）在其他平台的呈现效果与可用性。比如，某独立开发者设计的一个功能组件（函数包）可通过何种方式转换后用于其他游戏平台，并继续实现相应的功能，或允许其他主体在付费后进行二次开发。

6.2.3.6 核心范畴6：培育内生经济循环系统

同现有的众多网络游戏不同，元宇宙游戏体系所要构建的是相对完整的经济系统。目前许多游戏内经济系统是单向的，且主要起到对核心游戏内容的支撑作用。此类系统一般由平台主管方或运营方发布相关的资源及游戏内交易代币，没有成形的价格体系，价格标定存在很强的主观性，玩家与参与者只能按照规定的模式参与游戏内的经济活动。这种模式的缺陷包括：其一，单向的经济模式缺乏激励效果，玩家群体不容易产生原创动力；其二，经济规则的稳定性不高，平台管理方会通过升级、回收或增发等行为干扰体系的运转，甚至损害部分玩家的利益，这种现象在传统网游中屡见不鲜。在元宇宙游戏体系内，应尝试建立一种有效的供需连接及交易的介质，并以价值表现为基准，构建起完整的经济系统，使元宇宙游戏内的经济活动能够循环运转起来。同现实环境中的经济系统类似，元宇宙游戏内价值的认定标准与价值的表现形式也需要实现相互对接，玩家、开发者及相关参与者都可以使用虚拟代币进行规范的交易，且代币本身的价值相对稳定。相关业内人士认为，想要达到这样的效果并不容易，需要在网络空间建立起可靠的市场机制与金融系统，在长期的运行与试错中不断修正问题与机制，并完善相关的配套体系。例如，有人谈到，"其中的难点在于，我们面对的是一个全球开放的元宇宙网络环境，需要的是一种无主权的经济规则。那么这样的规则应该如何制定？怎么样约束大家的行为？有没有仲裁与执行机构？这些问题处理起来都很麻烦"。

为保证对元宇宙游戏产业演进相关主题的有效覆盖，本研究以未参与原始分析的调查样本进行理论饱和度检验。在开放性编码阶段，标签的重合度为94.05%（237个），概念及近似概念的重合度为94.79%（91个），基本范畴重合度为100%（29个）。在主轴译码阶段与选择性译码阶段，总体能够形成一致性结论，理论饱和度较好，无须进行额外的理论挖掘。

进一步根据样本的词汇及语句描述，对核心范畴间的关联进行分析（见表6-7）。综合来看，核心范畴1（丰富的技术触发点）同其他范畴之间的逻辑关联相对较弱，其路径描述主要作用于游戏产品的开发与管理，对后期运营以及元宇宙生态的改变缺乏直接的影响。当然，部分技术会在基础层面对其他范畴形成潜在的影响，这些关联并未直接体现在调查描述中。相比之下，其他核心范畴相互间的逻辑关联非常明显，有显著的相互支撑关系，能够共同促进元宇宙游戏产业的演进。例如，核心范畴4（形成去中心化交易模式）建立在核心范畴2（打造开放性参与机制）、核心范畴3（建立权益保障机制）的基础上，在业务机制层面得到保障。同时，核心范畴4会引发核心范畴5（游戏平台间协调与兼容性）的内在需求，并促使核心范畴5体系内各要素的快速发展，保证元宇宙体系的衔接效果与可扩展性。此外，核心范畴2、核心范畴3、核心范畴4共同影响核心范畴6（培育内生经济循环系统）的发展，为核心范畴6内多个要素的强化提供基础保障。

表6-7 核心范畴间的相互影响

核心范畴关联		1 丰富的技术触发点	2 打造开放性参与机制	3 建立权益保障机制	4 形成去中心化交易模式	5 游戏平台间协调与兼容性	6 培育内生经济循环系统
打造开放性参与机制	词频强度	静态词频：高 动态词频：中	—	—	—	—	—
	逻辑关联	★★☆	—	—	—	—	—
建立权益保障机制	词频强度	静态词频：低 动态词频：低	静态词频：高 动态词频：高	—	—	—	—
	逻辑关联	★☆☆	★★☆	—	—	—	—

续表

核心范畴关联		1 丰富的技术触发点	2 打造开放性参与机制	3 建立权益保障机制	4 形成去中心化交易模式	5 游戏平台间协调与兼容性	6 培育内生经济循环系统
形成去中心化交易模式	词频强度	静态词频：中 动态词频：低	静态词频：中 动态词频：中	静态词频：中 动态词频：高	—	—	—
	逻辑关联	★☆☆	★★☆	★★★	—	—	—
游戏平台间协调与兼容性	词频强度	静态词频：低 动态词频：低	静态词频：高 动态词频：高	静态词频：中 动态词频：中	静态词频：高 动态词频：中	—	—
	逻辑关联	★☆☆	★★★	★★☆	★★★	—	—
培育内生经济循环系统	词频强度	静态词频：中 动态词频：中	静态词频：高 动态词频：中	静态词频：中 动态词频：中	静态词频：高 动态词频：高	静态词频：高 动态词频：中	—
	逻辑关联	★★☆	★★★	★★★	★★★	★★☆	—

6.3 元宇宙游戏产业升级的路径分析

未来元宇宙游戏产业的成长将涉及技术发展、游戏创新、游戏玩家群体扩大、商业模式创新、经济规则建立和相关政策制定等多个方面，这些内容会相互影响并融入不同的发展阶段与路径中。不论作为行业的主要参与者还是潜在参与者，都需要时刻关注行业的发展走势，从而更加敏捷地调整企业的战略方向。

6.3.1 元宇宙游戏产业升级阶段的预测

（1）元宇宙技术准备阶段（2010—2015年）。该阶段，不同领域的IT技术快速发展，但相互间没有足够的交集，因此未能产生明确的元宇宙游戏产品。但这些技术的发展对未来元宇宙游戏产业都会起到重要的支撑作用，显示、3D、VR、体感、边缘计算、移动网络等技术最终会汇聚到元宇宙游戏领域，并实现整合与转化。其中，区块链等技术的商业化及代币的发展使许多人看到了商机，促进了相关专业技术的学习与扩散，这为后期的人才队伍建设作了较好的铺垫。同时，由于技术准备阶段存在许多未知和风险因素，一些投资流入了研究机构、咨询公司或独立（研究）团队，主要进行行业调查、市场分析和战略设计。这些机构从侧面帮助技术研发团队及其他投资者更好地掌握产业发展的趋势和风险，提供了智力支持，也为后续产业发展建立起理论支撑。

（2）元宇宙游戏产业酝酿期（2015—2020年）。该时期，元宇宙游戏的概念还未明确，更没有清晰的技术实现模式。在技术方面，许多企业陆续验证元宇宙游戏的技术可行性，并进行原型开发、技术测试，获得用户反馈，以探索元宇宙游戏的模式与市场效果。一些早期的虚拟现实和增强现实技术虽已完成应用探索，但尚未广泛普及或形成系统化的游戏开发模式。在商业转化方面，许多游戏企业或IT创新公司初步探索了新的商业模式，这包括虚拟货币的引入、虚拟资产交易的尝试、基于Web 3.0的广告和相关收入的探索。商业模式的验证和优化是酝酿期的主要内容。此外，该阶段产业还没有大规模用户参与和得到广泛认可，市场份额极其有限，用户数量和收入规模较小，各类投资活动都相对谨慎。

（3）元宇宙游戏产业起步阶段（2020—2025年）。在起步阶段，元宇宙游戏产业发展将主要集中在技术和平台的探索上。游戏开发者和科技公司将致力于将元宇宙技术商业化，探索虚拟现实、增强现实、区块链等技术在游戏中的深度应用，并构建可支持元宇宙的基础设施和平台。起步阶段将重点放在了基础设施建设上，包括元宇宙游戏平台的技术升级、网络带宽的提升、数据安全和隐私保护的加强等，以支持产业的长期发展。该阶段，元宇宙游戏产业的市场规模相对较小，总体市场份额有限，尚未到达大规模用户参与和商业化运营的阶段。用户数量与收入规模的限制会让一部分潜在参与者谨慎选择。同时，起步阶段的元宇宙游戏产业可能会吸引一些早期阶段的风险投资，这些投资者对该产业的发展潜力抱有信心并愿意冒险尝试，为创新的技术和商业模式提供资金支持。

（4）元宇宙游戏产业成长阶段（2025—2035年）。该阶段可进一步划分为稳步增长阶段与加速增长阶段。前一阶段的特征是，元宇宙游戏产业逐步完善商业模式，包括虚拟经济的建立、虚拟资产交易的规范化、创作者收益机制的优化等。用户数量和收入规模逐渐增加，但增速可能相对较慢。元宇宙游戏产业的稳步成长将创造大量的就业机会，除了游戏开发和创作领域，还将涉及虚拟世界设计、虚拟经济运营、社交互动管理、技术支持等多种岗位。预计将有大量相关领域的人才进入该领域全职就业或兼职就业。后一阶段的特征是，在夯实基础后，元宇宙游戏产业将迎来爆发式的增长，用户数量和收入规模将呈现快速增长的趋势，市场竞争也会随之加剧。在加速成长阶段，将出现更多的商业模式创新，包括虚拟经济的扩展、虚拟资产交易的多样化、社交互动的增值服务等，为产业带来更多收益和利润来源。加速成长阶段还将引发更多的投资和并购活动，资本市场对元宇宙游戏产业的关注度和投资热情将持续高涨，以寻求更大的市场份额和更多的战略合作机会。

（5）元宇宙游戏产业成熟阶段（2035年以后）。元宇宙游戏产业成熟后，将形成一个庞大的数字化经济生态系统。这个生态系统将涵盖游戏开发者、虚拟平台运营商、虚拟资产交易平台、虚拟经济服务提供商等多类参与者。这些参与者将相互合作，共同推动元宇宙经济的发展。元宇宙游戏平台和内容创作者将成为重要的经济参与者，持续创造就业机会和经济增长，但增速会明显低于前一阶段。用户生成的内容将成为元宇宙游戏产业的重要组成部分，大部分玩家已经熟悉且愿意创建并共享自己的虚拟世界、角色、任务等，形成良好的创新生态氛围。同时，社区创造将成为一种重要的社交活动，玩家可以共同参与创作和建设元宇宙的相关内容，并实现广泛且充分的交流。元宇宙游戏产业在成熟阶段还将与现实经济深度融合，并产生广泛的外溢性影响。元宇宙游戏将拓展跨界合作，以模式创新推动与工业、教育、医疗、旅游等其他产业领域的融合。

图6-7直观展示了元宇宙游戏产业演进阶段预测。

6.3.2 元宇宙游戏产业升级的路径模式

基于元宇宙游戏产业演进的基础逻辑以及相应的调查文本描述，可总结出四种产业升级的路径模式，分别是技术推动型、市场引导型、联合成长型以及开放体系模式。每种模式均有自己的特点及阶段适应性。

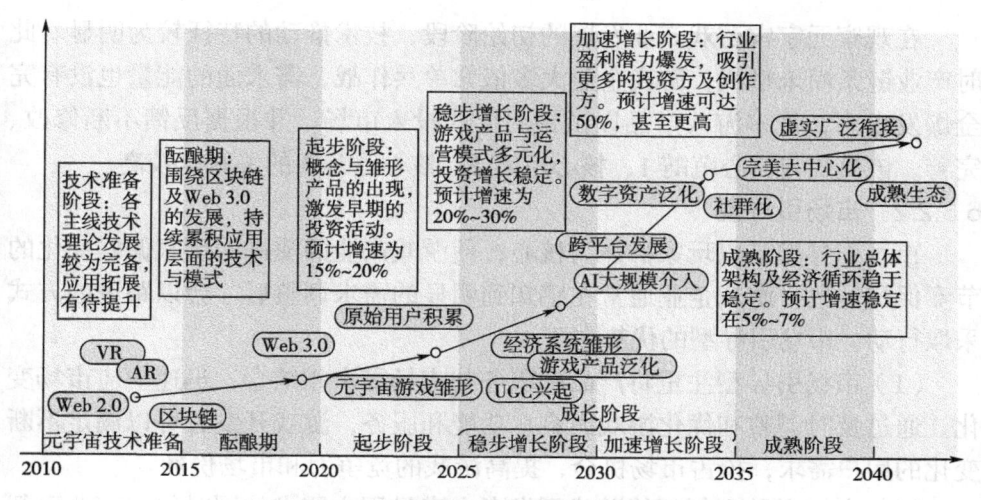

图 6-7 元宇宙游戏产业演进阶段预测

6.3.2.1 技术推动型

技术推动型是以关键元宇宙技术作为产业演进与升级的核心动力，在新技术出现及技术应用实现转化后，游戏产业以技术路线为升级依据，依次遵循"技术→模式→产品→行业"的发展过程，实现产业的供给演进。技术推动型演进总体上属于传统的供给导向模式，认为产业升级是一种在生态环境影响下的原生创新行为，较少受到外部直接的影响与干预。技术推动型模式的主要表现包括：

（1）创新游戏玩法和体验。元宇宙技术的应用推动了游戏设计和玩法的创新，游戏通过结合虚拟现实、增强现实、人工智能等技术，创造了更加多元化的游戏体验。这会引导玩家自由探索虚拟世界、与其他玩家互动、体验独特的游戏玩法，进一步增强了游戏的吸引力和可持续性。

（2）社交和合作互动。技术的进步促进了玩家之间的社交和合作互动。元宇宙游戏通过虚拟世界的构建，使得玩家可以与其他玩家进行实时互动和合作，共同探索、战斗或创造。这种社交互动的强化提高了玩家对游戏的投入和黏性，能够推动游戏社区的形成和发展。

（3）商业模式创新。技术的进步还会催生新的商业模式和盈利机会。元宇宙游戏可以通过虚拟物品的交易、游戏内广告、赛事和直播等方式实现商业变现，而区块链技术的应用可以为玩家提供虚拟资产的所有权和交易保证，推动虚拟经济的发展。

在观察元宇宙游戏产业发展的初始阶段，技术推动的特征较为明显。此时产业链条尚未形成，游戏企业大多依靠单兵作战，需求面的能量也没有完全爆发出来，许多游戏产品以试错的形式投入市场，并根据反馈不断修改、完善。该模式与核心范畴1、核心范畴2、核心范畴3的关联度较高。

6.3.2.2 市场引导型

市场引导型是以玩家群体为核心，使游戏产业的演进同玩家偏好变化的节奏保持一致，游戏企业通常在感知到明显的需求调整后才会以跟进的方式采取行动。市场引导型的优势在于：

（1）市场引导型注重将产品和服务与市场需求相结合，迅速响应市场变化。通过及时调整和优化游戏内容、功能和服务，游戏开发者可以满足不断变化的用户需求，抢占市场机会，提高游戏的竞争力和市场份额。

（2）市场引导型创新使游戏开发者在满足用户需求的同时保持商业可行性。开发者需要在投入与回报之间进行平衡，确保创新投入能够获得足够的收益。这包括综合考虑开发成本、市场竞争、用户付费意愿等因素，以及合理地进行风险管理和商业决策。该模式与核心范畴2、核心范畴3、核心范畴4的关联度较高。

但市场引导型在游戏产业发展中也会存在相应的问题。首先，过分依赖市场需求信号可能会导致产品的原始创新不足，并拖累产业演进的速度与质量。比如，许多游戏领域的革命性创新都是技术人员的架空设计，并没有相关的参考与借鉴，推出这样的新品虽然会冒一定的市场风险，但创新的步伐却是跨越式的。其次，市场需求和用户偏好具有一定的不确定性和变化性，尽管开发者可以通过市场调研和用户反馈来了解市场需求，但市场的变化和用户的具体行为往往难以准确把握。这可能导致开发者投入大量资源开发的产品并不符合市场需求，无法取得商业成功。最后，市场引导型通常意味着开发者需要与竞争对手进行"红海"竞争，争夺有限的市场份额和用户。大家都会优先关注相对成熟的市场，这会增加行业竞争的压力，压缩企业的盈利空间，致使行业的资金积累速度下降，并直接影响长期的创新行为。因此，这种完全的市场理性拓展模式往往缺乏促进产业发展的激情与动力，使产业陷入低水平均衡的状态。

6.3.2.3 联合成长型

联合成长型是以游戏厂商的纵向与横向连接为基础，以产业关联为纽带，促进产业的革新与升级，是一种较为理想的产业优化模式。

联合成长型模式具有以下特点：

（1）强调合作伙伴关系。不同领域的企业、机构、开发者、投资者等形成合作伙伴关系，共同参与元宇宙游戏产业的发展。合作伙伴之间可以在技术研发、内容创作、市场推广、资金投入等方面进行合作，共同承担风险和分享成果。

（2）提倡数据层面的共享与整合。各参与方能够共享和整合相关数据，包括用户数据、市场数据、行业趋势等。通过数据的共享和分析，可以更好地理解用户需求，优化产品和服务，并为决策和创新提供支持。

（3）促进产业链协作。各个环节的企业和机构之间紧密协作，塑造完整的产业链条，包括硬件设备供应商、游戏开发者、内容提供商、平台运营商等在内的各个环节共同努力，推动整个产业的发展。

在产业发展过程中，联合成长型模式较少出现内耗问题，可避免产业内的过度竞争。联合成长型模式理论上具备最优的产业成长效果，但在实际操作中，往往很难协调各个企业主体之间的利益，难免出现一定的摩擦与争端。从产业规制角度看，不能过度鼓励企业间的联合，特别是横向层面的联合，否则容易形成垄断势力并影响下游的利益。比较理想的产业联合成长是在松散型关联下保持适度的竞争，并促进行业的发展。该模式与核心范畴5、核心范畴6的关联度较高。

6.3.2.4 开放体系模式

开放体系模式是以营造宽松的产业生态环境为基础，不干涉产业的自由生长，力求达到产业自发、自觉的效果。在开放体系模式下，元宇宙游戏产业会依据其所处生态环境的特征，形成不同的发展取向与结构，无需过多的政策引导。开放环境的营造涉及两个方面：

（1）提倡开放标准和协议。制定开放的标准和协议，促进不同平台和系统之间的互联互通。这包括数据格式标准、通信协议、安全标准等，以确保不同平台和系统能够无缝衔接和交互，提供高效的开发环境。

（2）激励用户参与和贡献。鼓励用户参与游戏内容的创作和分享，使他们成为游戏的共同创作者，这可以通过提供用户自定义内容的功能、社区创作工具和平台、用户意见反馈等方式实现。用户的参与和贡献可以丰富游戏内容，增强游戏的可玩性和黏性，并分担一部分厂商的工作量与成本。该模式与核心范畴2、核心范畴4、核心范畴6的关联度较高。

在开放体系模式下，不同国家（地区）会形成不同的产业成长路径，适宜的就是最好的。例如，美国在元宇宙基础技术领域占据优势，能够为产业发展提供更多的基础动能，在机制设计层面也有更大的话语权。日本、欧洲等地区的游戏创新能力及优秀的品控使其可以占据产业中游的位置，在游戏引擎、游戏基础设计方面提供优质的资源。而对于我国来说，可以有效依托市场（用户）方面的优势，在元宇宙游戏产业的中下游发力，作为切入点快速进入。而随着技术整合及游戏产品开发能力的不断提升，再逐渐强化我国在产业链中的地位，并积极参与规则的制定。

6.3.3 元宇宙游戏产业升级的政策支持

结合元宇宙游戏产业发展模式的特征，可给予不同的政策导向与指引，在不同的产业成长阶段发挥各自的作用（见表6-8）。同时，为了支持元宇宙游戏产业发展，还应在以下方面提供相应的保障。

表 6-8 促进元宇宙游产业升级的政策导向

政策导向	政策体系特征	政策导向	关注重点
技术推动型	单一型（适合产业导入阶段）	（1）扶持并完善供给侧能力。 （2）促进技术研发、转化及交易	（1）关注元宇宙基础技术研发的激励与政策优惠。 （2）注重技术转化途径的低成本化
市场引导型	复合型（适合产业增长阶段）	（1）关注游戏产业发展的实质需求。 （2）注重对未来用户群体的培育	（1）积极引导游戏产业的健康发展，避免过度限制游戏（产品与运营）的发展。 （2）综合挖掘元宇宙游戏的应用价值，在社会文化层面帮助其树立正确的价值导向
联合成长型	全面复合型（适合产业增长阶段）	（1）关注产业关联效应。 （2）关注产业关联所带来的利益及分配	（1）注重对元宇宙游戏周边行业的支持。 （2）强化对元宇宙游戏产业前端的培育与支持
开放体系模式	全面复合型（适合产业成熟阶段）	（1）提供综合性的产业引导与支持。 （2）降低行业内及行业间的交易费用	以营造宽松的产业约束环境为主，允许行业自由生长，并以较低限度介入行业活动

（1）元宇宙是一个开放型生态，元宇宙游戏产业的发展离不开外部资源

的支持。因此，在元宇宙发展中，开展国际合作可以促进技术共享、资源互补和市场扩展，提升元宇宙产业的发展和创新速度。①建立国际合作框架。政府层面应积极推动建立元宇宙领域的国际合作框架，与其他国家和地区签署合作协议，共同推动元宇宙技术和应用的发展。可以设立国际合作机制，定期举办元宇宙（游戏）领域的国际会议、研讨会和展览等，促进企业与玩家间的合作和交流。②参与国际标准制定。例如，以科创企业为主导，积极参与相关IT领域技术的国际标准制定活动，推动元宇宙技术和运营的标准化进程。特别是与其他国家的知名企业合作，制定共同的标准和规范，提高元宇宙游戏产业的互操作性，促进协同发展。③开展国际化的技术交流与合作。鼓励元宇宙企业与国外企业和科研机构进行技术交流和合作，共同开展研发，共享技术资源和经验。也可以共同设立技术合作基金，吸引更多的企业或个人参与创新项目。同时，可与国外企业合作开发元宇宙平台、内容或应用，共同开拓国际市场。④促进跨国人才流动。政府可以制定优惠政策，吸引国际优秀人才来华从事元宇宙技术和运营领域的工作。鼓励元宇宙领域的企业与机构开展人才交流和互动，并促进其在不同领域之间的横向互通。

（2）元宇宙技术及相关知识产权保护是非常重要的，它能够确保创新者的权益，激励创新和投资活动，并促进元宇宙技术的可持续发展。元宇宙游戏虽然自身具备诸多权益保障机制，但是发展过程中难免存在诸多技术漏洞。为了避免对原创者权益造成损害，特别是出现国际权属纠纷时，要有相应的依据与裁定方式，须搭建完整的产权保护体系。该体系主要内容包括：①专利保护。对于具有创新性和实用性的元宇宙技术，可以申请专利保护。专利保护可以保护发明者对其技术的独占权利，防止他人未经许可使用、制造或销售相关技术。元宇宙技术的专利申请可以涵盖各个方面，如虚拟现实技术、交互设计、数据处理方法等。②商标保护。元宇宙技术企业可以注册商标来保护其品牌标识和产品名称，防止他人使用相似商标造成混淆或侵权。商标保护可以提高科技企业及独立开发者的市场竞争力，建立和维护主体的品牌形象。③著作权保护。元宇宙技术的软件、图形界面、虚拟环境和内容等可以利用著作权加以保护。著作权保护可以防止他人未经授权复制、分发或展示相关作品。元宇宙技术企业应确保拥有适当的著作权登记和文件保留措施，以确保在侵权纠纷中能够证明自己是著作权的合法拥有者。④保密协议和非竞争条款。针对元宇宙创新保护的空白领域，元宇宙技术企业可以与员工、合作伙伴和供应商签订保密协议，确保关键技术和商业机密的保密性。针对重要的技术人员和高层管理人员，可以订立非竞争条款，限制其在离职后到竞争企业从事类似业务，以保护公司的核心技术和商业利益。此外，产权方面的国际合作和协调也很重要，我国可以通过加强跨国知识产权保护的学习与沟通，提升科创企业应对元宇宙技术知识产权保护挑战的能力。

（3）从微观层面看，在产业导入及发展阶段，需要对元宇宙游戏企业及关联科技企业提供足够的支持。应调动相关资源为创业者提供全方位的支持（见图6-8），为他们创造一个良好的创业环境，推动元宇宙技术向泛娱乐领域的转化。在这一过程中，应引导政府、企业和学术界加强合作，持续聚焦行业发展和创新需求，结合我国游戏产业的发展走势不断完善和调整政策。具体支持策略可以包括：①提供全面的创业培训和指导。设立元宇宙主题的科技创业培训机构，提供创业基础知识、商业模式、市场分析等培训课程。配套提供导师制度，为有经验的企业家或行业专家与创业者牵线搭桥，提供指导和咨询。②可提供一定的创业资金支持。比如，设立元宇宙（游戏）科技创业基金，向具有创新潜力的元宇宙科技企业提供种子资金、创业投资或风险投资。鼓励独立投资方参与，或引导金融机构为元宇宙领域的科技创新企业提供贷款和融资支持。③完善创业生态系统建设。比如，建立元宇宙科技创业孵化器或加速器，提供办公空间，协调技术支持或创业资源共享，以创建创业社区，促进创业者之间的交流、合作和知识共享。

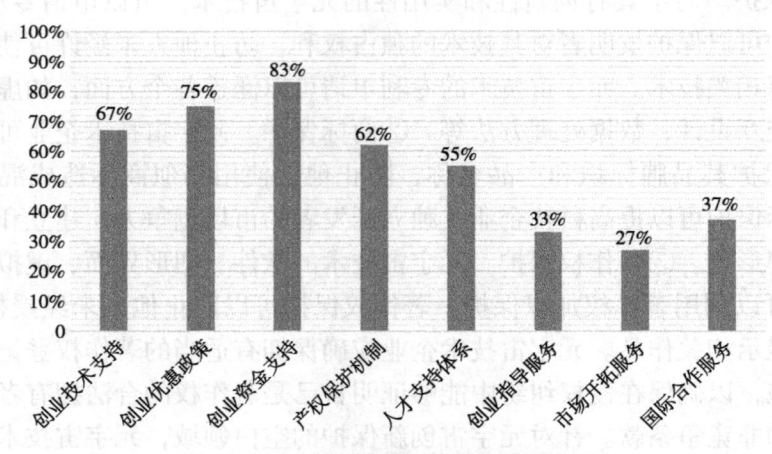

创业支持类别	关注度
创业技术支持	67%
创业优惠政策	75%
创业资金支持	83%
产权保护机制	62%
人才支持体系	55%
创业指导服务	33%
市场开拓服务	27%
国际合作服务	37%

图6-8　元宇宙游戏领域创业的关注度

6.4 元宇宙游戏产业发展的相关问题

6.4.1 元宇宙游戏中的数字鸿沟问题

元宇宙游戏中存在数字鸿沟问题，这是指在游戏内部或游戏玩家之间出现的技术、经济、社交等方面的差距。常见的数字鸿沟问题包括：①技术差距。元宇宙游戏需要先进的技术设备和网络连接，但不是每个玩家都能够获得高性能计算机、虚拟现实设备或高速互联网连接。这导致一些玩家无法充分体验游戏高质量的图形、交互和虚拟现实效果。②经济差距。元宇宙游戏中可能存在虚拟经济体系，一些玩家可能投入更多的时间和资金来获取游戏内的虚拟财富和物品，而其他玩家则可能无法达到同样的水平。这可能导致经济上的不平等和不公平。③社交差距。元宇宙游戏中的社交互动是其重要组成部分，但社交差距可能会影响玩家之间的互动。一些玩家可能由于文化、语言、地理位置等因素，无法与其他玩家进行有效的交流和合作。

针对元宇宙游戏中的数字鸿沟问题可采取以下措施：在技术普及和可访问性方面，提供更多的元宇宙游戏设备和技术普及计划，使更多人能够获得高性能设备和稳定的网络连接，缩小技术差距。在经济平衡和公平竞争方面，确保元宇宙游戏内的虚拟经济体系设计合理，避免过大的经济差距，提供平衡的机会和奖励机制，使每个玩家都能够在游戏中获得发展和成就感。在多元化的社交互动方面，提供丰富的交互方式，包括语音和文字聊天、社交团体、跨文化交流等，促进不同玩家之间的交流和合作。在教育和培训方面，提供元宇宙游戏相关的教育和培训资源，帮助玩家了解游戏机制和技术，提高技能水平，缩小技术差距。在参与政策制定方面，鼓励游戏开发者、行业协会及玩家群体同政府部门合作，参与讨论政策和标准，促进数字鸿沟问题的解决，确保元宇宙游戏的可持续发展和更具包容性。力求通过全方位的努力，减少元宇宙游戏中的数字鸿沟问题，营造更加公平、平衡和包容的游戏环境。

6.4.2 元宇宙游戏中的玩家权益保护问题

在元宇宙游戏中，玩家权益保护非常重要，将直接影响元宇宙游戏生态的信誉，以及玩家群体的在线规模与参与热情。权益保护通常涉及以下几个重要问题：①虚拟财产权益保护。玩家在游戏中获取的虚拟财产，如虚拟货币、游戏物品和虚拟地产/房产等，应得到体系内法律的保护。可行的保护措施包括：游戏开发者制定明确的虚拟财产所有权规则，确保玩家能够合法拥有、转让和保护自己的虚拟财产；提供安全的交易平台或市场，确保玩家能够在合法和安全的环境中进行虚拟财产的交易。②虚拟货币合法性和安全性。虚拟货币在元宇宙游戏中起到重要的媒介作用，保护玩家在虚拟货币方面的权益是十分必要的。游戏开发者应确保虚拟货币的发行和使用符合相关法律法规，并提供透明和安全的虚拟货币管理系统；加强对虚拟货币交易的监管，防范虚拟货币交易欺诈行为，保护账户安全，防止盗窃和欺骗等。③隐私保护。玩家在元宇宙游戏中产生的个人信息应得到妥善保护，避免泄露并被他人非法使用。游戏开发者首先应自我约束，遵守隐私保护法律法规，收集、使用和处理玩家个人信息时必须经玩家明确同意。同时，提供明确的隐私政策，告知玩家个人信息的使用方式和目的，加强信息安全机制设计，保护玩家个人信息的安全和机密性。④公平竞争和打击作弊。保护玩家在游戏中的公平竞争权益，打击作弊行为。游戏开发者应建立公正的游戏规则和制度，确保玩家在游戏中享有公平竞争的环境；加强反作弊措施，采用技术手段识别和惩罚作弊行为，确保游戏的公正性和玩家的权益。

为了保护玩家权益，需要游戏开发者、平台提供商和监管机构等相关各方共同努力，优先使用技术手段完善管理机制，同时建立健全制度和规则，加强监管和约束，确保元宇宙游戏环境的公平、安全和可信。

6.4.3 元宇宙游戏中的垄断问题

元宇宙游戏中的垄断问题指的是在游戏行业中出现市场权力集中现象，表现为一个或少数几个主要参与者垄断游戏市场或某个特定领域的市场份额，这与元宇宙生态的去中心化原则相悖。元宇宙游戏中的垄断行为可能涉及以下几个方面：①平台垄断。例如，某个游戏平台垄断了元宇宙游戏市场，成为主导力量，控制了游戏内容分发、交易平台或其他关键环节。这可能导致其他游戏开发者或玩家的选择较少，限制市场的竞争和创新。②虚拟财产垄断。例如，某个玩家、工作室或组织垄断大量的虚拟财产（如游戏物品、虚拟土地或虚拟货币），这可能导致资源分配不公平或价格炒作，其他玩家无法平等地获取游戏中的财产和利益。③内容垄断。例如，某个游戏开发者或组织垄断特定类型的游戏内容或题材，限制其他开发者的进入和创新。这可能导致市场上的产品缺乏多样性和创意，影响玩家的选择和体验。④数据垄断。例如，某个公司垄断元宇宙游戏中产生的大量数据（包括玩家行为数据、虚拟经济数据等），这可能使该公司获得对市场的极高控制权，可能引发隐私和数据安全问题。

为应对元宇宙游戏中的垄断问题，可以采取以下措施：①促进市场竞争，鼓励更多的游戏平台和开发者进入市场，特别是广大的 UGC 群体，打破垄断并提供多样化的游戏与服务选择。②监管机构在元宇宙游戏生态未成熟阶段，应加强对游戏产业的监管，防止极端垄断的形成，并维护公平竞争的市场环境。③推动开放标准和协议，促进不同平台和游戏之间的互通与互联，降低内容生产者及玩家对特定平台的依赖度。④鼓励并支持小型独立开发者和工作室的发展，激励创新并实现游戏内容的多样化。⑤加强数据采集标准及隐私数据保护，确保分散的个人数据不会过度集中，遏制数据垄断现象的发生。此外，还应加强行业自律与自我监督，避免形成大规模的横向或纵向联合。

6.4.4　元宇宙游戏中的跨界监管与规范问题

在元宇宙游戏中，跨界监管与规范问题指的是游戏跨越不同领域的边界，这涉及不同法律体系或监管规则，在此情况下，为确保游戏运营和相关活动遵守适用的法律和规定并维护好各参与方的权益。一些关键方面和应采取的措施包括：①法律和监管合规性。游戏开发者和运营商应了解并遵守不同国家或地区的法律法规，包括数据隐私、网络安全、广告宣传等方面的规定。他们应建立合规团队，确保游戏内容、交易和用户数据处理符合法律的要求。②申请适用的许可证和执照。根据不同国家或地区的要求，游戏开发者应申请相关的许可和执照，如在线游戏运营许可证、虚拟地产经营牌照、虚拟货币交易牌照等，确保游戏运营的合法性和规范性。③跨境数据传输和隐私保护。跨界运营元宇宙游戏涉及用户数据的跨境传输和处理。游戏开发者及运营方应确保符合相关的数据保护法规，采取适当的安全措施保护用户的隐私和数据安全。④跨平台互通和互操作性。元宇宙游戏的跨界监管与规范问题还涉及不同平台间的互通和互操作性。游戏开发者应积极推动采用开放标准和协议，促进不同平台间的协调互通，确保游戏玩家的体验和权益。

解决元宇宙游戏中的跨界监管与规范问题需要多方合作，不同国家或地区的监管机构和行业组织应加强合作与信息共享，共同应对跨界监管与规范问题。建立跨境协作机制，促进实践经验的交流和分享。游戏开发者、平台运营商、监管机构和行业组织等应在标准制定、信息衔接、保护措施优化方面展开合作，有效解决跨界监管与规范问题。

6.4.5 元宇宙游戏中的伦理与道德问题

元宇宙游戏提供了广泛、开放的互动平台，玩家的行为、言论、价值观、社交等行为很容易被快速放大，形成广泛的网络影响。因此，应特别注意与伦理、道德相关的问题，保持和谐的产业生态空间。

目前可预见的伦理与道德问题有：①虚拟身份引发的道德行为。玩家在元宇宙游戏中可以选择虚拟身份和扮演不同角色而隐藏真实的身份，这会让个别人做出侵害他人的行为，如欺骗、欺诈、攻击、辱骂等背德行为。游戏开发者应加强对游戏社区的管理和监督，设定基本的道德准则，引导玩家在遵守游戏规则的同时尊重他人，并设立举报机制和惩罚措施，以维护良好的游戏环境。②虚拟暴力和仇恨言论。某些元宇宙游戏中可能存在虚拟暴力和仇恨言论的现象，这会散播负面信息，侵害他人的权益或名誉，甚至引发大规模的网络暴力对抗。游戏开发者和运营商应制定明确的规则和措施，限制虚拟环境中的暴力行为和仇恨言论，建立适当的过滤机制，以维护玩家的体验和安全。③上瘾与依赖。元宇宙游戏的沉浸性和吸引力可能导致玩家对游戏上瘾，甚至产生依赖性。游戏开发者和运营商应关注玩家的心理健康，提供适当的警示和指导，关注玩家的心理变化，并提供相应的资源和支持。必要时，应采取措施防止过度沉迷和不良影响的发生，如设置适当的时间限制并提供心理辅导。④虚拟关系引发的伦理问题。在元宇宙游戏中，玩家可以建立虚拟关系，进行社交互动，甚至相亲、结婚、生子等，这些行为是否应该受到现实法律的约束？比如，国外一位游戏主播在《星露谷物语》里面拥有60多个虚拟配偶，引起了网络层面的热议与争论，此类问题需要有相应的伦理标准加以规范或约束。

总之，在元宇宙游戏的虚拟环境下，伦理与道德问题的社会影响会远超传统网络游戏，游戏开发者、运营方及各类参与者都需要加以重视，努力发挥元宇宙游戏在塑造和传播价值观念方面的积极作用，避免传播不当的理念与思想，共同培育起良好的游戏生态。

参考文献

［1］ERNEST ADAMS，JORIS DORMANS.游戏机制——高级游戏设计技术［M］.石曦，译.北京：人民邮电出版社，2014.

［2］Michael E.Moore，Jennifer Sward.深入理解游戏产业［M］.陈根浪，等译.北京：机械工业出版社，2009.

［3］ROBERT NYSTROM.游戏编程模式［M］.GPP翻译组，译.北京：人民邮电出版社，2016.

［4］蔡恒进，蔡天琪，耿嘉伟.元宇宙的本质：人类未来的超级智能系统［M］.北京：中信出版集团，2022.

［5］朱嘉明，陈钰什，袁洪哲.变革：元宇宙与数字经济［M］.北京：当代世界出版社，2022.

［6］克劳斯·皮亚斯.电子游戏世界［M］.熊硕，译.上海：复旦大学出版社，2021.

［7］孙立军，刘跃军.中国游戏产业发展报告（2020）［M］.北京：社会科学文献出版社，2021.

［8］王萌，路江涌，李晓峰.电竞生态：电子游戏产业的演化逻辑［M］.北京：机械工业出版社，2018.

［9］DANIEL SLOAN.任天堂传奇：游戏产业之王者归来［M］.张玳，译.北京：人民邮电出版社，2012.

［10］CHRIS DICKINSON.Unity游戏优化［M］.2版.蔡俊鸿，雷鸿飞，译.北京：清华大学出版社，2020.

［11］掌田津耶乃.UnrealEngine4蓝图完全学习教程［M］.王娜，李利，译.北京：中国青年出版社，2017.

［12］平山尚.游戏开发 世嘉新人培训教材［M］.罗水东，译.北京：人民邮电出版社，2020.

［13］吴起.手机游戏产业与产品［M］.北京：北京邮电大学出版社，2010.

［14］伍建平，谌宝业.游戏架构设计与策划基础［M］.2版.北京：清

华大学出版社，2017.

［15］蔡升达.设计模式与游戏完美开发［M］.北京：清华大学出版社，2017.

［16］谌宝业，魏伟，伍建平.游戏运营管理［M］.2版.北京：清华大学出版社，2018.

［17］STEVE SWINK.游戏感：游戏操控感和体验设计指南［M］.腾讯游戏，译.北京：电子工业出版社，2020.

［18］黎湘艳.数据驱动游戏运营［M］.北京：电子工业出版社，2020.

［19］罗培羽.百万在线：大型游戏服务端开发［M］.北京：机械工业出版社，2021.

［20］程东哲.游戏引擎原理与实践——卷1：基础框架［M］.北京：人民邮电出版社，2020.

后　记

  元宇宙丰富了虚拟世界的概念，有可能扩展出更加多样且充实的虚拟实践，使数字化生活同我们的日常生活深度融合，并高效地延伸至实体经济领域。伴随泛元宇宙技术的不断发展和应用转化，元宇宙生态体系必将更加完善，并成为一般网络生态的重要组成部分，甚至成为网络生态的核心。作为下一世代互联网的参与者与使用者，我们需要学习并熟悉元宇宙下的生活方式，如虚拟娱乐、虚拟购物、虚拟旅游，乃至虚拟工作或虚拟教育等。元宇宙可依靠其真实性和互动性体验，创造出探索虚拟领域的无限可能。

  对于虚拟娱乐领域，经过系统的分析与研判，本书认为元宇宙游戏产业在理论上拥有广阔的发展前景。

  第一，元宇宙游戏市场潜力巨大。元宇宙游戏并不单是传统游戏产业的延伸，它还具备诸多新兴产业的特征，将会创造出增量市场，并吸引大量的用户和玩家。根据乐观预测，在2030年至2035年，全球元宇宙游戏市场（含周边领域）的估值可能接近万亿美元级别。这样庞大的市场规模将极具诱惑力，吸引更多的投资者进入，并推动关联产业的快速发展。

  第二，开拓多元化的收入来源。元宇宙游戏产业的经济模式将远不止传统游戏运营的销售收入。除了游戏本身的销售和订阅费用外，还涉及广泛的虚拟商品交易、虚拟地产经营、虚拟项目经营、广告投放与赞助等多种收入来源。这种多元化的收入模式有助于提高产业的综合盈利能力和可持续性。

  第三，创造更多的就业机会。元宇宙游戏产业的发展将提升对各类虚拟就业的需求，涵盖游戏开发、底层开发与维护、虚拟商品设计、虚拟交易管理、虚拟社区运营等多个领域。同时，元宇宙游戏的发展也将带动相关产业链的成长，如硬件设备制造、技术服务、金融服务等，进一步促进就业和经济增长。

  元宇宙游戏产业的健康成长必然会带动虚拟经济的繁荣。元宇宙游戏将建立起一个独立的虚拟经济体系，其中包括虚拟货币、虚拟资产、虚拟商品等资源，能够实现高效的自循环发展。借助这些资源，还可以将现实世界中的产品、内容、服务和体验融入虚拟世界，并通过元宇宙游戏平台打造出全新的商业模式和价值链，打破虚实经济的界限，开辟新的经济发展空间。

当然，元宇宙游戏产业的发展不会一帆风顺，一些风险与阻力会影响其进程，投资者及相关参与者对此应加以关注。

其一，经济发展态势的不确定性。元宇宙游戏产业的繁荣必然要依托宏观经济，特别是实体经济的发展，如果经济走势出现一些变数（如经济衰退、金融危机、失业率上升等），可能导致消费者的消费意愿下降，影响到元宇宙游戏的用户增长和盈利能力提升。在不稳定的经济环境下，玩家很可能会首先减少游戏等娱乐支出，导致元宇宙游戏领域的发展缺乏动力。

其二，难以克服数字鸿沟和技术应用差距。元宇宙游戏产业的发展需要先进的技术支持和良好的数字基础设施。但在一些地区，数字鸿沟和技术差距可能难以在短期内缓解，比如缺乏普及的高速互联网服务，硬件设备制造能力低下，以及缺少系统的技术培训等。这将明显限制元宇宙游戏的普及程度，阻碍潜在玩家参与并体验元宇宙游戏。

其三，过度的法律或监管限制。由于元宇宙游戏涉及虚拟经济、虚拟货币交易和虚拟资产所有权等复杂问题，需要法律和监管等行为的介入。但一些国家或地区可能会对这些虚拟经济行为设定过于严格的法律和监管限制，增加元宇宙游戏运营商的合规成本，甚至抑制中小参与者的积极性，客观上起到消极的作用。

其四，难以解决数据隐私和安全风险问题。元宇宙游戏涉及大量用户数据的收集和处理，可能成为网络黑客攻击的主要目标。如果无法在技术层面解决相应的安全问题，这种数据风险的存在可能阻碍用户的进入和参与，而企业用户也会缺乏对整个生态的信任感，从而限制各方对元宇宙的参与热情。

因此，在元宇宙游戏产业发展过程中，需要各类角色都积极参与并贡献自己的智慧与力量，在去中心化的大背景下共同构建友好、和谐、高效、安全的虚拟生态环境。这也正体现了下一代互联网新的治理思路与模式。

最后，要特别感谢北京市游戏理论研究中心（2022年度）课题经费的支持，使本研究得以顺利开展并取得预期的成果。

现有研究主要基于有限的调查资料与数据，仍然存在诸多不完善之处，难以完整地描绘出元宇宙游戏产业的未来远景。在此，我们也期待元宇宙游戏领域的研究人员与爱好者多多批评指正，提出更好的想法与研究思路，共同推动元宇宙游戏产业的发展。